SERVICE INTÉRIEUR

DES

CORPS DE TROUPE DE CAVALERIE

Volume mis à jour à la date du 10 juillet 1918.

PARIS

HENRI CHARLES-LAVAUZELLE

Éditeur militaire

124, Boulevard Saint-Germain, 124

MÊME MAISON A LIMOGES

SERVICE INTÉRIEUR

DES

CORPS DE TROUPE DE CAVALERIE

Volume mis à jour à la date du 10 juillet 1918.

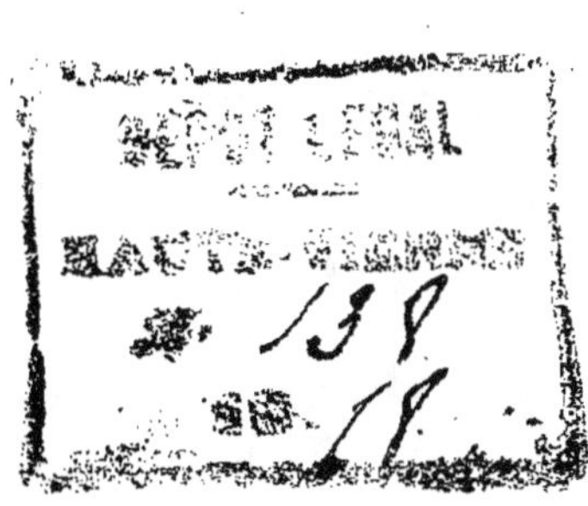

PARIS

Henri CHARLES-LAVAUZELLE

Éditeur militaire

124, Boulevard Saint-Germain, 124

—

MÊME MAISON A LIMOGES

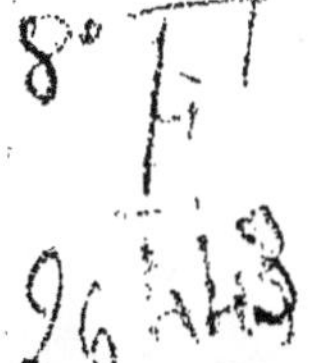

SERVICE INTÉRIEUR

DES CORPS DE TROUPE DE CAVALERIE

Rapport au Président de la République française.

Paris, le 22 août 1913.

Monsieur le Président,

Une enquête faite, en 1911 et au début de 1912, auprès des généraux commandant les corps d'armée et des chefs de corps, a fait ressortir que le règlement du 25 mai 1910 sur le service intérieur des corps de troupe ne permettait pas, si bien conçu qu'il fût, d'assurer, en toutes circonstances, la bonne exécution de ce service.

Le conseil supérieur de la guerre, appelé à formuler son opinion sur la question, a conclu dans le même sens.

L'idée maîtresse du règlement du 25 mai 1910 a été de faire appel à l'initiative des chefs en sous-ordres, au goût des responsabilités, qui en est la condition première, et de leur laisser, dans ce but, en matière de réglementation des détails, la même latitude que pour la conduite de leurs unités sur le terrain.

Or, l'expérience a prouvé qu'il ne pouvait en être ainsi sans inconvénients réels et que cette initiative absolue, si nécessaire en campagne pour faire face à des circonstances de guerre infiniment variées, ne peut et ne doit pas s'exercer dans les mêmes conditions quand il s'agit de détails de la vie courante, renouvelés pour ainsi dire chaque jour, à la même heure, et sous la même forme.

Comme conséquence obligée de cette réglementation par trop générale, la plupart des chefs de corps ont dû établir des prescriptions complémentaires plus ou moins nombreuses, variant fréquemment d'un corps à l'autre, et souvent même modifiées dans le même corps, lors d'un changement de commandement. Quelques-uns, au contraire, ont laissé les commandants d'unités sous leurs ordres régler à peu près le service de leur propre initiative. Ces modifications trop fréquentes ou ces divergences ont eu des conséquences nuisibles à la bonne exécution du service.

En outre, les autorités principales, colonel, commandant, capitaine, détenaient très sensiblement la même part d'autorité et de responsabilité, et cette superposition des mêmes pouvoirs présentait parfois de réels inconvénients.

J'ai donc chargé M. le général Menestrel, membre du conseil supérieur de la guerre, de faire étudier, sous sa direction, par une commission composée d'officiers de toutes armes (1), les

---

(1) Composition de la commission :

MM. MÉNESTREL, général de division, membre du Conseil supérieur de la guerre, *Président*.

SÉROT ALMÉRAS LATOUR, chef de bataillon d'infanterie, breveté, à l'état-major du général Ménestrel, *Adjoint au Président*.

RABIER, général de brigade, commandant la 12ᵉ brigade d'infanterie, *Vice-Président*.

GUILLAUMAT, colonel breveté, commandant le 5ᵉ régiment d'infanterie, *Rapporteur*. (Nommé directeur de l'infanterie, a été remplacé dans ses fonctions de rapporteur par M. le lieutenant-colonel d'infanterie breveté PAULINIER, chef d'état-major du 10ᵉ corps d'armée.)

MIÉLET, chef de bataillon breveté au 5ᵉ régiment d'infanterie, *Secrétaire*.

MEMBRES.

MM. CHÊNE, colonel commandant le 27ᵉ régiment de dragons.

GUILLEMIN, colonel breveté, commandant le 22ᵉ régiment d'artillerie.

BARRIER, vétérinaire principal de 1ʳᵉ classe, chef de la section technique vétérinaire.

GRUET, sous-intendant militaire de 2ᵉ classe du service de l'intendance du gouvernement militaire de Paris.

MM. DE BRÉMOND D'ARS, chef d'escadrons au 14ᵉ régiment de hussards.

TEISSIER, médecin-major de 1ʳᵉ classe, médecin-chef de l'hôpital militaire de Saint-Germain-en-Laye.

VIDAL, capitaine au 59ᵉ d'artillerie.

MATTER, capitaine au 89ᵉ d'infanterie.

rapports d'enquête visés plus haut, et de m'adresser, à la suite de cette étude, toutes propositions qu'il jugerait utiles.

Après étude du règlement et des rapports des corps d'armée, la commission, s'inspirant des conclusions de ces rapports, a exprimé l'avis qu'il y avait lieu de procéder, non pas à une simple retouche, mais à la réfection du règlement.

La question se posait dès lors de savoir s'il convenait de rédiger un règlement commun à toutes les armes ou s'il était préférable de faire un règlement spécial à chacune d'elles.

C'est cette dernière opinion, émise dès le principe par le conseil supérieur de la guerre, qui a prévalu, pour la raison qu'un règlement unique ne pouvait se tenir que dans des généralités et que, pour régler de façon suffisamment précise et claire les parties du service intérieur relatives aux armes montées, il aurait fallu ajouter au règlement commun des annexes autrement importantes que celles du règlement du 25 mai 1910.

La commission s'est donc décidée à proposer un règlement spécial à chacune des trois grandes armes : infanterie, cavalerie, artillerie, chacun de ces règlements étant conçu d'après les mêmes principes et comportant le plus grand nombre possible d'articles de rédaction identique.

Ces trois règlements sont divisés en quatre parties :

La Ire partie (Commandement et organisation) détermine le mode d'action du haut commandement et fixe, dans le régiment, d'une manière plus détaillée qu'auparavant, les attributions des divers grades.

Elle maintient à chacun d'eux la part d'initiative qui doit lui revenir, part proportionnée à l'éducation et à l'instruction militaires des titulaires; mais elle en délimite soigneusement le cadre, afin d'éviter tout empiètement d'attributions et tout conflit.

Elle insiste à maintes reprises sur l'orientation de tous les efforts vers la préparation à la guerre, et, comme conséquence, sur la nécessité d'un entraînement physique constant et d'une connaissance complète, dans chaque grade, des fonctions à remplir à la mobilisation.

Elle consacre des articles nouveaux aux divers emplois prévus par les dernières lois des cadres, aux officiers et gradés de complément, aux soldats de l'armée active, de la réserve et de l'armée territoriale.

La IIe partie (Fonctionnement des divers services) traite :

1° Du service général du corps;

2° Du fonctionnement des services proprement dits.

En ce qui concerne le service général du corps, la commission a cru devoir revenir à l'ancienne organisation du service de semaine, supprimée par le règlement du 25 mai 1910, qui imposait à un seul groupe dit « de service » tous les services communs. Cette disposition trop stricte présentait, en effet, dans son application, des difficultés fréquentes.

Quant aux services proprement dits, quelques modifications de détail ont été apportées à leur mise en œuvre; dans le service médical notamment, la commission s'est efforcée de concilier, dans la plus large mesure et plus nettement, semble-t-il, que cela n'avait été fait jusqu'ici, le souci de la santé du soldat avec le maintien indispensable de la discipline et de l'entraînement de la troupe.

La IIIe partie (Discipline générale) fixe les bases du cérémonial militaire, des manifestations extérieures de la discipline et des sanctions de toute nature.

La nécessité de développer constamment l'éducation militaire, les moyens à employer pour porter cette éducation à son plus haut degré, font l'objet de prescriptions nouvelles.

Quelques changements sont apportés, d'autre part, dans l'échelle des punitions, que le règlement tend à rendre plus courtes, mais plus effectives qu'elles ne l'étaient auparavant. La salle de police est supprimée pour les caporaux et brigadiers.

Enfin, la IVe partie comprend :

1° En ce qui concerne le règlement de l'infanterie : les dispositions particulières au génie, aux sections formant corps, aux troupes coloniales, et, sous forme « d'annexes », toutes les indications relatives aux routes à l'intérieur, à l'hygiène des hommes et aux soins à donner aux chevaux;

2° En ce qui concerne les règlements de la cavalerie et de l'artillerie, des annexes relatives aux routes à l'intérieur, à l'hygiène des hommes et aux soins à donner aux chevaux.

Dans leur ensemble, les règlements que j'ai l'honneur de soumettre à votre haute approbation s'efforcent de rendre la cohésion de la troupe aussi complète que possible, en établissant des règles de service intérieur détaillées, précises, mais souples.

Le titulaire de chaque grade doit, en effet, dans le cadre qui lui est tracé par ce règlement, adapter aux circonstances les règles qu'il y trouve fixées. C'est dans cette application judicieuse, dans l'exécution complète et consciencieuse des décisions prises et des ordres reçus que se résume le devoir de tous, depuis le soldat jusqu'au colonel.

Si vous approuvez les dispositions de ces nouveaux règlements, j'ai l'honneur de vous prier, Monsieur le Président, de vouloir bien revêtir les présents décrets de votre signature.

Veuillez agréer, Monsieur le Président, l'hommage de mon profond respect.

Le Ministre de la guerre,

Eug. ETIENNE.

DÉCRET

Le Président de la République,

Sur le rapport du Ministre de la guerre,

Vu le décret du 25 mai 1910 sur le service intérieur des corps de troupe et les décrets de diverses dates qui ont modifié ce décret,

Décrète :

Ire PARTIF.

Commandement. — Organisation.

TITRE Ier.

PRINCIPES GÉNÉRAUX.

ART. 1er. — **Bases de la discipline.**

La discipline faisant la force principale des armées, il importe que tout supérieur obtienne de ses subordonnés une obéissance entière et une soumission de tous les instants; que les ordres soient exécutés strictement, sans hésitation ni murmure; l'autorité qui les donne en est responsable, et la réclamation n'est permise à l'inférieur que lorsqu'il a obéi.

Si l'intérêt du service demande que la discipline soit ferme, il veut en même temps qu'elle soit paternelle. Toute rigueur qui n'est pas de nécessité, toute punition qui n'est pas déterminée par le règlement ou que ferait prononcer un sentiment autre que celui du devoir, tout acte, geste ou propos offensant d'un supérieur envers son subordonné sont sévèrement interdits. Les membres de la hiérarchie militaire, à quelque degré qu'ils y soient placés, doivent traiter leurs inférieurs avec bonté, être pour eux des guides bienveillants, leur porter tout l'intérêt et leur témoigner tous les égards dus à des compagnons d'armes qui assument avec eux la mission de faire observer les lois de la République et de sauvegarder l'indépendance et l'honneur de la patrie.

ART. 2. — **Règles de la subordination.**

La subordination doit avoir lieu rigoureusement de grade à grade; l'exacte observation des règles qui la garantissent, en écartant l'arbitraire, doit maintenir chacun dans ses droits comme dans ses devoirs.

Le cavalier doit obéir au brigadier;

Le brigadier au brigadier fourrier, au maréchal des logis et au maréchal des logis fourrier;

Le brigadier fourrier au maréchal des logis et au maréchal des logis fourrier;

Le maréchal des logis et le maréchal des logis fourrier au maréchal des logis chef;

Le maréchal des logis chef à l'aspirant;

L'aspirant à l'adjudant;

L'adjudant à l'adjudant-chef;

L'adjudant-chef au sous-lieutenant;

Le sous-lieutenant au lieutenant;

Le lieutenant au capitaine;

Le capitaine au chef d'escadrons;

Le chef d'escadrons au lieutenant-colonel;

Le lieutenant-colonel au colonel;

Le colonel au général de brigade;

Le général de brigade au général de division;

Le général de division commandant une division aux généraux de divisions investis par lettre spéciale du commandement d'un corps d'armée;

Le général de division commandant un corps d'armée au général de division chargé d'inspecter ce corps d'armée et au maréchal de France.

Le Ministre de la guerre est le chef de l'armée.

Le Président de la République dispose de la force armée.

Indépendamment de cette subordination, la discipline exige, à grade égal, la subordination à l'ancienneté en tout ce qui concerne le service et l'ordre public. Ainsi, plusieurs militaires du même grade, de service ensemble, qu'ils soient ou non du même corps ou de la même arme, doivent obéissance au plus ancien d'entre eux, comme s'il était leur supérieur en grade. A égalité d'ancienneté de grade, le droit au commandement est déterminé par l'ancienneté dans le grade inférieur; à égalité dans le grade inférieur, par l'ancienneté dans le grade précédent, et ainsi de suite.

Entre cavaliers, le commandement est exercé par le plus ancien cavalier de 1re classe; à défaut de cavalier de 1re classe, par le plus ancien cavalier de 2e classe.

La subordination existe encore, à grade égal, à l'égard des officiers pourvus d'une lettre de commandement spéciale.

Les médecins et vétérinaires militaires, les membres du corps de l'intendance, les officiers d'administration, les chefs de musique exercent leur autorité dans leurs services respectifs, conformément aux règles spéciales de subordination établies pour le fonctionnement intérieur de chaque service.

A grade égal, les officiers et gradés de l'armée active ont le commandement sur les officiers et gradés de complément.

Toutefois :

L'officier en réserve spéciale, l'officier retraité ou démissionnaire, nommés avec leur grade, dans la réserve ou dans l'armée territoriale, conservent, vis-à-vis des officiers de l'armée active, les droits au commandement attachés à l'ancienneté de grade qu'ils avaient au moment où ils ont quitté cette armée. Ils ont, mais seulement dans ce grade, le commandement sur tous les autres officiers de complément (1).

Les sous-officiers retraités passés avec leur grade dans la réserve ou l'armée territoriale, ont, dans ce grade, des droits au commandement analogues à ceux spécifiés ci-dessus pour les officiers retraités.

Les officiers de complément qui n'ont pas servi en qualité d'officier de l'armée active au titre permanent ne peuvent, en aucun cas, exercer les fonctions de chef de corps ou de commandant de dépôt; ils peuvent, exceptionnellement, exercer celles de chef de service lorsque les circonstances l'exigent.

En cas d'absence ou d'indisponibilité, tout supérieur est remplacé dans son commandement par celui de ses subordonnés qui marche immédiatement après lui.

Tout militaire exerçant les fonctions d'un grade supérieur au sien se trouve investi, à l'égard de la troupe près de laquelle il les remplit, des droits et des responsabilités du titulaire, sauf les restrictions indiquées par les règlements.

---

(1) Texte nouveau. (Décret du 12 mars 1914, *B. O.*, p. 415.)

ART. 3. — **Méthode de commandement.**

Chacun a son rôle dans la hiérarchie militaire et doit, pour le remplir, prendre les initiatives et accepter les responsabilités nécessaires.

Cette part d'initiative est naturellement plus considérable pour ceux qui commandent les unités organiques principales, régiment, demi-régiment, escadron, que pour les autres gradés; elle doit être néanmoins recherchée par tous, car elle contribue puissamment à fortifier les caractères et à développer le sentiment des responsabilités.

Mais, pour que cette initiative puisse s'exercer judicieusement dans chaque grade, il est indispensable de délimiter la sphère d'action de chacun de façon assez précise pour qu'il n'empiète pas sur les attributions de ses subordonnés ou de ses voisins.

La première partie du règlement a pour but de définir, au double point de vue de l'établissement des responsabilités et de la concession des initiatives, les devoirs et les attributions de chacun. Il importe, en effet, que les responsabilités soient absolues dans chaque grade et que le chef de l'échelon supérieur ne soit pas, en principe, rendu responsable des moindres fautes de détail relevées dans les échelons subordonnés; une responsabilité ainsi généralisée est forcément dissolvante de toute initiative, car elle amène ce chef, responsable de tout, à vouloir tout réglementer par lui-même.

Le règlement ne saurait cependant tout prévoir. Pour l'interpréter, le compléter et le suppléer, au besoin, le colonel, le commandant, le capitaine et, d'une manière générale, tous les chefs de service doivent, en tenant compte des circonstances, établir les consignes nécessaires à la bonne exécution du service. Ils laissent toujours à leurs subordonnés le soin de donner les consignes qui n'ont pas de répercussion en dehors de l'unité commandée ou du service dirigé par ceux-ci.

Toute consigne qui nécessité l'intervention de plusieurs autorités indépendantes l'une de l'autre doit être établie par le chef qui a qualité pour imposer sa volonté à tous les intéressés.

L'autorité supérieure a, dans tous les cas, le devoir de s'assurer que ces consignes sont conformes à l'esprit des règlements, tiennent un compte judicieux des circonstances et ne sont pas modifiées sans raisons sérieuses.

La forme des ordres varie suivant l'importance de l'unité à laquelle ils sont adressés. Ces ordres doivent se faire de plus en plus complets au fur et à mesure que l'on descend dans l'échelon hiérarchique.

Le colonel donne surtout des instructions d'ensemble en indiquant le but et en laissant à ses subordonnés le choix des moyens; il ne fixe ces moyens que lorsqu'il est le seul à pouvoir les mettre en action ou qu'il s'agit de questions où sa responsabilité personnelle est exclusivement engagée.

Le chef d'escadrons s'inspire des mêmes principes, mais donne déjà des ordres plus détaillés, tout en laissant aux capitaines une grande liberté.

Quant au capitaine, il est obligé de fixer les moyens et d'intervenir dans les détails; ce besoin est encore plus nécessaire aux échelons inférieurs.

En résumé, il faut que, pour l'exécution d'une mesure quelconque, chaque échelon intervienne d'une façon de plus en plus précise, pour ne laisser à l'échelon subordonné que l'initiative appropriée à sa situation et à son instruction militaire.

Tout subordonné ne doit pas hésiter à provoquer les ordres de son chef, lorsqu'il le juge nécessaire. En l'absence de ce dernier, et dans le cas d'urgence, il apporte de lui-même, et sous sa responsabilité, les modifications aux ordres et consignes reçus que les circonstances rendent indispensables. Il rend compte à son chef, dès que cela lui est possible, de cette dérogation momentanée.

TITRE II.

ACTION DU HAUT COMMANDEMENT.

Art. 4. — **Attributions d'ensemble des officiers généraux.**

Les officiers généraux veillent à l'application du présent règlement par les troupes sous leurs ordres. Ils se font rendre compte des modifications que des circonstances particulières ou locales obligent à apporter, d'une façon permanente, à ses prescriptions. Ces modifications doivent faire l'objet de consignes générales établies par l'autorité compétente et qui ne peuvent être changées par elle qu'en cas de nécessité absolue.

Ils évitent d'intervenir dans le service intérieur des corps de troupe. Leur action se manifeste par une direction d'ensemble et par des inspections, en principe inopinées, dans lesquelles ils constatent les résultats obtenus et se rendent compte des progrès à réaliser; ces inspections ne doivent jamais entraver l'instruction.

Ils vérifient qu'aux divers échelons du commandement chacun conserve l'initiative et la responsabilité que comportent son grade et son emploi.

Ils s'assurent que nul n'est distrait, sans motifs valables, de son service normal; ils apprécient ces motifs.

Ils s'attachent à faire réduire au minimum le personnel des corps de troupe employé à des services extérieurs, de place ou autres. Dans les garnisons comportant plusieurs corps, ils donnent ou provoquent les ordres nécessaires pour que ces services soient également répartis entre les divers corps.

Art. 5. — Notes du personnel.

Les officiers généraux exigent que leurs subordonnés se conforment exactement, en ce qui concerne la rédaction des notes, aux prescriptions de l'article 21. Ils laissent à leurs inférieurs toute liberté dans leurs appréciations, mais ils doivent toujours s'assurer de l'exactitude de ces appréciations en profitant de toutes les occasions pour juger eux-mêmes le personnel qu'ils commandent.

Cette prérogative accordée à tout chef de noter ses subordonnés constitue une des parties les plus délicates de son rôle; elle sera pour lui un moyen d'action morale dont l'efficacité sera d'autant plus grande que ses avis révéleront plus d'impartialité et plus de caractère.

Art. 6. — Réception annuelle des officiers à noter.

Les chefs de tous grades ne doivent pas hésiter à faire connaître, toutes les fois qu'ils le jugent nécessaire, à leurs subordonnés, les appréciations que comporte leur manière de servir.

Les officiers généraux chargés de l'inspection des corps de troupe doivent, à cet effet, prendre connaissance des dossiers du personnel, conférer avec les chefs de corps, puis recevoir obligatoirement chaque année, à titre individuel et au cours des inspections prévues à l'article 4, tous les officiers qu'ils sont appelés à noter.

Au cours de ces réceptions, ils signalent à chaque officier les indications essentielles qui se dégagent de ses notes, éloges ou reproches, et reçoivent, s'il y a lieu, ses observations.

ART. 7. — **Rapports et situations.**

Les officiers généraux s'assurent que les demandes, comptes rendus, rapports et autres documents prévus par les règlements leur sont régulièrement adressés; ils s'abstiennent de faire fournir par leurs subordonnés des documents dont la production n'est pas réglementaire et exigent que toutes les autorités sous leurs ordres observent cette même prescription.

TITRE III.
LE RÉGIMENT.

CHAPITRE PREMIER.
Le colonel.

ART. 8. — **Autorité et responsabilité du colonel.**

Les devoirs et les responsabilités du colonel s'étendent à toutes les parties du service. Il est responsable de la préparation à la guerre du régiment qu'il commande, et, comme conséquence, de la discipline, de la tenue, de l'éducation et de l'instruction militaires de ce régiment.

Il ne perd jamais de vue l'éventualité d'une mobilisation, veille constamment à la préparation de celle-ci et ne néglige rien pour assurer l'ordre et la rapidité de ses opérations. Il veille à la bonne conservation des chevaux, des armes, des munitions et du matériel mis à sa disposition. Il dirige l'administration du régiment.

ART. 9. — **Commandement.**

Le colonel exerce un commandement ferme, égal et juste à l'égard de tous. Aucune influence étrangère au service ne doit peser sur ses décisions; il impose la même règle à ses subordonnés.

Il habitue ses inférieurs à l'initiative, s'attachant à les pénétrer de l'idée que, tout en s'exerçant largement, celle-ci doit toujours être réfléchie et se maintenir dans le cadre des missions à remplir. Il leur rappelle que la responsabilité est la conséquence nécessaire de cette initiative et que vouloir l'éviter en s'abstenant de décision personnelle et en cherchant à tout résoudre par l'application d'un texte équivaut à renoncer au commandement lui-même.

Il s'intéresse à la situation matérielle de tous les militaires sous ses ordres, étudie constamment les moyens de l'améliorer et provoque dans ce but toutes mesures utiles.

Il use de son influence pour maintenir à tous les degrés l'esprit de corps, les liens de camaraderie et pour obtenir, dans l'intérêt commun, le concours de toutes les aptitudes et de toutes les bonnes volontés.

ART. 10. — **Discipline.**

Le colonel est responsable de la discipline de son régiment. Il la maintient par sa fermeté, par son souci constant de l'équité et par l'exemple qu'il donne de l'obéissance à tous ses devoirs.

Il veille à ce que les récompenses soient accordées d'une façon judicieuse et impartiale, et les sanctions disciplinaires prononcées chaque fois que le maintien de la discipline l'exige.

Il intervient par ses conseils ou ses remontrances lorsque les chefs sous ses ordres manquent de fermeté ou de mesure dans l'emploi des moyens de répression et modifie, s'il y a lieu, dans la limite de ses droits, les décisions prises par eux.

ART. 11. — **Education militaire.**

Le colonel ne perd jamais de vue l'action constante qu'il doit exercer sur le moral de sa troupe et il impose à ses officiers la même obligation; il leur indique les moyens à employer et leur en facilite l'application. Il met à profit toutes les circonstances favorables pour exalter chez tous ses subordonnés les sentiments de devoir, d'honneur, de fidélité au gouvernement de la République et de dévouement à la patrie.

Il présente solennellement l'étendard aux recrues dès que celles-ci sont en état de participer à une prise d'armes; il fait commémorer les anniversaires des victoires qui y sont inscrites.

Il exige que les militaires sous ses ordres conservent, en toutes circonstances, la dignité et la tenue que leur situation leur impose.

Il s'applique, dans un but d'éducation morale, à créer aux cavaliers de saines et utiles distractions.

Il applique les prescriptions ministérielles relatives à la mutualité.

ART. 12. — **Instruction.**

En ce qui concerne les parties de l'instruction qui peuvent être entièrement données dans le demi-régiment ou l'escadron, le colonel se borne à des prescriptions générales basées sur les principes et les méthodes réglementaires.

Il dirige ou surveille les autres conformément aux prescriptions en vigueur.

Son action s'exerce tout spécialement sur l'instruction générale et professionnelle des officiers. Aidé par le lieutenant-colonel, il fait lui-même l'instruction des officiers supérieurs et dirige les chefs d'escadrons dans l'instruction des officiers de leur demi-régiment.

Il encourage chez tous le goût de l'étude et des recherches et tient compte des travaux personnels dans les notes qu'il est appelé à donner.

Il exige que les officiers conservent, par la pratique d'une équitation hardie, des armes et des exercices physiques, la vigueur et l'activité nécessaires en campagne. Il leur donne l'exemple à cet égard.

Il veille à ce que les différentes catégories de militaires reçoivent bien l'instruction prévue pour chacune d'elles par les règlements en vigueur.

Lorsque le régiment a des détachements, il surveille la progression de l'instruction dans toutes les fractions détachées. Il se fait proposer les modifications que les circonstances locales peuvent imposer à ses prescriptions générales. Il s'assure, par des inspections, de la marche régulière de l'instruction dans ces détachements.

ART. 13. — **Tableau du service.**

En vue d'assurer la bonne marche de l'instruction à laquelle tout doit être subordonné, le colonel laisse aux chefs d'escadrons et aux capitaines l'initiative la plus large dans l'emploi du temps.

Il se borne à prescrire, dans un tableau de service, les règles générales de service et de travail intéressant tout le régiment. Il indique en particulier les heures du réveil, des repas, des distributions, des visites médicales, de la remise des situations-rapports et de l'appel du soir (qui est fait en principe à 21 heures). Il fixe les heures où le quartier est libre, celles où les cantines sont ouvertes, etc.

Il répartit, entre les unités, les locaux, les terrains, les manèges, les carrières et les matériels d'instruction.

Il renouvelle le tableau de service chaque fois que cela est nécessaire en raison des changements de saison et de la marche de l'instruction; il en adresse un exemplaire au général de brigade et au général de division.

Il donne à chaque chef de détachement les instructions nécessaires à l'établissement du tableau de service du détachement et fait soumettre ce tableau à son approbation.

ART. 14. — **Mobilisation.**

Le colonel veille à ce que le régiment et les unités de la réserve et de l'armée territoriale qui lui sont rattachées soient constamment pourvus du personnel et du matériel qui leur sont nécessaires.

Il exige que les officiers, adjudants-chefs et adjudants possèdent au complet et en bon état tous les effets dont ils doivent être pourvus pour partir en campagne.

Il vérifie la tenue à jour des documents de mobilisation, en particulier de ceux détenus par le major.

Il s'assure que les divers éléments pourront, au moment de la mobilisation, faire dans les délais fixés toutes les perceptions prévues pour eux; il prend ou provoque à cet effet toutes mesures utiles pour que les approvisionnements de guerre soient lotis de façon à permettre leur livraison rapide.

ART. 15. — **Administration.**

Le colonel préside à l'administration du régiment. Il veille à ce que les dépenses soient maintenues dans la limite des allocations attribuées au corps; il gère ses masses avec soin, tout en évitant de chercher à réaliser des économies au détriment des besoins à satisfaire.

Il surveille les divers services et fait entretenir en bon état et au complet le matériel et les approvisionnements de toute nature dont le corps est détenteur.

Il s'assure que les distributions d'effets se font avec méthode et continuité, en utilisant d'une manière judicieuse toutes les ressources dont le corps dispose.

ART. 16. — **Alimentation.**

Le colonel surveille l'alimentation des unités sous ses ordres.

et apporte tous ses soins à ce qu'elle soit saine, variée et abondante.

Il fait observer les prescriptions réglementaires en ce qui concerne la propreté des cuisines, l'établissement des menus, la préparation des repas, la vérification des eaux de boisson et des denrées; il prend les mesures nécessaires pour éviter les fraudes et en poursuivre la répression.

Il se tient au courant de la situation des bonis et en contrôle l'emploi.

Il examine minutieusement les marchés, tant au point de vue de leur régularité qu'à celui des garanties et avantages qu'ils procurent au corps.

Il s'efforce de faire bénéficier de ces marchés les sous-officiers, aussi bien ceux vivant au mess que ceux mariés vivant chez eux, en prenant toutefois toutes précautions utiles pour que cette mesure ne porte pas préjudice à la troupe.

Art. 17. — **Mess, coopératives et cantines.**

Le colonel utilise les ressources dont le corps dispose pour l'amélioration des mess de sous-officiers.

Il n'est créé de mess nouveau que si ce mess peut assurer à la fois la nourriture convenable des sous-officiers et l'entretien, ainsi que le renouvellement, du matériel de toute nature.

A défaut de mess, il fait assurer par des cantines l'alimentation de ces gradés; ces cantines sont également chargées de nourrir les brigadiers servant au delà de la durée légale, ainsi que les brigadiers et cavaliers que leur service retient régulièrement à l'heure des repas des ordinaires et qui sont munis d'une autorisation spéciale du colonel.

Il approuve les tarifs de ces cantines, qui sont réglés d'après la solde des intéressés, indemnités comprises.

Le colonel peut également autoriser la création d'une coopérative par quartier; il en approuve les statuts et fait surveiller sa gestion, notamment en ce qui concerne la garde des fonds et la régularité des paiements aux fournisseurs.

Il veille à ce que le nombre des hommes qui y sont employés soit réduit au strict minimum.

Art. 18. — **Casernement. Logement en ville.**

Le colonel a l'initiative des mesures à prendre pour l'amélioration du casernement, qu'il répartit entre les unités et les services du corps.

Il attribue les logements de sous-officiers mariés disponibles dans les quartiers aux adjudants-chefs, aux adjudants, puis aux autres sous-officiers mariés, dans l'ordre d'ancienneté.

Il veille à ce que, dans l'intérêt du service, aucun officier ou sous-officier marié autorisé à loger en ville n'occupe un logement trop éloigné du quartier où la troupe est casernée.

Les adresses des officiers sont affichées à la salle de service et au poste de police; il doit être rendu compte sur la situation-rapport de tout changement de domicile.

Art. 19. — **Etat sanitaire et hygiène des hommes.**

Le colonel ne perd jamais de vue que du bon état sanitaire de la troupe dépendent le rendement qu'elle peut fournir et l'efficacité de sa préparation à la guerre.

Il fait appliquer strictement les règles d'hygiène et de propreté développées à l'annexe B du présent règlement; il porte son attention sur les moyens de prévenir les épidémies ou de les enrayer dès leur apparition, les précautions à prendre dans les camps ou bivouacs, l'appropriation de l'habillement et de la tenue aux conditions de température et de climat, la préparation par un entraînement rationnel aux marches et aux fatigues de la vie en campagne; il veille à ce que le médecin-chef de service lui fournisse, au besoin de sa propre initiative, toutes propositions utiles et tous renseignements ou avis susceptibles d'éclairer et de motiver ses prescriptions à cet égard.

Il exige que les officiers et gradés apportent la même attention aux questions sanitaires d'hygiène, qu'ils soient exercés à prendre des décisions dans les cas urgents, et notamment à faire assurer les premiers soins en attendant l'arrivée du médecin.

Art. 20. — **Hygiène des chevaux.**

Le colonel est responsable de la bonne conservation de l'ensemble des chevaux du régiment. Il doit connaître leur condition, surveiller leur hygiène, leur alimentation et donner à cet égard les prescriptions générales nécessaires.

Il veille à ce que le vétérinaire chef de service lui fournisse, de sa propre initiative, tous les renseignements et toutes les propositions utiles en vue de maintenir le bon état sanitaire des chevaux, de prévenir les maladies contagieuses ou d'éviter leur propagation et d'apporter des améliorations à l'installation des écuries ou au mode d'alimentation et à la ferrure.

Il se fait présenter les jeunes chevaux à leur arrivée au régiment et en prononce l'affectation; dans le mois qui suit, il en passe une inspection et leur donne des notes qu'il transmet à l'autorité supérieure conformément aux instructions ministérielles. Il en fait assurer le dressage suivant les prescriptions des règlements.

Il veille à ce que les capitaines apportent les mêmes soins à la conservation des chevaux de leur escadron.

ART. 21. — **Notes du personnel.**

Le colonel met à profit toutes les circonstances pour porter un jugement complet sur ses subordonnés et apprécier les services qu'ils seraient à même de rendre en campagne.

Il tient les dossiers du personnel des officiers.

Ces dossiers doivent permettre de suivre l'officier intéressé dans toutes les phases de sa carrière; le colonel doit donc, en les recevant, s'assurer qu'ils sont au complet et les faire immédiatement compléter, s'ils présentent des lacunes.

Le colonel est tenu de donner des notes à ses officiers une fois par an à l'issue des manœuvres et lorsqu'ils quittent le régiment; il peut d'ailleurs les noter ou les faire noter par ses subordonnés chaque fois qu'il le juge utile.

A côté des appréciations générales sur le caractère, la dignité, la valeur professionnelle de l'officier, son intelligence, son instruction, ses qualités équestres et sa vigueur physique, ces notes doivent exposer les appréciations particulières auxquelles ses services donnent lieu. Mention doit être faite des fonctions remplies, des missions et stages accomplis, des manœuvres importantes auxquelles l'intéressé a pris part et de la manière dont il s'y est comporté, de sa participation au championnat du cheval d'armes et des résultats qu'il y a obtenus.

Le colonel ne perd jamais de vue son devoir strict de traduire exactement, avec mesure, mais avec fermeté, sans restriction ni condescendance, son opinion entière sur la manière de servir et la valeur de l'officier.

Le sentiment élevé de sa responsabilité doit l'amener à faire ressortir nettement tout ce qu'il est utile de signaler au point de vue militaire, et tout ce qui peut permettre de différencier, d'une manière impartiale et équitable, les titres des officiers notés; toute appréciation empreinte de faiblesse est un indice de manque de caractère.

Le colonel s'assure que ses subordonnés notent en toute connaissance de cause et d'après les principes ci-dessus exposés les officiers, sous-officiers, brigadiers et cavaliers sous leurs ordres.

ART. 22. — **Communication des dossiers.**

Lorsqu'un officier prend un commandement dans une unité sous ses ordres, le colonel a le devoir de renseigner le chef de cette unité sur les antécédents de cet officier; il doit également renseigner l'officier en question sur les officiers qui deviennent ses subordonnés directs.

Tout officier a le droit de demander au Ministre, par la voie hiérarchique, communication de son dossier, sous la réserve de préciser les motifs de sa demande.

Lorsqu'une communication de dossier ou de notes doit être faite préalablement à une sanction disciplinaire, le colonel se conforme aux prescriptions de l'article 428.

ART. 23. — **Nomination aux grades, emplois, spécialités de la troupe.**

Le colonel nomme aux divers grades et emplois de la troupe, sauf à ceux réservés, en totalité ou en partie, à la décision du commandant de corps d'armée ou du Ministre.

Il règle ces nominations de façon à assurer, non seulement l'encadrement du régiment actif, mais aussi celui des diverses formations mobilisées par le corps; il peut être appelé, de ce chef, à tenir compte de la durée du service actif que les candidats aux divers grades et emplois ont encore à accomplir.

ART. 24. — **Affectations, mutations, permutations.**

A l'intérieur du régiment, le colonel prononce, en ce qui concerne les officiers et les hommes de troupes, toutes les affectations, mutations, permutations d'office ou pour convenances personnelles, sous réserve de se conformer aux instructions ministérielles.

ART. 25. — **Décisions, ordres, comptes rendus, situations.**

Le colonel reçoit chaque jour, à l'heure fixée par lui, les situations-rapports (modèle n° 1) des commandants d'escadron et les comptes rendus de toutes sortes intéressant le régiment; il règle les questions qui lui sont soumises.

Il donne, en principe, ses ordres par la voie de la décision journalière; cette décision doit être communiquée à tous ses subordonnés suffisamment à temps pour que ceux-ci puissent la compléter par leurs ordres particuliers.

Il fait enregistrer à leur date, dans un registre d'ordres, les ordres dont il doit être conservé trace (ordres du colonel, du commandant d'armes, des officiers généraux et du Ministre).

Il fait parvenir chaque jour au général de brigade un rapport sommaire (modèle n° 2). Il lui rend compte immédiatement de tout fait ou incident qu'il est utile de porter sans délai à sa connaissance.

Il rend compte au Ministre, par télégramme, de tout décès d'officier et de tout événement dont il juge nécessaire de l'aviser sans retard; le télégramme est toujours suivi d'un rapport circonstancié transmis, dans le plus bref délai, par la voie hiérarchique.

ART. 26. — **Réception des militaires du régiment.**

Le colonel fixe les jours et heures où il veut recevoir les militaires du régiment qui demandent à être entendus par lui; ces demandes doivent lui être transmises par la voie de la situation-rapport.

Il procède de même pour les réclamations.

Il se fait présenter par leur commandant d'escadron, à un jour déterminé, les militaires récemment arrivés au corps, les nouveaux promus, ceux qui rentrent d'une longue absence, qui ont subi une punition de prison, etc...

Il visite, toutes les fois qu'il le juge utile, les militaires du régiment à l'hôpital, à l'infirmerie et aux locaux disciplinaires.

ART. 27. — **Cas d'absence.**

En cas d'absence, le colonel est suppléé par le lieutenant-colonel ou, à défaut de celui-ci, par le plus ancien officier supérieur présent.

Le colonel se fait adresser par son suppléant tous rapports ou comptes rendus qu'il juge nécessaires; il lui donne ses ordres pour les nominations aux divers grades ou emplois et pour toutes les questions importantes et susceptibles d'engager l'avenir.

Art. 28. — **Attributions des capitaines commandant une unité formant corps.**

Le chef d'une unité formant corps a tous les devoirs et tous les droits du colonel.

En cas d'absence, il est suppléé par le plus ancien officier qui reçoit ses ordres dans les conditions prévues à l'article précédent pour le lieutenant-colonel suppléant le colonel absent.

CHAPITRE II.

Le lieutenant-colonel.

Art. 29. — **Attributions générales.**

Le lieutenant-colonel est à la disposition du colonel pour le seconder dans les diverses parties du service.

Il contrôle l'exécution de ses ordres et lui présente toutes propositions qu'il juge utiles à assurer cette exécution.

En toutes circonstances, il s'efforce de faire abstraction de sa personnalité pour entrer étroitement dans les vues du colonel, agir toujours conformément à ses intentions; il est tenu au courant par celui-ci, non seulement des ordres donnés, mais encore des raisons qui ont motivé ces ordres et du but auquel ils tendent.

Art. 30. — **Instruction.**

Le lieutenant-colonel surveille l'instruction des unités sans entraver l'action des chefs d'escadrons et des capitaines. Il redresse toute erreur de principe ou de méthode et rend compte de ses observations au colonel.

Il seconde le colonel pour l'instruction des officiers supérieurs et pour la direction à donner aux chefs d'escadrons dans l'instruction des officiers sous leurs ordres; il dirige lui-même les parties de cette instruction que le colonel lui confie.

Il a la surveillance du service des écoles, de celui du tir et des mitrailleuses, des trompettes, de l'escrime et, d'une façon générale, de tous les services communs à tout le régiment; il passe les revues et inspections prescrites par le colonel.

Art. 31. — **Service intérieur.**

Le lieutenant-colonel veille à l'exécution du service intérieur dans les unités et les services et dans tous les quartiers occupés par le corps.

Il est spécialement chargé de la surveillance des tables des lieutenants.

Il s'assure que la manière de vivre des officiers est en rapport avec leur dignité professionnelle; il intervient, s'il est nécessaire.

Il veille à l'observation des prescriptions du règlement et des consignes du colonel relatives au logement des officiers et des sous-officiers mariés.

ART. 32. — **Rassemblement du régiment.**

Quand le régiment doit se rassembler, le lieutenant-colonel préside au rassemblement et présente la troupe au colonel.

ART. 33. — **Documents à tenir. Notes des officiers.**

Le lieutenant-colonel tient à jour :

1° Un journal des marches et opérations du régiment;

2° Un journal de l'instruction du régiment, relatant les particularités que celle-ci a pu présenter et les exercices importants exécutés dans l'année;

3° Un registre des conférences diverses faites au régiment, mentionnant en principe les titres de ces conférences et donnant en outre une analyse sommaire de celles qui auront présenté un intérêt particulier.

Il vérifie la tenue du registre d'ordres du régiment.

Chaque année, après les manœuvres, et plus souvent si le colonel le lui demande, il remet à celui-ci ses notes personnelles sur les officiers du régiment. Ces notes ne sont pas conservées aux dossiers des officiers.

Il peut être employé à établir des copies ou des extraits des feuillets du personnel et à concourir à tout travail d'ordre confidentiel ou secret incombant au colonel.

ART. 34. — **Commandement d'un régiment de réserve.**

Lorsque le lieutenant-colonel est désigné pour commander un régiment de réserve formé par le régiment actif, il est responsable de la bonne exécution de la mobilisation de ce régiment et doit, en conséquence, s'attacher à connaître à fond tout le personnel qui en fait partie. Il note les officiers et sous-officiers de réserve de ce régiment.

ART. 35. — **Cas d'absence.**

Lorsque le régiment est réuni, le lieutenant-colonel détaché, absent ou indisponible, est suppléé, dans toutes les missions qui lui incombent, par le plus ancien officier supérieur du régiment.

Si le régiment est divisé, la suppléance est exercée par le plus ancien officier supérieur présent dans la fraction où le lieutenant-colonel manque.

ART. 36. — **Unité formant corps.**

Dans une unité formant corps, le commandant ajoute à ses attributions toutes celles du lieutenant-colonel.

CHAPITRE III.
Le major.

ART. 37. — **Attributions générales.**

Le major est l'auxiliaire immédiat du colonel dans l'administration du corps; son action s'étend, à ce titre, sur tous les officiers ou agents comptables du régiment.

Ses devoirs et ses responsabilités sont précisés par les décrets et règlements relatifs à l'administration des corps de troupe; il établit, sous l'autorité du colonel, les consignes et instructions nécessaires au fonctionnement de son service en temps de paix et à la mobilisation.

Il exerce un contrôle constant sur l'administration des unités; il tient les chefs d'escadrons au courant de ses constatations et fait passer par leur intermédiaire les observations qu'il adresse à ce sujet au colonel.

Il est responsable, vis-à-vis du colonel, de la préparation et de l'expédition de la correspondance administrative du corps, ainsi que de la constitution et de la conservation des archives (1).

Il a la surveillance des actes de l'état civil.

Il a les attributions d'un chef d'escadrons vis-à-vis des officiers comptables, du peloton hors rang et de l'escadron de dépôt.

ART. 38. — **Recrutement et mobilisation.**

Le major est chargé, sous l'autorité du colonel, de la correspondance relative au recrutement, de l'incorporation du contingent annuel, de l'établissement des états d'affectation des hommes libérables, de l'envoi au service du recrutement des pièces matricules des militaires libérés ou réformés, des appels des officiers et des hommes de réserves (1).

---

(1) Texte nouveau. (Décret du 8 juillet 1914, *B. O.*, p. 1254.)

Il a l'initiative des poursuites contre les déserteurs ou les hommes irrégulièrement absents.

Il assure l'exécution des prescriptions administratives relatives à la mobilisation des formations que le corps doit constituer, et tient à jour, suivant les ordres du colonel, les documents relatifs à la mobilisation d'ensemble du régiment.

Un capitaine du cadre complémentaire lui est adjoint pour ce service. Il a, vis-à-vis du colonel, la responsabilité de la surveillance de tout le matériel constitué au régiment en vue de la mobilisation; il s'assure, d'autre part, de l'état d'entretien du matériel et des approvisionnements de mobilisation que le régiment n'a pas en compte, mais dont il doit prendre éventuellement possession.

ART. 39. — **Commandement. Instruction.**

Le major concourt avec les chefs d'escadrons, d'après son rang d'ancienneté, pour le commandement éventuel du régiment, en cas d'absence du lieutenant-colonel.

Il participe, ainsi que les officiers et sous-officiers sous ses ordres, aux exercices et manœuvres du régiment dans les conditions fixées par le colonel.

Il prend part, en principe, à tous les exercices qui ont pour but de perfectionner l'instruction des officiers supérieurs.

En cas d'absence, il est suppléé dans ses fonctions par le capitaine du cadre complémentaire chargé de la mobilisation.

ART. 40. — **Unité formant corps.**

Dans une unité formant corps, le commandant ajoute à ses attributions toutes celles du major.

CHAPITRE IV.

Les capitaines du cadre complémentaire.

ART. 41. — **Devoirs généraux.**

Les capitaines du cadre complémentaire sont destinés, en principe, à prendre, en cas de mobilisation, le commandement d'unités de réserve. Leur premier devoir est de se tenir très exactement au courant de leurs obligations à ce point de vue, d'étudier, dans tous leurs détails, la composition et la mobilisation de l'unité qui leur serait confiée.

En temps de paix, ils concourent, avec les autres officiers de leur grade, pour les services généraux du régiment. Ils sont désignés de préférence pour remplir les emplois spéciaux, tels que la direction des pelotons divers qui peuvent être formés à l'intérieur ou en dehors du corps. Ils sont employés, dans la mesure nécessaire, à collaborer aux écoles d'instruction ou à inspecter les œuvres de préparation ou de perfectionnement militaires.

Ils sont placés à la portion principale du régiment. Ils remplissent les fonctions d'adjudant-major et de capitaine chargé de la mobilisation.

CHAPITRE V.

Capitaine chargé de la mobilisation.

ART. 42. — **Devoirs généraux.**

Le capitaine chargé de la mobilisation est désigné parmi les capitaines du cadre complémentaire; il est sous les ordres directs du major pour tout ce qui concerne les détails de la mobilisation.

Il tient, ou fait tenir, à jour les répertoires de la disponibilité, de la réserve et autres catégories.

Il concourt avec les capitaines adjudants-majors pour le service de semaine.

Il remplace le major en cas d'absence.

CHAPITRE VI.

Capitaine adjoint au colonel.

ART. 43. — **Devoirs généraux.**

Le capitaine adjoint est à la disposition du colonel pour la direction du travail de bureau qui lui incombe, la préparation des ordres et la rédaction des rapports.

Il est chargé :

De faire aux officiers, et particulièrement aux lieutenants et sous-lieutenants, des cours et des conférences sur toutes les matières qui font l'objet de l'enseignement militaire;

De perfectionner l'instruction équestre des lieutenants et sous-lieutenants ainsi que celle des sous-officiers;

De diriger les écoles régimentaires des sous-officiers;

De diriger l'instruction de certains spécialistes (télégraphistes, sapeurs, trompettes);

De surveiller l'enseignement de l'escrime.

Il fait partie de la commision de remonte du corps.

CHAPITRE VII.

Le capitaine trésorier et son adjoint.

ART. 44. — **Devoirs généraux** (1).

Les attributions et responsabilités du capitaine-trésorier sont déterminées par des règlements spéciaux.

Il fait les recettes, les paiements et établit les bons nécessaires pour la perception des denrées.

Il propose au major, pour les soumettre à l'approbation du colonel, les consignes relatives à l'exécution de son service en temps de paix et à la mobilisation; ces consignes visent particulièrement les règles à suivre pour effectuer les recettes et paiements dans les conditions les plus rapides et les plus sûres.

Il rédige la correspondance administrative du corps, à l'exception de celle qui est relative au service propre du major et au service du capitaine chargé du matériel.

Il est archiviste du corps.

A moins d'insuffisance ou de défaut d'appropriation des locaux, il a son bureau à la caserne; la caisse y est placée dans un coffre-fort et sous la garde d'un planton garde-caisse armé.

Il prend part, dans les limites fixées par le colonel, à l'instruction théorique et pratique des officiers.

ART. 45. — **Attributions de l'officier adjoint.**

Un officier est adjoint au trésorier pour le seconder dans son service et le remplacer en cas d'absence ou d'impossibilité.

Cet officier prend part, dans les limites fixées par le colonel, à l'instruction théorique et pratique des officiers; il reçoit, en outre, une instruction spéciale, préparatoire aux fonctions d'officier payeur.

ART. 46. — **Unité formant corps.**

Le lieutenant trésorier d'une unité formant corps a les mêmes devoirs et les mêmes responsabilités que le capitaine trésorier d'un régiment.

---

(1) Article modifié. (Décret du 8 juillet 1914, *B. O.*, p. 1254.)

CHAPITRE VIII.

Le capitaine chargé du matériel.

ART. 47. — Devoirs généraux.

Les attributions et responsabilités du capitaine chargé du matériel sont déterminées par des règlements spéciaux.

Il est chargé, sous la direction du major et sauf les exceptions prévues par ces règlements, de la gestion du matériel appartenant à l'Etat et au corps, et de la surveillance des écritures afférentes à cette gestion.

Il apporte une attention particulière à ce que les approvisionnements de toute nature soient renouvelés en temps opportun par le jeu naturel des distributions.

Il tient le major constamment au courant de la situation de son service et lui propose toutes mesures destinées à en assurer le bon fonctionnement, aussi bien en temps de paix qu'à la mobilisation; les consignes relatives à la garde des magasins et à leur protection contre l'incendie ou les autres dangers qui peuvent les menacer sont établies par ses soins, de concert avec le service de semaine.

Il a sous ses ordres :

1° Le lieutenant en second de l'escadron de dépôt, qui est secrétaire de la commission des ordinaires, officier d'approvisionnement du corps, et est chargé des équipages régimentaires et du service du couchage et de l'ameublement;

2° L'adjudant de casernement chargé du casernement et des services du chauffage et de l'éclairage.

Il dispose du lieutenant en second de l'escadron de dépôt, en lui laissant, d'après les ordres du chef de corps, le temps nécessaire pour assurer ses diverses fonctions. Il n'intervient ni dans le service de l'approvisionnement ni dans celui des ordinaires.

Il a, en outre, sous ses ordres, un maréchal des logis garde-magasin qu'il emploie au mieux des intérêts du service.

Il a sous son autorité les maîtres ouvriers dont il surveille le travail.

Il commande le peloton hors rang.

Il prend part, dans la limite fixée par le colonel, à l'instruction théorique et pratique des officiers.

ART. 48. — **Détachements.**

Dans les détachements, l'officier de détails assure les divers services des fonds et du matériel; il est désigné sur la proposition du chef de détachement par le colonel.

CHAPITRE IX.

Les médecins.

MÉDECIN CHEF DE SERVICE.

ART. 49. — **Devoirs généraux.**

Le médecin chef de service est l'auxiliaire immédiat du colonel pour toutes les questions qui intéressent l'hygiène et l'état sanitaire du régiment.

Sa préoccupation constante, en dehors des soins à donner aux malades, est de maintenir et d'améliorer la santé du soldat, sans jamais perdre de vue les exigences de la discipline et de l'instruction.

Il dirige le service sanitaire du corps, secondé par les médecins sous ses ordres entre lesquels il en répartit les détails; il établit et soumet à l'approbation du colonel les consignes qu'il croit nécessaires à la bonne exécution de ce service.

Pour tout ce qui touche à la partie technique de ses obligations, il relève, dans les conditions indiquées par le règlement sur le service de santé à l'intérieur, du directeur du service de santé du corps d'armée et du médecin-chef du service de santé de la place.

Dans l'exécution de son service, il dépend exclusivement du colonel et est responsable vis-à-vis de lui; il a le devoir strict de lui fournir, sans attendre qu'il les lui demande, les renseignements les plus complets sur tout ce qui intéresse la santé et l'hygiène de la troupe; lorsqu'une épidémie sévit dans la région ou que certains indices en font craindre l'apparition, il prend l'initiative des propositions à lui faire pour en préserver le régiment. Le colonel, ainsi éclairé, statue sous sa responsabilité.

Il dirige l'infirmerie régimentaire et ses annexes.

ART. 50. — **Soins à donner aux militaires et à leur famille.**

Les médecins du corps doivent leurs soins gratuits à tous les militaires du régiment et aux membres de leur famille habitant avec eux.

Le médecin-chef répartit ce service entre tous les médecins du corps, de manière à égaliser leurs charges, tout en laissant aux malades, dans la mesure du possible, la liberté de recourir au médecin qui a l'habitude de les soigner.

ART. 51. — Surveillance de l'hygiène, de l'alimentation et du casernement.

Le médecin chef de service fait ou fait faire par les médecins sous ses ordres, dans les diverses parties du casernement, les visites qu'il juge nécessaires pour se rendre compte des conditions sanitaires et de l'application des règles d'hygiène.

Au cours de ces visites, pour lesquelles toutes facilités doivent être données par les chefs d'unités et de services, il ne prescrit directement aucune mesure; il se borne à adresser, s'il y a lieu, ses propositions au colonel, qui statue après les avoir communiquées aux chefs des unités intéressées.

Il participe, dans les conditions fixées par les règlements, à la réception ou à la vérification des denrées mises en consommation, soit au titre des ordinaires, soit dans les cantines, mess ou coopératives.

Il passe fréquemment dans les cuisines; il s'assure de la qualité des aliments, des eaux de boisson et de la mise en pratique des instructions ministérielles relatives à l'hygiène et à la composition rationnelle de l'alimentation. Il fait procéder aux analyses nécessaires. Il signale aux commandants d'escadron les modifications que, dans un intérêt d'hygiène, il y aurait lieu d'introduire dans l'alimentation.

ART. 52. — Instruction.

Il est responsable, vis-à-vis du colonel, de l'instruction des médecins du régiment, en ce qui concerne leur rôle en campagne.

Il dirige l'instruction des infirmiers régimentaires. Il fait ou fait faire, par les médecins sous ses ordres, les conférences prescrites par le colonel sur la prophylaxie des maladies, l'hygiène militaire, le service de santé en campagne, etc.

Lorsque l'ordre en est donné par le colonel, il prend part, ainsi que les autres médecins du corps, aux exercices de cadres et aux exercices sur la carte.

Art. 53. — **Administration.**

Le médecin chef de service est responsable de tout le matériel qu'il a en compte; il veille plus particulièrement sur celui qu'il détient au titre de la mobilisation. Il prend toutes les mesures et provoque au besoin les ordres nécessaires pour que ce matériel soit constamment maintenu au complet et en bon état de service et d'entretien.

Il tient les registres et écritures réglementaires et soumet à la vérification du major ceux pour lesquels cette mesure est prescrite.

Art. 54. — **Compte rendu journalier. Correspondance technique.**

Chaque jour, à l'heure fixée, le médecin chef de service adresse au colonel un rapport (modèle n° 3).

Il soumet au visa du colonel toute sa correspondance de service, ainsi que tous les rapports, états ou propositions qui doivent parvenir au directeur du service de santé du corps d'armée ou au médecin chef du service de santé de la place.

Dans les cas urgents, tels que : apparition d'épidémies, demande de désinfectants, etc., il est autorisé à correspondre directement avec le directeur du service de santé ou le médecin chef du service de santé de la place; mais il doit, dans le plus bref délai, donner communication de cette correspondance au colonel.

Art. 55. — **Visite aux hôpitaux.**

Le médecin chef de service visite, au moins une fois par semaine, les malades du régiment en traitement aux hôpitaux et rend compte, sur son rapport du lendemain, du résultat de cette visite.

Art. 56. — **Médecins en sous-ordres.**

En cas de fractionnement du régiment, le médecin chef de service reste avec l'état-major; le médecin le plus élevé en grade après lui est affecté à la portion centrale ou au détachement, si l'importance de celui-ci le comporte.

Le médecin détaché assure son service conformément aux principes ci-dessus posés pour le médecin-chef; il rend compte à ce dernier, par l'intermédiaire du commandant du détachement, de tout ce qui intéresse ce service.

CHAPITRE X.
Les vétérinaires.

***

***

ART. 57. — **Devoirs généraux.**

Le vétérinaire chef de service est l'auxiliaire immédiat du colonel pour toutes les questions qui intéressent l'hygiène et l'alimentation des chevaux du régiment. Sa préoccupation constante, en dehors des soins à donner aux chevaux malades, est de maintenir et d'améliorer l'état des chevaux, sans jamais perdre de vue les exigences de l'instruction et de la mobilisation.

Il assure le service conformément aux prescriptions du règlement sur le service vétérinaire à l'intérieur et du présent règlement; il est secondé par les vétérinaires sous ses ordres.

Pour tout ce qui touche à la partie technique de son service, il relève, dans les conditions indiquées par les règlements ci-dessus, du vétérinaire principal directeur du ressort.

Pour la direction du service du corps, il relève du colonel seul et est responsable vis-à-vis de lui; il a le devoir strict de lui donner, sans attendre qu'il les lui demande, les renseignements les plus complets sur tout ce qui intéresse la santé et la conservation des chevaux et ses avis sur les questions qui s'y rapportent, telles que l'alimentation, le casernement, l'hygiène, la ferrure, le travail, etc.

Le colonel, ainsi éclairé, statue sous sa propre responsabilité.

Quand une épizootie sévit dans la région ou que certains indices en font craindre l'apparition, le vétérinaire propose de lui-même au colonel les mesures tendant à en préserver les chevaux du régiment.

Le vétérinaire établit les consignes générales utiles à l'exécution du service vétérinaire du corps et les soumet à l'approbation du colonel.

Il dirige l'infirmerie vétérinaire et ses annexes, ainsi que l'atelier de maréchalerie.

ART. 58. — **Soins médicaux.**

Les vétérinaires du corps doivent leurs soins gratuits à tous

- 35 -

des chevaux du régiment, à ceux qui y sont en subsistance et qui y sont de passage.

Ils peuvent être appelés, sur la désignation du commandant d'armes, à visiter les chevaux d'autres corps ou services de la garnison.

ART. 59. — Surveillance de l'hygiène, de l'alimentation et du casernement.

Le vétérinaire chef de service fait, ou fait faire par les vétérinaires sous ses ordres, dans les écuries et magasins à fourrages du corps, les visites qu'il juge nécessaires pour se rendre compte des conditions sanitaires et de l'application des règles d'hygiène. Au cours de ces visites, pour lesquelles toute facilité doit lui être laissée, il ne prescrit directement aucune mesure; il rend compte, s'il y a lieu, de ses constatations au colonel et lui soumet ses propositions.

Il participe, dans les conditions fixées par les règlements, à l'inspection et au contrôle des animaux de boucherie, ainsi qu'à la réception ou vérification des viandes et denrées d'origine animale destinées à la troupe, au mess et aux cantines, et à l'inspection ou réception des denrées fourragères.

ART. 60. — Instruction.

Le vétérinaire chef de service fait ou fait faire par les vétérinaires sous ses ordres les conférences prescrites par le colonel sur l'hygiène des chevaux, la vérification de la qualité des denrées fourragères et l'inspection des viandes destinées à l'alimentation de la troupe.

Il assure l'exécution des prescriptions réglementaires concernant l'instruction professionnelle des maréchaux ferrants et adresse au colonel des propositions relatives à leur répartition dans les unités ainsi qu'à leur avancement.

ART. 61. — Administration.

Le vétérinaire chef de service est responsable de tout le matériel qu'il a en compte; il veille plus particulièrement sur celui qu'il détient au titre de la mobilisation. Il prend toutes les mesures et provoque au besoin les ordres nécessaires pour que ce matériel soit constamment maintenu au complet, en bon état de service d'entretien.

Il tient les registres et écritures réglementaires et soumet à

la vérification du major ceux de ses registres et écritures pour
lesquels cette mesure est prescrite.

ART. 62. — **Compte rendu journalier. Correspondance technique.**

Chaque jour le vétérinaire chef de service adresse au colonel,
à l'heure fixée, un rapport journalier sur l'état sanitaire des
chevaux (modèle n° 19).

Il soumet au visa du colonel toute sa correspondance de service, ainsi que tous les rapports, états ou propositions qui doivent parvenir au vétérinaire principal directeur du ressort.

Dans les cas urgents, il est autorisé à correspondre directement avec le vétérinaire principal directeur du ressort; mais il
doit, dans le plus bref délai possible, donner communication de
cette correspondance au colonel.

ART. 63. — **Visite aux infirmeries.**

Lorsque le colonel visite l'infirmerie vétérinaire ou la maréchalerie, le vétérinaire chef de service l'accompagne et lui fournit tous les renseignements nécessaires.

VÉTÉRINAIRES EN SOUS-ORDRES.

ART. 64. — **Répartition du service.**

Le vétérinaire chef de service répartit les détails du service
entre lui-même et ses subordonnés présents au corps.

ART. 65. — **Fractionnement du corps.**

Lorsque le régiment est fractionné, le vétérinaire chef de service reste avec l'état-major.

Le vétérinaire le plus ancien après lui est, en principe, désigné pour être détaché, lorsque le détachement est d'au moins un
demi-régiment.

Ce vétérinaire assure le service du détachement conformément aux principes posés ci-dessus, mais il rend compte au
vétérinaire chef de service, par l'intermédiaire du commandant
du détachement, de tout ce qui intéresse le service. S'il existe
un troisième vétérinaire, il reste avec le chef de service.

ART. 66. — **Vétérinaire civil.**

A défaut de vétérinaire militaire, le traitement des chevaux malades est assuré par un vétérinaire civil, qui remplit les fonctions attribuées au vétérinaire militaire, sans être astreint toutefois à l'obligation de faire des conférences.

TITRE IV.

LE DEMI-R_GIMENT.

CHAPITRE XI.

Le chef d'escadrons.

ART. 67. — Autorité et action du chef d'escadrons.

L'autorité du chef d'escadrons vis-à-vis de son demi-régiment s'exerce dans la même forme que celle du colonel vis-à-vis du régiment : elle comporte, dans la limite de ses attributions, les mêmes devoirs, les mêmes responsabilités et, à un degré plus rapproché de la troupe, les mêmes procédés de direction, de surveillance et de contrôle.

Le chef d'escadrons doit s'inspirer des intentions du colonel et y conformer d'une façon constante l'action de son commandement.

Il laisse à ses capitaines toute l'initiative nécessaire, veillant à ce que ces derniers donnent eux-mêmes à leurs officiers et à leurs gradés l'habitude de cette initiative et utilisent au mieux les aptitudes de chacun; il n'intervient dans les détails que s'il veut ordonner des dispositions communes à l'ensemble de son demi-régiment ou s'il constate, chez ses sous-ordres, des négligences sérieuses ou des erreurs préjudiciables à l'instruction.

Il s'applique à connaître complètement les officiers de son demi-régiment; il étudie leur caractère, se rend compte de leurs connaissances générales et professionnelles, ainsi que de leurs aptitudes équestres et de leur vigueur physique; il les note en se conformant aux règles tracées à l'article 21.

Il doit connaître individuellement les sous-officiers et brigadiers de son demi-régiment et la manière de servir de chacun d'eux.

Il observe enfin de près sa troupe et s'attache à apprécier exactement ses qualités d'ensemble, son état d'esprit et la somme d'efforts qu'il peut réclamer d'elle. Il s'efforce de maintenir une solidarité étroite entre les escadrons de son demi-régiment.

Il appuie l'autorité des officiers et des gradés, mais il veille à ce que celle-ci s'exerce avec justice et bienveillance et il intervient lorsque cette règle est méconnue.

Il examine avec sollicitude les demandes qui lui sont adressées par la voie hiérarchique; il veille à ce que ces demandes ne soient jamais interceptées et les transmet avec son avis lorsqu'il n'a pas qualité pour décider lui-même.

Il reçoit, aux jours et heures qu'il fixe, les hommes de son demi-régiment qui demandent à lui parler; ces demandes lui sont transmises par la voie de la situation-rapport.

Art. 68. — **Discipline et éducation militaire.**

Le chef d'escadrons est responsable, vis-à-vis du colonel, de la discipline et de l'éducation militaire de son demi-régiment.

Il contrôle, en conséquence, l'action des capitaines sur la discipline de leur unité; il s'assure que l'éducation militaire de la troupe est dirigée dans un sens pratique et offre la continuité indispensable pour développer et entretenir chez ceux qui la reçoivent le goût du service et le sentiment de leurs devoirs envers le pays.

Art. 69. — **Instruction.**

Le chef d'escadrons trace le programme d'ensemble de l'instruction de son demi-régiment d'après les dispositions du règlement de manœuvres et les prescriptions générales du colonel.

Il fait lui-même, sous la haute direction du colonel, aidé du lieutenant-colonel, l'instruction des officiers de son demi-régiment, et s'attache à ce que, dans les escadrons sous ses ordres, l'instruction des cadres subalternes soit pouruivie par les capitaines commandants avec le plus grand soin; il prescrit éventuellement pour ces cadres les exercices, théories et conférences qu'il juge nécessaires au perfectionnement de leur instruction.

Il veille à ce qu'aucun officier, gradé ou homme ne soit distrait du service ou de l'instruction pour des motifs ou dans des conditions contraires au règlement.

Si les élèves brigadiers de son demi-régiment sont réunis en peloton pour tout ou partie de l'instruction, il a la haute direction de ce peloton.

Le chef d'escadrons est entièrement responsable vis-à-vis du colonel de tout ce qui concerne les parties de l'instruction données en dehors des escadrons; pour les autres, sa responsabilité ne peut être mise en cause que s'il a manqué aux devoirs de direction, de surveillance et de contrôle qui lui sont dévolus par le règlement.

ART. 70. — **Mobilisation.**

Le chef d'escadrons s'assure que les capitaines de son demi-régiment ont une connaissance exacte des devoirs qui leur incombent à la mobilisation. Il exige qu'au cours des périodes d'instruction, ils étudient, par tous les moyens dont ils disposent, la valeur personnelle de leurs gradés et cavaliers réservistes, afin de les utiliser au mieux de leurs aptitudes.

Il se fait tenir au courant et se rend compte, au besoin, lui-même, de la situation du matériel de mobilisation de son demi-régiment; il provoque éventuellement les mesures nécessaires à la mise en état de ce matériel et, d'une façon générale, toutes celles qui peuvent tendre à faciliter la mobilisation de son demi-régiment.

Il veille à ce que les documents de mobilisation soient constamment tenus à jour.

ART. 71. — **Administration et casernement.**

Le chef d'escadrons surveille dans toutes ses parties l'administration de ses escadrons et soumet au colonel les propositions qu'il juge utiles à l'amélioration des divers services.

Il inspecte les magasins d'escadrons et en vérifie les registres; il provoque, le cas échéant, les mesures nécessaires pour que les escadrons reçoivent en temps utile les livraisons qui leur sont dues.

Il exerce une surveillance attentive sur la répartition et la bonne tenue du casernement, il complète les consignes générales du corps en ce qui concerne l'hygiène, la propreté et l'entretien des locaux communs aux escadrons de son demi-régiment.

Si les ressources du casernement le permettent, et, à défaut d'une installation dépendant de l'infirmerie, il fait organiser dans son casernement un local où sont réunis, chaque jour, pendant les heures d'exercice, les hommes exempts de service et non suspects de maladies contagieuses qui ne peuvent être utilisés dans les escadrons.

Si un demi-régiment occupe plusieurs casernemnts, il présente à l'approbation du colonel les consignes particulières établies pour chacun d'eux.

ART. 72. — **Alimentation.**

Le chef d'escadrons surveille l'alimentation de son demi-régiment.

Il visite fréquemment les cuisines et réfectoires; il s'assure que la nourriture est bonne et suffisamment abondante, que le matériel nécessaire est en bon état et que les commandants d'escadron apportent, dans la direction de ce service, la prévoyance et la sollicitude voulues.

Il vérifie les livrets d'ordinaire au moins une fois par mois, s'assure qu'ils sont régulièrement tenus et que toutes les prescriptions relatives à l'emploi des bonis sont exactement observées.

Si une cantine est affectée à son demi-régiment, il en surveille et contrôle la gestion et la police.

Il se renseigne sur le régime alimentaire des sous-officiers de son demi-régiment dans les mess ou cantines qui fonctionnent pour l'ensemble du régiment : il adresse, s'il y a lieu, à ce sujet, des demandes ou des propositions au colonel.

ART. 73. — **Etat sanitaire et hygiène des hommes.**

Le chef d'escadrons veille au bon état sanitaire de son demi-régiment.

Il se fait présenter fréquemment les cahiers de visite médicale, recherche les causes influant sur l'augmentation du nombre des malades, intervient, s'il le peut, pour les faire cesser, rend compte au colonel des mesures prises et lui propose celles qu'il ne peut prendre lui-même.

Il exige l'exécution stricte des prescriptions relatives à l'hygiène de la troupe. Il donne les ordres nécessaires pour qu'un maréchal des logis de semaine surveille la salle de réunion prévue à l'article 71 pour les hommes exempts de service.

ART. 74. — **Conservation, hygiène et alimentation des chevaux.**

Le chef d'escadrons apporte une attention constante à la bonne conservation des chevaux de son demi-régiment. Il doit connaître leur condition, surveiller leur hygiène et leur alimentation; il s'assure que les jeunes chevaux sont dressés d'après les prescriptions réglementaires.

ART. 75. — **Comptes rendus. Transmission des ordres et décisions.**

Si les ressources du casernement le permettent, le chef d'escadrons peut disposer, dans le casernement de son demi-régiment, d'un local où il puisse travailler et recevoir ses subordonnés.

Le chef d'escadrons reçoit chaque jour, à l'heure qu'il fixe, les situations-rapports (modèle n° I) des escadrons sous ses ordres, les annote, les complète, s'il y a lieu, donne son avis sur les demandes qui les accompagnent et les adresse au colonel.

Hors le cas d'urgence absolue, il ne doit pas transmettre une punition grave ou une demande sans avoir réuni tous les renseignements destinés à éclairer le commandement supérieur et fait, s'il est nécessaire, toutes les enquêtes utiles. Il veille à ce que ses subordonnés agissent de même.

Les ordres et décisions du colonel passent par son intermédiaire; dans les cas urgents seulement, il peut être fait des communications directes aux escadrons; il en est toujours averti.

ART. 76. — Cas d'absence.

En cas d'absence, le chef d'escadrons est remplacé par le capitaine adjudant-major affecté au demi-régiment, auquel il laisse ses instructions générales.

CHAPITRE XII.

L'adjudant-major.

ART. 77. — Service dans le régiment.

Les adjudants-majors sont à la disposition du colonel pour tous les services spéciaux du régiment.

Ils concourent, avec le capitaine chargé de la mobilisation, pour le service de semaine, d'après les ordres du colonel.

ART. 78. — Service dans le demi-régiment.

Chaque adjudant-major est affecté à un demi-régiment. Il est à la disposition de son chef d'escadrons pour le seconder dans toutes ses fonctions; il le remplace en cas d'absence.

Il surveille les tables de sous-officiers et la cantine du demi-régiment.

ART. 79. — Cas d'absence.

L'adjudant-major absent, ou occupant un emploi spécial, est remplacé dans son demi-régiment, mais seulement dans la mesure nécessaire, par le plus ancien capitaine du demi-régiment. Celui-ci conserve le commandement de son escadron et ne concourt pas au service de semaine.

TITRE V.
L'ESCADRON.

CHAPITRE XIII.
Le capitaine commandant.

ART. 80. — **Devoirs généraux du capitaine commandant.**

Le capitaine commandant a pour premier devoir celui de connaître à fond ses officiers, ses gradés et ses cavaliers, afin d'agir sur eux suivant leur caractère, leur degré d'instruction, d'intelligence, et de prendre ainsi sur tous l'ascendant et le prestige indispensables à l'exercice de son autorité.

Il s'attache à développer chez tous les militaires sous ses ordres les sentiments de devoir et de dévouement à la patrie; il leur facilite l'accomplissement de leur tâche par sa constante sollicitude et par ses conseils.

Tous ses efforts doivent être concentrés sur un but unique : la préparation de l'escadron à la guerre.

Il veille à ce que ses subordonnés agissent d'après les mêmes principes.

ART. 81. — **Responsabilité et initiative du capitaine commandant.**

Le capitaine commandant est responsable de toutes les parties de l'instruction militaire qui sont données dans l'intérieur de son escadron, ainsi que de la discipline, de l'éducation militaire et de l'administration de ses hommes, du dressage et de la conservation des chevaux.

Comme conséquence, il jouit de l'initiative la plus grande, sous la seule réserve de se conformer aux règlements en vigueur et aux instructions d'ordre général qu'il reçoit du colonel et du chef d'escadrons.

ART. 82. — **Formation de l'escadron.**

L'escadron est divisé en quatre pelotons :

Le lieutenant en premier commande le premier peloton, le

plus ancien des lieutenants en second de l'escadron commande le quatrième peloton, les autres lieutenants en second et sous-lieutenants commandent chacun un des deuxième et troisième pelotons.

Au point de vue du service intérieur et de certaines branches de l'instruction, les lieutenants et sous-lieutenants ne sont pas exclusivement attachés aux pelotons qu'ils commandent; leur autorité s'étend à l'ensemble de l'escadron pour toutes les missions qui leur sont confiées par le capitaine commandant.

L'adjudant d'escadron est rattaché au 1er peloton, le maréchal des logis chef au 4e, le maréchal des logis fourrier au 2e, le maréchal des logis ou le brigadier maître maréchal-ferrant au 3e.

Chacun des quatre plus anciens maréchaux des logis est affecté à l'un des quatre pelotons. Les maréchaux des logis supplémentaires sont affectés par le capitaine commandant au mieux des intérêts du service.

Chaque peloton sur le pied de paix est divisé en trois escouades; les trois plus anciens brigadiers de chaque peloton, à l'exception des brigadiers maîtres maréchaux, commandent chacun une escouade; sur le pied de guerre, il est constitué, dans chaque peloton, une quatrième escouade.

Les cavaliers sont répartis dans les pelotons de manière que chacun d'eux compte, autant que possible, un nombre égal de cavaliers de chaque classe de mobilisation et de cavaliers des diverses spécialités : cavaliers de 1re classe, éclaireurs, trompettes, sapeurs. maréchaux ferrants, etc.

Les désignations d'employés sont faites de façon à égaliser, dans la mesure du possible, les charges entre les pelotons.

ART. 83. — **Préparation à la guerre.**

Le capitaine commandant assure la préparation de son escadron à la guerre en l'instruisant dans les limites de ses attributions, en lui donnant un entraînement judicieux et une forte éducation militaire, en exigeant enfin de tous une discipline absolue.

Il ne perd pas de vue que l'escadron dont il aura le commandement en campagne comprend, en plus des cadres du temps de paix, un certain nombre de réservistes, gradés ou non, et il met à profit les périodes d'instruction pour apprécier la valeur militaire de ceux-ci. plus particulièrement celle des gradés. Ceux d'entre eux qui n'ont plus l'aptitude voulue sont invités à remettre volontairement leurs galons; s'ils n'y consentent pas, le capitaine provoque leur rétrogradation ou leur cassation, suivant les règles posées à l'article 416.

ART. 84. — Préparation à la mobilisation.

Le capitaine commandant veille à ce que les militaires sous ses ordres sachent exactement tout ce qu'ils ont à faire au moment de la mobilisation et connaissent le personnel qui leur serait adjoint ou avec lequel ils auraient à entrer en relations; il s'assure, d'autre part, qu'ils n'ignorent aucune des obligations qui leur incombent à cet égard, après leur retour dans leurs foyers.

Au point de vue matériel, ses devoirs comportent :

La tenue à jour du dossier de mobilisation et la prévision des mesures nécessaires à l'exécution rapide et sûre des opérations;

La garde, l'entretien et le bon emploi du matériel en compte dans l'escadron;

La visite périodique, soit d'après les ordres donnés, soit en provoquant ces ordres, du matériel que l'escadron n'a pas en compte, mais dont il prendrait livraison à la mobilisation;

Les comptes rendus et demandes ayant pour objet la mise en état de ce matériel.

ART. 85. — Education militaire.

Le but de l'éducation militaire est de développer chez le cavalier le sentiment de ses devoirs militaires et l'énergie nécessaire à l'accomplissement des sacrifices que la guerre lui imposera.

Cette éducation doit s'adresser à son cœur et à sa raison; elle lui fait sentir la puissance des liens qui le rattachent à la terre natale, l'intérêt qu'il y a pour lui à maintenir l'indépendance, la grandeur et la prospérité de la France et la nécessité, pour atteindre ce but, d'avoir une armée forte, disciplinée et toujours prête.

Tout soldat doit être convaincu que la victoire appartient à celui qui veut vaincre et qui, en dépit des fatigues et des dangers, est toujours prêt à aller de l'avant.

Ces enseignements élevés sont toujours donnés par les officiers sous une forme pratique et adaptée à l'esprit de chacun; ils sont complétés par un exposé approprié de faits d'histoire militaire de nature à susciter chez le soldat une généreuse émulation.

Art. 86. — **Discipline.**

Le capitaine commandant exerce son commandement avec bienveillance, fermeté et justice.

L'ascendant qu'il prend sur ses subordonnés, le respect qu'il leur inspire et les conseils qu'il leur donne constituent pour lui les premiers moyens d'obtenir une discipline parfaite; la concession équitable et raisonnée des diverses récompenses aide également à atteindre ce but.

Lorsque ces moyens ne suffisent pas, il n'hésite pas à recourir aux sanctions disciplinaires.

Il examine avec soin toutes les punitions infligées dans l'intérieur de son escadron; il demande les renseignements utiles au gradé qui a puni, interroge en principe le coupable et statue ensuite en tenant compte des antécédents et des diverses circonstances de fait.

S'il s'agit de punitions infligées par des gradés d'autres escadrons ou d'autres corps, il se borne à formuler son avis sur la situation-rapport.

Il prend toutes mesures nécessaires pour empêcher l'introduction dans son escadron d'écrits, journaux ou publications pouvant nuire à la discipline ou pousser, soit à l'abandon des devoirs militaires, soit à l'inobservation des lois; il réprime sévèrement toute tentative de propagande faite dans ce sens.

Dans tous les cas où un contrôle des journaux et écrits périodiques est exercé par le Ministre de la guerre, l'interdiction ne peut être prononcée que par lui et, en temps de guerre, dans la zone des armées, par le général en chef, qui en rend compte au Ministre (1).

Il fait connaître aux cavaliers les dispositions du code de justice militaire applicables en temps de paix et en temps de guerre.

Il exige que ses subordonnés traitent les militaires sous leurs ordres avec l'esprit de justice et de bienveillance qu'il témoigne lui-même à tous. Il interdit et, le cas échéant, réprime les violences, les abus d'autorité, les brimades, les écarts de langage et le tutoiement de supérieur à inférieur.

Art. 87. — **Rapports avec les officiers.**

Les lieutenants et sous-lieutenants sont les auxiliaires du capitaine commandant dans le commandement de l'escadron.

Il leur confie, suivant leurs aptitudes, les diverses parties de l'éducation militaire ou de la préparation à la guerre qu'il ne

______

(1) Alinéa complété. (Décret du 8 avril 1917, *B. O.*, p. 854.)

se réserve pas; il les emploie aux inspections et aux divers services qu'il croit utile de leur confier. Au point de vue moral, il leur donne, en toutes circonstances, l'exemple de la dignité professionnelle; au point de vue physique, celui de l'endurance à la fatigue, de l'adresse et de la vigueur à l'équitation et à l'emploi des armes, à pied et à cheval. Il les encourage à s'adonner à l'escrime, et à tous les exercices du corps qui peuvent développer leur vigueur et faire d'eux, sous tous les rapports, les éducateurs et les modèles de leurs hommes; il leur en facilite les moyens.

Il a des devoirs analogues à l'égard des officiers de complément; il les exerce à la pratique du commandement et s'efforce de développer, chez eux, au cours de leurs périodes d'instructions, leur entraînement physique et leur préparation aux fonctions qui leur sont dévolues à la mobilisation.

Art. 88. — **Rapports avec les gradés et la troupe.**

Le capitaine commandant doit toujours se rendre compte exactement des efforts que peuvent fournir ses subordonnés et des services qu'ils sont en état de rendre.

Il se tient, dans ce but, en contact constant avec eux, particulièrement avec les sous-officiers, et ne néglige aucune occasion de leur marquer sa sollicitude et de les aider de ses conseils.

En ce qui concerne les sous-officiers rengagés, il ne perd pas de vue que ces gradés ont, aussi bien en garnison qu'en campagne, un rôle très important à remplir, comportant un profond sentiment du devoir et une solide instruction militaire; il s'attache à développer chez eux ces qualités primordiales et en tient le plus grand compte dans les avis qu'il a à émettre sur leurs demandes de rengagement. Il leur facilite, d'autre part, les moyens d'augmenter leur instruction générale, tant pour accroître leur ascendant sur la troupe et leurs titres à l'avancement que pour faciliter ultérieurement l'obtention d'un emploi civil.

Quant aux sous-officiers non rengagés, il développe en eux le caractère, la vigueur physique et l'aptitude au commandement.

Le capitaine commandant s'assure fréquemment que les gradés et hommes sous ses ordres reçoivent avec une scrupuleuse exactitude toutes les allocations auxquelles ils ont droit, ainsi que tous les envois qui leur sont adressés.

En toutes circonstances, et même en dehors du service, il s'intéresse à eux et se renseigne sur leur situation particulière. Il reçoit tous ceux qui désirent lui parler.

ART. 89. — **Instruction.**

Le capitaine commandant est responsable de l'instruction de son escadron dans toutes les parties qui ne sont pas assurées par demi-régiment ou par régiment. Il en règle la progression conformément au programme d'ensemble du chef d'escadrons et aux prescriptions des règlements de manœuvres.

Il répartit les détails de cette instruction entre ses subordonnés, suivant leurs aptitudes, en assurant, dans chaque partie, la continuité de direction.

Toute alternance des instructeurs, par jour ou par semaine, est proscrite.

ART. 90. — **Alimentation.**

Le capitaine commandant gère l'ordinaire en se conformant aux prescriptions réglementaires et en tenant compte de la différence des besoins, suivant les régions, les époques de l'année et le travail imposé au personnel.

Il tire le meilleur parti des ressources dont il dispose et règle les perceptions, les achats et l'emploi des denrées de façon à éviter tout abus et toute consommation inutile.

Il prend les mesures nécessaires pour la bonne installation des réfectoires et cuisines de l'escadron, pour le maintien de ces locaux et leurs dépendances dans le plus grand état de propreté.

Il choisit autant que possible les cuisiniers parmi les professionnels, mais il s'attache à former des aides en nombre suffisant pour les besoins de la mobilisation ou des manœuvres.

Il assure la variété des menus et la bonne préparation des repas.

Il vérifie la qualité des denrées et s'attache à éviter les fraudes; s'il s'en produit, il les constate sans retard afin d'en faire assurer la répression.

Il donne les consignes utiles à l'exécution du service, notamment en ce qui concerne la bonne tenue des cuisiniers, la surveillance des repas, le lavage de la vaisselle, etc.

S'il a la direction d'une coopérative ou annexe de coopérative de quartier, il en surveille de près la gestion et restreint au strict nécessaire le personnel qui y est employé.

Il s'intéresse à l'alimentation de ses sous-officiers, au mess ou dans les cantines, et adresse au chef d'escadrons les demandes qu'il croit devoir formuler à ce sujet.

ART. 91. — **Etat sanitaire et hygiène des hommes.**

Le capitaine commandant a le devoir essentiel de concilier, dans toute la mesure du possible, les exigenes du service et le maintien en bon état sanitaire de son escadron.

Il impose à tous ses subordonnés une observation rigoureuse des règles d'hygiène et de propreté; il leur fait donner des instructions pratiques sur la prophylaxie des principales maladies, les soins à donner aux vêtements et à la chaussure, l'aération, le balayage, le chauffage et l'éclairage des chambres, les précautions à prendre pour la conservation de l'eau de boisson dans les cruches et du pain dans les armoires spéciales.

Il s'applique à connaître le tempérament et le fonds de résistance de tous ses hommes; il assiste, à cet effet, à la visite médicale qui suit l'incorporation, aux visites annuelles qui précèdent les manœuvres d'automne et reçoit du médecin, confidentiellement s'il est nécessaire, des renseignements sur leur état de santé.

En dehors des compte-rendus et rapports que ses obligations militaires peuvent lui imposer, il est tenu au secret médical.

Il porte une attention particulière sur les malingres et les hommes du service auxiliaire et tient compte de leur constitution pour régler leur service.

Il visite ses hommes en traitement à l'infirmerie et à l'hôpital.

ART. 92. — **Conservation, hygiène et alimentation des chevaux.**

Le capitaine commandant est responsable de l'état des chevaux de son escadron, qui doivent toujours être capables de supporter les fatigues d'une campagne; il doit connaître la condition de chacun d'eux et prendre ou provoquer toutes les mesures propres à la rendre et à la maintenir satisfaisante. Il porte une attention particulière au dressage des jeunes chevaux.

Il donne les ordres ou consignes nécessaires en ce qui concerne l'hygiène générale, le service des écuries et les pansages, les repas et les abreuvements et les soins à donner aux jeunes chevaux. Il remplit le rôle de « capitaine aux distributions » pour toutes les distributions de fourrages et se conforme aux prescriptions du chapitre XLI.

Il a aussi la responsabilité de l'entretien de la ferrure. Il se conforme aux prescriptions réglementaires en ce qui concerne le marquage des chevaux, les propositions pour les déclassements ou la réforme.

Art. 93. — **Administration.**

Les devoirs et responsabilités du capitaine commandant en matière d'administration sont définis par des règlements spéciaux; ils peuvent se résumer ainsi :

Assurer la perception et le paiement, à une heure fixée, de la solde et des allocations diverses dues à la troupe; contrôler ce paiement;

Gérer les magasins de l'escadron et ses fonds particuliers;

Pourvoir les gradés et cavaliers de tous les objets qui leur sont nécessaires et assurer les réparations et remplacements;

Pourvoir les chevaux des harnachements nécessaires et assurer les réparations et remplacements;

Gérer les ordinaires comme il est dit à l'article 90.

Assurer la perception régulière des fourrages nécessaires aux chevaux de son escadron;

Assurer le service du couchage et de l'ameublement, du chauffage et de l'éclairage;

Faire tenir régulièrement la comptabilité de l'escadron.

Art. 94. — **Habillement, harnachement, armement, magasins d'unité.**

Le capitaine commandant est responsable de l'état d'entretien de l'armement, de l'habillement, de l'équipement et du harnachement de son escadron.

Il apporte dans l'établissement de ses bons périodiques la méthode nécessaire pour conserver toujours des ressources normales et pourvoir à tous les besoins de la mobilisation.

Il entretient au complet et en bon état, d'après les ordres donnés, les collections d'effets destinés à l'habillement des réservistes et des territoriaux pendant les périodes de convocation.

Il règle le port des effets des diverses catégories d'après les instructions d'ensemble du colonel et du commandant d'armes et en tenant compte des ressources de l'unité.

Il veille à ce que l'approvisionnement des ferrures de rechange de l'escadron soit toujours entretenu au complet par le maître maréchal ferrant.

Il fait rectifier l'ajustage des harnachements aussi souvent qu'il le juge nécessaire, particulièrement avant les grandes manœuvres.

Art. 95. — **Casernement, couchage et ameublement.**

Le capitaine commandant répartit entre les diverses fractions le casernement affecté à son escadron.

Il fait tenir ce casernement dans un parfait état de propreté et d'entretien.

Il veille à ce que le chauffage et l'éclairage y soient assurés conformément aux besoins, sans gaspillage, mais aussi sans économie exagérée.

Il prend ou provoque toutes les mesures nécessaires pour l'aménagement des chambres de sous-officiers et l'amélioration, à tous les points de vue, de l'installation matérielle de sa troupe.

Il autorise les hommes à se pourvoir de boîtes fermant à clef, destinées à contenir les menus objets personnels, sous la réserve toutefois que ces boîtes pourront être, en tout temps, visitées en présence des détenteurs, par les officiers, l'adjudant et le maréchal des logis chef de l'escadron.

Il vérifie ou fait vérifier fréquemment l'état du matériel de couchage et de literie; il fait exposer périodiquement ce matériel en plein air; il en provoque le remplacement lorsqu'il le juge nécessaire.

Lorsque des fractions de son escadron sont logées en dehors des bâtiments militaires, notamment pendant les périodes de convocation de réservistes ou territoriaux, il assure l'aménagement, la propreté et l'hygiène des locaux occupés et fait vérifier, s'il y a lieu, la qualité de l'eau de boisson.

Il répartit les écuries entre les pelotons et groupe, autant que possible dans une même écurie, les jeunes chevaux en dressage, particulièrement ceux de cinq ans.

Il fait entretenir les écuries avec le plus grand soin dans les conditions fixées à l'annexe D.

ART. 96. — Répartition du service.

Le capitaine commandant veille à ce que le service soit également réparti entre les fractions constituées et entre les militaires du même grade de l'escadron.

Il s'assure de la tenue régulière des contrôles qui servent à commander le service et les corvées.

ART. 97. — Rassemblement quotidien de l'escadron.

Le capitaine commandant fixe l'heure du rassemblement quotidien, qui se fait soit dans les chambres, soit à l'extérieur; il le fait présider par l'officier de semaine de l'escadron.

ART. 98. — Situations-rapports, demandes et comptes rendus.

Chaque jour, à l'heure fixée, le capitaine commandant fait remettre au chef d'escadrons une situation-rapport (modèle n° 1) à laquelle sont joints les comptes rendus et demandes intéressant l'unité.

Il rend compte. immédiatement de tout incident dont le commandement doit être informé sans délai.

ART. 99. — **Cas d'absence du capitaine commandant.**

Le capitaine commandant est remplacé par le lieutenant en premier qui exerce le commandement provisoire en conformité des instructions que le capitaine lui a laissées.

CHAPITRE XIV

Lieutenants. — Sous-lieutenants.

———

ART. 100. — **Fonctions dans l'escadron.**

Les lieutenants et sous-lieutenants sont à la disposition du capitaine commandant qui leur confie, sous son contrôle, les parties de l'éducation militaire et de la préparation à la guerre qu'il ne se réserve pas et les emploie aux inspections ou contrôles qu'il juge utiles.

Pour toutes les branches de l'instruction, les inspections, les contrôles qui peuvent leur incomber, ils étendent leur autorité sur l'escadron entier; il importe donc qu'ils connaissent à fond les gradés et hommes qui le composent, ainsi que tous les chevaux.

Ils se préparent à prendre à l'improviste le commandement de l'escadron.

Les sous-lieutenants ne peuvent, sous aucun prétexte, être distraits de leur service d'escadron pour occuper des emplois spéciaux.

ART. 101. — **Fonctions comme chef de peloton.**

Les lieutenants et sous-lieutenants ont le commandement effectif de leur peloton. Ils entretiennent chez leurs subordonnés le goût du service, leur donnent l'exemple de l'allure militaire, de la vigueur, de l'entrain, de la pratique d'une équitation hardie. Ils s'intéressent à eux, les interrogent fréquemment, les guident de leurs conseils, veillent à ce qu'ils soient traités sans brusquerie, qu'ils reçoivent exactement toutes les prestations auxquelles ils ont droit et tout ce qui leur est adressé; ils rendent compte au capitaine commandant s'ils constatent des abus à cet égard, ils maintiennent par leur sollicitude la bonne harmonie dans le peloton et accroissent ainsi sa cohésion et son aptitude à la guerre.

Ils sont chargés de l'instruction et veillent à ce que les sous-officiers et les brigadiers enseignent à leurs hommes tous les détails de la discipline, de la tenue, de l'entretien et de l'arrangement des armes et des effets de toute nature. Ils font également instruire leurs hommes de leurs devoirs comme réservistes ou territoriaux; ils insistent sur les indications portées sur le fascicule de mobilisation.

Ils font faire en leur présence la lecture du code pénal militaire; ils y ajoutent toujours les éclaircissements nécessaires.

Ils sont responsables de l'exécution du service intérieur dans leur peloton; ils le visitent chaque jour, ils veillent à la propreté du casernement, des chambres et des écuries, et se font rendre compte de tous les détails de l'existence journalière de la troupe.

Ils visitent aussi chaque jour les écuries de leur peloton et veillent à leur propreté. Ils doivent connaître le tempérament, le caractère et la valeur des chevaux de leur peloton. Ils sont responsables envers le capitaine commandant de leur condition, de leur propreté et de l'entretien de la ferrure. Ils veillent à ce que le harnachement soit bien ajusté, bien entretenu et qu'il ne serve qu'au cheval auquel il est affecté.

Au jour fixé par le capitaine commandant pour la revue hebdomadaire, ils s'assurent que les chambres et le casernement de leur peloton ont été nettoyés à fond, que les cavaliers ont mis leurs effets dans le plus grand état de propreté et les ont disposés pour l'inspection du capitaine.

En dehors de la revue hebdomadaire, les chefs de peloton passent dans leur peloton les revues prescrites par le capitaine commandant et celles qu'ils jugent utile de passer pour s'assurer de la tenue des armes et des effets d'habillement, d'équipement, de harnachement, de couchage, etc., de chaque homme. Ils rendent compte, après chaque revue, des réparations que les hommes ne peuvent faire eux-mêmes et s'assurent qu'elles sont bien exécutées; ils proposent les modifications ou remplacements qu'ils jugent nécessaires. Ils vérifient si les livrets de chaque homme sont tenus à jour notamment en ce qui concerne les inscriptions à y porter au sujet des effets, des armes, des permissions, des punitions, etc.

Ils tiennent eux-mêmes un contrôle de leur peloton; ce carnet de contrôle dont le modèle peut être déterminé par le chef de corps, est fréquemment vérifié par le capitaine. En cas de départ, ils le remettent à l'officier ou au sous-officier qui doit prendre le commandement du peloton.

ART. 102. — Rassemblement.

Quand l'escadron se rassemble, les lieutenants et sous-lieutenants président à ce rassemblement. Ils font l'appel et passent l'inspection de leur troupe.

A l'arrivée du capitaine commandant, ils lui présentent leur peloton et lui rendent compte du nombre de présents et des détails du service.

Les rassemblements prématurés de l'escadron ou des fractions qui le composent sont interdits; la rapidité avec laquelle une troupe se rassemble donne une mesure de sa discipline et de son instruction.

ART. 103. — Ordinaire.

Le lieutenant en premier a, sous la direction du capitaine commandant, la surveillance directe de l'ordinaire. Lorsque l'escadron forme plusieurs ordinaires, chaque officier surveille celui de sa fraction.

Quand il n'y a pas de commission des ordinaires, l'officier d'ordinaire veille à tous les détails d'achat, de réception et de distribution, d'après les ordres donnés par le capitaine commandant.

Il s'assure que le maréchal des logis chef inscrit chaque jour sur le livret d'ordinaire les dépenses de la journée, que les achats de la main à la main sont payés, s'il y a lieu, chaque jour, par le brigadier d'ordinaire et que les fournisseurs en ont donné quittance sur le livret.

Il vérifie et arrête le livret le premier jour de chaque prêt; s'assure, quand une commission des ordinaires opère, que le secrétaire de la commission a constaté, par sa signature sur le livret, les dépenses qui déterminent les paiements aux fournisseurs; il fait porter au nouveau prêt l'excédent des recettes.

Il passe tous les jours dans les cuisines pour se rendre compte de la préparation des repas et de l'état du matériel. La qualité, la quantité et l'égale répartition des aliments entre les parties prenantes, la propreté des ustensiles divers, la tenue des cuisiniers sont l'objet de son attention.

ART. 104. — **Fonctions hors de l'escadron.**

Des lieutenants sont employés aux instructions spéciales données, en dehors de l'escadron, aux élèves-brigadiers, aux divers gradés, aux spécialités et, en dehors du régiment, aux élèves-officiers de réserve.

Ils sont chargés des différents cours à faire au titre des écoles régimentaires, notamment aux candidats aux écoles militaires.

Ils doivent profiter de ces missions diverses pour s'efforcer d'acquérir, sur cette élite des hommes de troupe, une influence qui sera d'autant plus grande que leurs connaissances seront plus étendues et leur zèle plus complet.

ART. 105. — **Adjudants-chefs du cadre complémentaire.**

Les adjudants-chefs du cadre complémentaire sont affectés aux escadrons où il existe des vacances d'officiers que l'on prévoit devoir être de longue durée. Ils remplacent ces officiers aussi bien dans le service du corps que dans le service de place, sauf dans le cas où une loi spécifie expressément le grade du militaire à désigner et lorsqu'il s'agit d'assurer le service de garde du palais de l'Elysée et des palais législatifs à Paris (1).

Les adjudants-chefs une fois affectés ne doivent être l'objet d'une mutation qu'en cas de nécessité absolue; si cette mutation entraîne un changement de garnison, elle ne peut être prononcée que par le général commandant le corps d'armée.

CHAPITRE XV.
L'adjudant d'escadron.

ART. 106. — **Devoirs généraux.**

L'adjudant d'escadron exerce une surveillance directe et constante sur les sous-officiers, brigadiers et cavaliers de l'escadron; il s'applique à connaître la conduite, le caractère et les aptitudes de chacun d'eux; il n'agit envers eux qu'avec les ménagements ou la sévérité que comporte leur âge ou leur caractère.

Il est spécialement chargé de surveiller l'exécution du service intérieur et des consignes qui s'y rapportent; à ce titre, il est sous l'autorité de l'officier de semaine de l'escadron.

Il n'a pas à s'occuper de ce qui a trait aux écritures et à la comptabilité de l'escadron.

Il commande le service dans l'escadron, il autorise les chan-

____

(1) Nouveau texte. (Décret du 14 février 1914, *B .O.*, p. 246.)

gements de tour de service entre sous-officiers, brigadiers et cavaliers, sauf à soumettre au besoin ces autorisations à l'officier de semaine de l'escadron.

Il veille à ce que les gradés sous ses ordres ne commandent pas de corvée hors tour.

Il s'assure de la propreté et de la bonne tenue de tous les locaux occupés par l'escadron, sans exception.

Il conduit au local désigné les sous-officiers punis d'arrêts de rigueur.

Il participe à l'instruction dans les conditions fixées par le capitaine commandant.

ART. 107. — Appels du matin et du soir.

Chaque matin l'adjudant se fait rendre compte, par le maréchal des logis de semaine, de l'appel du matin et des événements qui ont pu se passer pendant la nuit.

Au moment de l'appel du soir, il passe dans les chambres accompagné du maréchal des logis de semaine et fait faire l'appel en sa présence par les brigadiers de chambrée; il signe le billet d'appel et le porte dans la salle de service, au capitaine de semaine ou à l'officier de nuit s'il existe un service d'officier de nuit.

Il alterne par semaine, pour ce service de l'appel du soir, avec le maréchal des logis chef et le plus ancien maréchal des logis de l'escadron.

Dans les cas exceptionnels, l'adjudant ou son suppléant d'appel peut faire faire un contre-appel dans l'escadron; il en rend compte immédiatement à l'adjudant de semaine et le lendemain à son capitaine commandant.

Le colonel règle, par les consignes, la façon dont est rendu l'appel du soir dans les quartiers où cet appel n'est pas reçu par le capitaine de semaine ou un officier de service de nuit.

ART. 108. — Rassemblement quotidien de l'escadron.

A l'heure fixée par le capitaine commandant, l'adjudant réunit l'escadron, en fait l'appel et le rend à l'officier de semaine.

Il y fait donner lecture par le maréchal des logis chef des décisions et prescriptions diverses; il fait connaître les punitions infligées, commande le service, fait commander les corvées, et passe ou fait passer, si le capitaine commandant l'a prescrit, l'inspection d'un ou de plusieurs effets.

Il assiste de même au rassemblement des fractions de l'escadron qui ne sont pas commandées par un officier et en passe l'inspection.

Les employés assistent, en principe, au rassemblement quotidien.

ART. 109. — **Cas d'absence.**

L'adjudant d'escadron absent ou indisponible est remplacé par le maréchal des logis chef dans celles de ses fonctions qui impliquent l'exercice de l'autorité sur les sous-officiers de l'escadron; dans les autres, il peut être remplacé par le plus ancien maréchal des logis.

CHAPITRE XVI.

Le maréchal des logis chef et le fourrier.

ART. 110. — **Devoirs généraux du maréchal des logis chef.**

Le maréchal des logis chef est l'agent du capitaine commandant pour tout ce qui concerne l'administration et la comptabilité.

Il est responsable envers cet officier de la tenue des registres, contrôles, livrets, etc. et de la conservation de tout le matériel en magasin.

Il exerce une surveillance spéciale sur le garde-magasin de l'escadron et assiste, en principe, à toutes les distributions, réceptions et réintégrations d'effets ou objets de toute nature; il fait marquer tous les effets à la lettre de l'escadron dès qu'il les reçoit et au numéro de la collection, dès qu'ils sont mis en service ou changés de collection.

Comme l'adjudant d'escadron, qu'il est appelé à suppléer dans une partie de ses fonctions en cas d'absence ou d'empêchement, il s'applique à connaître la conduite, le caractère ou les aptitudes des sous-officiers, brigadiers et cavaliers de l'escadron.

Il communique les décisions et les ordres du colonel et du chef d'escadrons au capitaine commandant qui les complète par les prescriptions qu'il juge utiles.

ART. 111. — **Instruction.**

Le maréchal des logis chef assiste aux instructions pratiques et théoriques de l'escadron dans les conditions fixées par le capitaine commandant d'après les directives du chef de corps et du chef d'escadrons.

ART. 112. — Vérification à son entrée en fonctions.

En entrant en fonctions, le maréchal des logis chef vérifie la concordance du matériel existant et des écritures; il soumet au capitaine commandant les résultats de cette vérification, puis devient responsable.

ART. 113. — Prêt.

Lorsque le capitaine commandant ne touche pas le prêt lui-même, le maréchal des logis chef le perçoit sur une feuille signée et acquittée par cet officier, et le paie, le jour-même, aux intéressés en se conformant aux consignes données à ce sujet par le capitaine commandant.

ART. 114. — Comptabilité de l'escadron.

Le maréchal des logis chef tient lui-même ou fait tenir par le fourrier les divers registres de comptabilité; les mutations, les recettes et les distributions de toute nature y sont portées chaque jour.

Il ne garde les livrets individuels après les distributions d'effets que pendant le temps strictement nécessaire à leur mise à jour.

Il fait inscrire sur les livrets matricules des militaires de l'escadron les permissions faisant mutation et les punitions mentionnées à l'article 403.

ART. 115. — Effets des hommes absents, déserteurs ou décédés.

Lorsqu'un homme entre à l'hôpital, le maréchal des logis chef visite, en présence de l'intéressé si possible, les effets qu'il ne doit pas emporter; ces effets sont ensuite placés dans un ballot étiqueté et déposé dans le sac de l'homme au magasin de l'escadron; un état des effets, signé par l'intéressé et par le maréchal des logis chef, est placé sur le sac. Les armes sont déposées au magasin du corps contre récépissé.

Si l'homme entrant à l'hôpital ne peut assister à cette visite, il est remplacé par le brigadier et un homme de l'escouade.

Le maréchal des logis chef inscrit sur le billet d'hôpital les effets que l'homme emporte.

Il agit de même à l'égard des militaires allant en congé, en mission ou en permission de longue durée; mention des effets emportés est faite sur le titre d'absence.

Lorsque l'homme rentre au régiment après une absence, ses effets sont retirés du magasin et vérifiés en sa présence.

Le maréchal des logis chef procède, d'une manière analogue, pour l'inventaire des effets des hommes présumés déserteurs; une expédition de l'inventaire des effets emportés est remise au major.

Il verse au magasin, après désinfection, s'il y a lieu, les effets des hommes décédés.

Le maréchal des logis chef peut, comme tous les officiers et l'adjudant d'escadron, visiter, en présence du brigadier, d'un soldat de la chambrée et de l'intéressé, les effets de tout homme contre lequel existent des présomptions de vol ou de recel, ou soupçonné de détenir tout objet et document, écrit ou imprimé, dont l'introduction au quartier est interdite.

ART. 116. — **Listes et placards à afficher.**

Le maréchal des logis chef fait placer sur la porte de chaque chambre, à l'extérieur, une liste indiquant le régiment, le demi-régiment et l'escadron, les noms des officiers et du maréchal des logis du peloton; sur la face intérieure de la porte, il fait placer la liste nominative des hommes de la chambrée.

Il affiche sur la porte de son bureau les noms et adresses des officiers et de l'adjudant de l'escadron; il y ajoute également son nom et celui du fourrier.

Il fait afficher dans l'escadron :

1° Les noms des batailles inscrites à l'étendard;

2° Les noms des généraux commandant le corps d'armée, la division et la brigade, du colonel et des officiers supérieurs du régiment;

3° Les extraits du présent règlement sur les marques extérieures de respect, sur les devoirs des brigadiers dans les chambres, sur l'hygiène des hommes;

4° L'extrait du règlement concernant l'entretien des armes;

5° Le classement des tireurs;

6° Le prix des denrées de l'ordinaire;

7° Les instructions sur le paquetage et sur la manière de marquer, de nettoyer et d'entretenir les effets;

8° S'il y a lieu, l'instruction pour les militaires qui trouvent des obus à proximité des champs de tir.

Il fait afficher dans chaque chambre l'état des objets de casernement signé par le fourrier et le brigadier de chambrée; il fait placer des étiquettes de lit et de ratelier d'armes et fait poser de plus les placards et affiches spéciaux prévus par les consignes du corps, du détachement ou de l'escadron.

ART. 117. — **Ordinaire.**

Le maréchal des logis chef tient le livret d'ordinaire; il y fait au jour le jour l'inscription des recettes et des dépenses.

Il établit chaque jour, pour le lendemain, soit la note indicative des denrées à prendre à la commission des ordinaires et à remettre à l'officier secrétaire de la commission, soit la note des achats à faire de la main à la main par le brigadier d'ordinaire, soit enfin la note indiquant le nombre des repas à commander à l'escadron nourricier.

Les notes à remettre au secrétaire de la commission sont signées par le capitaine commandant.

Tous les jours de prêt, après signature, s'il y a lieu, du lieutenant secrétaire de la commission, le maréchal des logis chef présente le livret à la vérification de l'officier d'ordinaire.

Lorsque les achats se font de la main à la main, il reçoit chaque jour du capitaine commandant la somme nécessaire pour les dépenses du lendemain; il la remet au brigadier d'ordinaire et en tient note; il s'assure que toute dépense payée par ce brigadier est quittancée par le fournisseur dans la colonne d'émargement du livret.

Il assure, sous le contrôle de l'adjudant de l'escadron, la propreté des cuisiniers, des cuisines et de leurs dépendances.

ART. 118. — **Malades.**

Après l'appel du matin, le maréchal des logis chef reçoit du maréchal des logis de semaine (ou du maréchal des logis de garde pour les hommes punis) les noms des malades; il les inscrit sur le cahier de visite médicale.

Il y inscrit également le nom des militaires rentrés la veille soit des hôpitaux, soit d'une position quelconque d'absence, ou partant en permission de plus de deux jours. Il indique le numéro de la chambre ou l'adresse en ville des malades qui ne peuvent se rendre à la visite du médecin.

Il remet le cahier de visite au brigadier de semaine qui doit assister à la visite; ce cahier est présenté chaque jour au capitaine commandant.

Dans le courant de la journée et s'il y a urgence, le maréchal des logis chef ou, à son défaut, le maréchal des logis de semaine fait avertir sur-le-champ le médecin de service et l'infirmier de garde.

ART. 119. — Demandes des sous-officiers, brigadiers et cavaliers.

Le maréchal des logis chef reçoit à son bureau toutes les demandes que les militaires de l'escadron ont à faire par la voie du rapport. Il doit les soumettre toutes, sans exception, au capitaine commandant.

ART. 120. — Cas d'absence.

Le maréchal des logis chef absent ou empêché est suppléé par le maréchal des logis fourrier, sauf pour l'appel du soir, où il est remplacé par un sous-officier désigné par le capitaine commandant.

Fourrier.

ART. 121. — Devoirs généraux.

L'emploi de fourrier est tenu par un maréchal des logis fourrier ou, exceptionnellement, par un brigadier fourrier.

Le fourrier est aux ordres immédiats du maréchal des logis chef; il tient, sous la direction de ce sous-officier, toutes les écritures de l'escadron, à l'exception du livret d'ordinaire, et assure toutes les opérations concernant l'entretien du casernement, des matériels de couchage et de campement.

Il remplace au besoin le maréchal des logis chef pour les réceptions, les distributions et les versements d'armes et d'effets de toute nature.

Le fourrier assiste aux instructions pratiques et théoriques de l'escadron dans les conditions fixées par le capitaine commandant d'après les directives générales du chef de corps et du chef d'escadrons.

ART. 122. — Distributions.

Le fourrier est chargé des distributions des denrées autres que celles de l'ordinaire. Il reçoit ces denrées et les répartit entre les parties prenantes. Il est responsable de toute erreur.

Les hommes de corvée nécessaires lui sont fournis, sur sa demande, par le service de semaine.

ART. 123. — **Brigadier adjoint au fourrier.**

En tout temps, un brigadier est désigné dans chaque escadron pour remplacer le fourrier absent ou indisponible et le seconder dans ses fonctions lorsqu'il est présent.

Il est exempt du service de semaine.

CHAPITRE XVII.

Les maréchaux des logis.

MARÉCHAL DES LOGIS DE PELOTON.

ART. 124. — **Attributions générales.**

Le maréchal des logis de peloton est chargé, sous l'autorité et la surveillance du chef de peloton, des détails de l'instruction, de l'éducation militaire et du service intérieur du peloton. Il appuie les brigadiers de son autorité et les habitue à commander avec fermeté, mesure et impartialité.

Il est responsable envers l'officier de peloton des soins à donner aux chevaux du peloton.

En ce qui le concerne personnellement, il ne perd jamais de vue que le rôle qu'il a à remplir en campagne exige la plus grande vigueur physique et il s'efforce de développer cette vigueur par un entraînement constant.

ART. 125. — **Surveillance du casernement, des chambres et des écuries.**

Le maréchal des logis de peloton veille à ce que les chambres de son peloton soient tenues très proprement et qu'elles soient bien aérées; il fait battre périodiquement au grand air les couvertures et les matelas. Il veille au maintien de l'ordre établi pour l'arrangement des effets.

Il surveille la tenue des écuries de son peloton et est responsable envers son chef de peloton de l'entretien de la litière. Il veille au maintien de l'ordre dans la sellerie.

ART. 126. — **Hygiène des hommes.**

Le maréchal des logis de peloton s'attache à la stricte exécution, dans les escouades de son peloton, des prescriptions relatives à l'hygiène et à la propreté corporelle des hommes.

Il s'assure que les brigadiers et cavaliers font à leur linge les réparations nécessaires; qu'ils en changent au moins une fois par semaine; qu'ils sont rasés régulièrement, s'ils ne portent pas habituellement toute la barbe; que leurs cheveux sont tenus courts.

ART. 127. — **Soins aux chevaux.**

Le maréchal des logis de peloton veille à la stricte exécution dans son peloton des prescriptions relatives aux soins à donner aux chevaux.

Il assiste au pansage et en surveille l'exécution.

Il désigne les cavaliers qui doivent panser les chevaux des cavaliers absents.

Il s'assure que les brigadiers apprennent aux jeunes soldats à faire le pansage.

ART. 128. — **Conservation des armes, effets et harnachements.**

Le maréchal des logis de peloton apporte une attention toute spéciale à la bonne tenue des objets ou effets de toute nature en service dans son peloton, particulièrement à l'armement et au harnachement; il provoque et fait faire en temps opportun tous les remplacements ou réparations nécessaires.

Il veille à ce que tous les effets dont disposent les brigadiers et cavaliers soient exactement matriculés, que ces effets proviennent du magasin de l'escadron ou appartiennent en propre à leurs détenteurs.

Il fait porter au magasin de l'escadron tous les objets qui ont besoin d'être matriculés.

Il passe toutes les revues de détail prescrites par ses chefs et, s'il le juge nécessaire, des revues complémentaires, sous la réserve d'en rendre compte à l'officier de peloton ainsi qu'à l'adjudant de l'escadron dans la journée même où ces revues ont eu lieu.

ART. 129. — **Rassemblements.**

Toutes les fois que l'escadron doit se rassembler, le maréchal des logis de peloton se rend dans les chambres de son peloton et veille à ce que les hommes s'apprêtent; il présente son peloton à l'officier de peloton qui en passe l'inspection.

A moins d'ordre contraire de l'officier de peloton, il assiste à tous les rassemblements de la totalité ou d'une partie de son peloton.

Art. 130. — **Comptes rendus.**

Le maréchal des logis de peloton rend compte à l'officier de peloton de tous les faits qui se passent dans son peloton; il informe le maréchal des logis chef de ceux qui intéressent l'administration de l'escadron (pertes d'effets, dégradations, réparations, etc...) et l'adjudant, de tous les autres et notamment de ceux qui intéressent la discipline.

Art. 131. — **Cas d'absence.**

Le maréchal des logis de peloton absent ou indisponible est suppléé par un des maréchaux des logis supplémentaires désigné par le capitaine commandant, ou, à défaut, par le plus ancien brigadier de peloton.

Art. 132. — **Maréchaux des logis supplémentaires et fonctions en dehors de l'escadron.**

Les maréchaux des logis supplémentaires sont employés par le capitaine commandant au mieux des intérêts du service.

Tous les maréchaux des logis concourent, en principe, pour assurer le service de semaine.

CHAPITRE XVIII.

Les brigadiers.

Art. 133. — **Attributions générales.**

Les brigadiers vivent et travaillent avec les cavaliers; ils les guident et les commandent en tout ce qui est relatif au service.

Leur devoir le plus important est de leur donner l'exemple de la discipline, de la bonne conduite, de l'exactitude et de la tenue.

Si cet exemple et les conseils qu'ils donnent ne réussissent pas à maintenir le cavalier dans la bonne voie, ils usent des moyens de répression que le présent règlement leur accorde; si ces moyens sont encore insuffisants, ils font appel à l'autorité de leurs supérieurs; mais ils ne doivent pas oublier que la meilleure manière de se faire respecter et obéir est de se montrer justes envers leurs subordonnés, de s'abstenir de toute familiarité, de toute brusquerie, et d'exiger de chacun la ponctuelle exécution du service.

Ils sont exempts des corvées auxquelles les cavaliers sont assujettis. Ils pansent chaque jour leur cheval, excepté quand ils sont de service ou de semaine.

Leurs fonctions dans le service intérieur sont celles de : brigadier d'escouade, brigadier de chambrée, brigadier d'ordinaire, brigadier de semaine.

BRIGADIER D'ESCOUADE.

ART. 134. — **Devoirs généraux.**

Le brigadier d'escouade loge avec les hommes de son escouade; il exige qu'ils prennent les soins de propreté personnelle spécifiés à l'annexe B; qu'ils fassent leur lit et mettent tous leurs effets dans l'état de propreté et d'arrangement prescrit. Il fait préparer les hommes pour les divers services ou instructions.

Il tient la main à ce que tous les cavaliers mettent du linge propre au moins une fois par semaine, plus souvent même si c'est possible, surtout en été; à ce que ce linge soit raccommodé après le blanchissage et à ce que la chaussure soit constamment tenue en état.

Il forme les recrues de son escouade aux détails du service intérieur; il leur apprend à entretenir les armes, harnachements et effets de toute nature, à faire le paquetage, à panser les chevaux et à leur donner les soins prescrits.

Il veille à ce que tous les objets soient placés dans les chambres, les selleries et les écuries, suivant les ordres donnés.

Le jour du prêt, il reçoit du maréchal des logis chef, à l'heure fixée par le capitaine, la solde de son escouade et les allocations dues à ceux qui ne vivent pas à l'ordinaire; il les leur remet immédiatement.

ART. 135. — **Effets prêtés. Visite des effets.**

Le brigadier d'escouade interdit aux hommes de se prêter leurs effets, quels qu'ils soient.

Quand il soupçonne un homme d'avoir vendu des effets ou d'en recéler de perdus ou de volés, il prévient le maréchal des logis de peloton ou, à son défaut, le maréchal des logis chef.

ART. 136. — **Rassemblements.**

Toutes les fois que son escouade doit se rassembler, le brigadier en fait l'appel et la présente à l'inspection du maréchal des logis de peloton.

ART. 137. — **Comptes rendus.**

Le brigadier rend compte au maréchal des logis de peloton des punitions qu'il a infligées et de tout ce qui intéresse le service et la discipline. Il l'avise sur-le-champ de tout événement imprévu; à son défaut, il prévient immédiatement le maréchal des logis de semaine.

BRIGADIER DE CHAMBRÉE.

ART. 138. — **Devoirs généraux.**

Lorsque le brigadier est le plus ancien de sa chambrée, il est le chef de la chambrée.

En prenant la chambre, il reconnaît avec le fourrier le matériel de casernement qui s'y trouve, signe, avec ce sous-officier, l'état de ce matériel et en devient dès lors responsable; il veille avec soin à sa conservation et rend compte au maréchal des logis de peloton des dégradations qui se produisent.

ART. 139. — **Tenue et police des chambres.**

Au réveil, le brigadier de chambrée fait lever les cavaliers, découvrir les lits, aérer les chambres, et il procède à l'appel en présence du maréchal des logis de semaine.

Il fait connaître le nom des malades à ce sous-officier, lui signale ceux qui paraissent ne pouvoir se rendre à la visite du médecin et l'informe des événements de la nuit.

Il commande, chaque jour, à tour de rôle, un cavalier de la chambrée pour nettoyer les planchers, essuyer les tables et les bancs, les planches ou armoires à pain, les planches à bagages et les rateliers d'armes, les portes et les fenêtres, porter les ordures à l'extérieur et remplir la cruche d'eau potable. Une fois par semaine, le nettoyage est fait à fond dans les conditions prévues à l'annexe B.

Le brigadier de chambrée interdit dans sa chambrée toute espèce de brimade ou de plaisanterie déplacée, notamment à l'égard des jeunes cavaliers; il réprime tout ce qui se fait ou se dit contre le bon ordre.

Il se conforme, en ce qui le concerne, aux prescriptions de

l'article 125, relatives à la tenue des chambres. Il empêche en outre de fumer au lit, de se coucher sur les lits avec des chaussures, et, d'une façon générale, de dégrader ou de salir aucun objet du casernement ou effet de couchage.

Il préside au repas pris en commun et use de son autorité pour y maintenir le bon ordre et la bonne harmonie.

En hiver, il s'assure que le feu est entretenu avec modération; il fait placer un bassin plein d'eau sur le poêle.

Il fait l'appel du soir en présence du maréchal des logis de semaine et le rend au sous-officier d'appel.

Pendant la nuit, si un homme est gravement malade, il avertit le maréchal des logis de garde de la nécessité de faire venir le médecin de service; dans le jour, il prévient le maréchal des logis chef ou, à son défaut, le maréchal des logis de semaine.

BRIGADIER D'ORDINAIRE.

ART. 140. — **Devoirs généraux.**

Le brigadier d'ordinaire est chargé de tous les détails du service de l'ordinaire; il est nommé par le capitaine et relevé en principe tous les trois mois.

Les hommes de corvée qui lui sont nécessaires lui sont fournis, sur sa demande, par le service de semaine.

Dans le cas où une commission des ordinaires fonctionne, le brigadier d'ordinaire reçoit chaque jour du maréchal des logis chef la note des denrées à y prendre; il s'assure que les quantités demandées lui sont exactement remises et en devient responsable après livraison.

Si les achats se font de la main à la main, il reçoit chaque jour du maréchal des logis chef la note des denrées à acheter, ainsi que la somme nécessaire pour les payer et passe chez les fournisseurs, accompagné des cavaliers de corvée. Ceux-ci ont le droit de débattre les prix et d'aller chez d'autres fournisseurs offrant de meilleures conditions de prix et de qualité.

Il lui est interdit d'acheter à crédit; les fournisseurs sont toujours payés au comptant en présence des hommes de corvée et donnent quittance, séance tenante, dans la colonne d'émargement du livret d'ordinaire.

Dans le cas où il n'est pas possible de faire émarger les fournisseurs (manœuvres, achats directs sur les marchés), le paiement est effectué en présence des hommes de corvée et certifié le jour même, par l'apposition sur le livret de la signature de deux d'entre eux.

Toute remise, tout arrangement illicite entre les fournisseurs et le brigadier d'ordinaire entraînent le changement des premiers et la traduction du brigadier devant un conseil de guerre.

ART. 141. — **Service des cuisines.**

Le brigadier d'ordinaire surveille les cuisiniers au point de vue de la conservation et de l'emploi des denrées, ainsi qu'à celui de la préparation des repas.

Il assure une égale répartition des aliments entre les diverses parties prenantes.

Il veille à ce que les locaux où sont conservées les denrées de l'escadron soient toujours tenus en parfait état de propreté et à ce que la vaisselle et le matériel des réfectoires soient strictement nettoyés après chaque repas.

ART. 142. — **Blanchissage.**

Au jour indiqué, le brigadier fait réunir le linge sale qui est remis à l'entreprise chargée du blanchissage.

Il est admis à présenter toutes les observations qu'il croit devoir formuler à l'occasion des opérations de remise et de reprise du linge.

CHAPITRE XIX.

Les cavaliers.

———

ART. 143. — **Devoirs du cavalier envers ses chefs**

Le cavalier ne doit pas seulement à ses chefs l'obéissance prescrite par les lois et règlements; il leur doit encore et surtout la confiance la plus absolue.

Sûr de toujours trouver en eux des guides bienveillants et obligeants, il ne doit pas craindre de les mettre au courant des ennuis graves qu'il éprouve ou des difficultés auxquelles il se heurte, ni hésiter à recourir à eux quand il a besoin d'un conseil, fût-ce même pour des questions d'ordre privé. Pour gagner cette confiance, tous les officiers, et plus particulièrement encore les officiers d'escadron, s'efforcent d'ailleurs de faciliter, au besoin même de provoquer, les confidences de leurs subordonnés.

Tout cavalier peut toujours demander un entretien direct à ses chefs jusqu'au grade de capitaine inclus.

S'il désire être reçu par des chefs d'un grade plus élevé, il avise le maréchal des logis chef qui transmet sa demande au capitaine et la fait figurer sur la situation-rapport; le supérieur est toujours tenu de faire connaître sa réponse.

Ces prescriptions ne visent pas les réclamations, qui doivent toujours être adressées conformément aux prescriptions de l'article 429.

ART. 144. — Devoirs du cavalier envers ses camarades.

Tout cavalier doit accepter, courageusement, avec bonne humeur, les fatigues qui lui sont imposées; il doit soulager, dans toute la mesure où il le peut, ses camarades fatigués; il ne perd jamais de vue que le dévouement mutuel facilite la vie commune et l'accomplissement du devoir militaire.

Par égard pour les autres aussi bien que dans son intérêt personnel, il doit se tenir constamment propre; il doit surtout éviter l'ivresse, qui le dégrade, détruit sa santé et rend son contact pénible à ses camarades. Il doit s'abstenir de toute brimade et de toute brutalité envers les jeunes cavaliers. Son devoir au contraire est de les guider et de les aider à surmonter rapidement les quelques difficultés du début sans exiger d'eux des rémunérations qui sont en contradiction absolue avec les principes de la camaraderie militaire.

ART. 145. — Entretien des armes et effets. Soins aux chevaux.

Le cavalier est responsable des armes, harnachements, effets d'habillement, d'équipement et autres, qui lui sont confiés. Il doit toujours les maintenir dans le plus grand état de propreté, veiller à leur entretien, provoquer au besoin les mesures pour assurer leurs réparations, quand il ne peut les faire lui-même.

Il ne doit pas oublier que, pour un cavalier, le cheval est le compagnon qui partage ses fatigues et ses dangers. Il cherche à bien connaître les chevaux qui lui sont confiés, à étudier leur caractère, leurs moyens, doit s'attacher à eux et leur donner tous les soins susceptibles de les maintenir en parfait état de santé.

ART. 146. — Cavaliers de 1re classe.

L'admission des cavaliers à la première classe est prononcée par le colonel sur la proposition du capitaine et l'avis du chef d'escadrons. Leur nombre ne peut dépasser deux par escouade.

Les cavaliers de 1re classe sont choisis parmi les cavaliers de
2e classe ayant au moins quatre mois de service et qui méritent cette distinction par la manière dont ils montent à cheval,
par les soins qu'ils donnent aux chevaux, par leur vigueur,
leur conduite et leur instruction militaire. Des nominations peuvent être faites, à titre exceptionnel, avant quatre mois de service, pour récompenser un acte de courage ou de dévouement.

Les cavaliers de 1re classe non punis sont exempts, sauf le
cas de nécessité, des corvées intérieures du quartier.

ART. 147. — Elèves brigadiers.

Les élèves brigadiers sont désignés quand on a pu se rendre
compte de leur aptitude physique, de leur conduite, de leur
caractère et de leur intelligence.

Ils sont, suivant les ordres du colonel, groupés dans chaque
escadron ou dans chaque demi-régiment ou réunis en un seul
peloton. Il leur est affecté, autant que possible, un local spécial
où toutes facilités leur sont données pour travailler.

ART. 148. — Cavaliers des spécialités.

Les cavaliers des diverses spécialités : éclaireurs, sapeurs,
mitrailleurs, vélocipédistes, télégraphistes, trompettes, maréchaux ferrants, prévôts d'escrime, infirmiers, ainsi que les élèves destinés à les remplacer, sont désignés par le colonel sur
la proposition du capitaine, après avis du chef du service pour
lequel ils sont proposés.

ART. 149. — Désignation des éclaireurs.

Les éclaireurs sont au nombre de vingt cavaliers par escadron; ils doivent être choisis parmi les cavaliers parvenus à
l'école d'escadron qui ont au moins six mois de service, savent
lire et écrire et se font remarquer par une aptitude toute spéciale au service d'éclaireur et d'estafette. Ils devront surtout
savoir juger le terrain et l'utiliser, être intelligents, énergiques,
excellents cavaliers et particulièrement adroits dans tous les
exercices du corps, y compris la natation.

ART. 150. — Désignation des sapeurs et élèves.

Les sapeurs comprennent, pour l'ensemble du régiment, deux
sous-officiers et deux brigadiers, et, par escadron actif, quatre
sapeurs et cinq élèves sapeurs, ces derniers de première année.

Ils sont choisis parmi les ouvriers d'état familiarisés par leur profession avec le maniement des outils ou des explosifs et sachant, autant que possible, nager.

ART. 151. — Désignation des mitrailleurs.

Les gradés, les pointeurs, le télémétreur et leurs suppléants doivent avoir une très bonne vue, les autres mitrailleurs une vue moyenne; tous dans l'ensemble doivent avoir une très bonne constitution.

ART. 152. — Désignation des vélocipédistes.

Les vélocipédistes doivent posséder les qualités d'activité et d'intelligence nécessaires pour assurer, de jour comme de nuit, l'accomplissement des missions qui leur incombent. Ils doivent savoir se servir pratiquement des cartes usuelles. Ils sont, avant leur désignation, soumis à un examen médical constatant qu'ils peuvent supporter sans inconvénient l'usage prolongé de la bicyclette.

ART. 153. — Désignation des télégraphistes.

Les télégraphistes sont désignés :

1° Parmi les cavaliers, télégraphistes de profession, ayant appartenu à l'administration, et qui doivent suivre un cours de trois mois à l'Ecole de cavalerie;

2° Parmi les cavaliers élèves télégraphistes, qui sont appelés à suivre un cours de six mois à l'Ecole de cavalerie.

Ils doivent avoir une oreille excellente, pour pouvoir lire au son.

ART. 154. — Désignation des trompettes et élèves.

Les trompettes sont choisis parmi les élèves ayant terminé leur instruction spéciale et d'après une liste d'aptitude annotée par les commandants d'escadron.

Les élèves sont désignés parmi les cavaliers de bonne conduite qui remplissent les conditions d'aptitude voulue.

ART. 155. — Désignation des aides-maréchaux ferrants et élèves.

Les gradés, aides et élèves maréchaux sont soumis aux mêmes règles et aux mêmes devoirs que les militaires des escadrons. Les gradés et aides sont exempts de service de garde, de garde d'écurie et des corvées. Le colonel fixe les exercices auxquels ils doivent prendre part, ainsi que les revues auxquelles ils doivent assister, de manière à ce qu'ils conservent l'habitude du cheval, tout en assurant le service spécial qui leur incombe.

Ils sont, pour leur service spécial et leur instruction professionnelle, sous les ordres des vétérinaires.

Les élèves maréchaux de la plus jeune classe doivent être employés le plus tôt possible à la forge pour y être immédiatement utilisés tout en faisant leur instruction militaire.

Art. 156. — **Désignation des prévôts d'escrime et élèves prévôts.**

Les prévôts d'escrime sont au nombre de : un prévôt et un élève prévôt par escadron.

Ils sont soumis, en principe, aux mêmes règles et aux mêmes devoirs que les autres cavaliers; ils reçoivent l'instruction militaire dans leurs escadrons; l'instruction technique leur est donnée par le maître d'escrime et les brigadiers prévôts d'armes.

Les prévôts brevetés sont exempts du service de garde d'écurie et des corvées; les prévôts non brevetés et les élèves prévôts prennent les services et font les corvées comme les cavaliers.

Art. 157. — **Désignation des infirmiers.**

Les infirmiers du service armé doivent être robustes, savoir lire et écrire, avoir une bonne conduite.

Ils reçoivent l'instruction militaire dans leurs escadrons, prennent part aux exercices, aux tirs, aux prises d'armes, aux manœuvres. Ils sont, au point de vue de leur spécialité, sous la direction des médecins du corps et du maréchal des logis chargé de l'infirmerie régimentaire. Ils remplissent les fonctions de porte-sacoches.

Les infirmiers titulaires et les élèves infirmiers sont dispensés du service de garde et de garde d'écurie en raison de leur service spécial à l'infirmerie.

Les infirmiers du service auxiliaire sont destinés à assurer, en cas de mobilisation, le service de l'infirmerie au dépôt.

EMPLOYÉS.

Art. 158. — **Employés du service armé.**

Les militaires du service armé affectés à des emplois interrompant leur instruction et qu'ils ne conserveraient pas à la mobilisation doivent alterner par périodes dont la durée n'excède pas un mois. Lorsqu'une dérogation à cette règle est d'absolue nécessité, un rapport spécial est adressé au général de brigade, qui statue.

À tous les échelons du commandement, les chefs doivent s'appliquer à réduire au strict nécessaire l'effectif des militaires de cette catégorie employés hors du rang.

ART. 159. — **Employés du service auxiliaire.**

Les hommes du service auxiliaire sont affectés à des emplois qui ne répondent qu'à des besoins du temps de paix ou qui entraînent le maintien au dépôt au moment de la mobilisation.

Ils sont soumis à toutes les règles de discipline, de police, d'hygiène et de propreté applicables aux cavaliers du service armé. Ils doivent connaître les prescriptions du service intérieur intéressant les hommes de troupe et acquérir des notions suffisantes sur les devoirs des hommes dans leurs foyers, le Code de justice militaire et le service de place. Ils exécutent en outre les exercices indispensables pour pouvoir être groupés et marcher de façon régulière.

Cette instruction leur est donnée dans les conditions fixées par les règlements particuliers qui les concernent.

ART. 160. — **Secrétaires.**

Les travaux d'écriture et le nombre de cavaliers secrétaires qui y sont employés doivent être réduits au strict nécessaire. Le colonel veille à ce que, dans les unités ou services, il ne soit pas réclamé ou fourni d'autres pièces que celles prescrites par les règlements.

Il est absolument interdit de faire faire à la main les imprimés existant dans le commerce; les chefs de tous grades et services doivent veiller à l'exécution de cette prescription.

ART. 161. — **Cavaliers ordonnances.**

Les officiers sont autorisés à employer chacun un cavalier pour leur service personnel et le pansage de leurs chevaux. Les officiers supérieurs ou généraux possesseurs de trois chevaux réglementaires sont autorisés à employer deux cavaliers.

Ces cavaliers sont désignés par le colonel sur la demande de l'officier, après avis des chefs hiérarchiques. Ils sont choisis parmi les hommes du service armé, sauf pour les officiers restant au dépôt à la mobilisation, qui peuvent avoir comme ordonnances des soldats du service auxiliaire. Ceux du service armé doivent avoir au moins huit mois de service.

Les officiers d'escadron choisissent leur ordonnance dans leur escadron, les chefs d'escadrons et adjudants-majors dans leur demi-régiment, les autres officiers dans l'ensemble de la portion du corps où ils se trouvent; le colonel égalise à cet égard les charges entre les escadrons.

Tous les officiers qui prennent leur ordonnance dans un même escadron à la libération de la classe exercent leur choix dans l'ordre de leur grade et ancienneté de grade.

Les cavaliers ordonnances doivent toujours être maintenus en état de faire campagne. Ils assistent à une manœuvre ou à un exercice important par semaine, font leurs tirs et prennent part aux exercices d'embarquement et de mobilisation; ils accompagnent leurs officiers aux manœuvres de garnison et d'automne, aux évolutions et aux feux de guerre. Les ordonnances sont exempts du service de garde et de garde d'écurie.

Les ordonnances du service auxiliaire doivent être employés en même temps comme plantons.

Lorsque les chevaux sont logés au quartier, les ordonnances mangent à l'ordinaire de leur escadron et couchent au quartier; lorsque ces chevaux sont logés en ville, les ordonnances peuvent être autorisés à y loger également et à toucher leur prêt franc.

En tout temps, les ordonnances portent la tenue militaire.

Leur rétribution mensuelle est fixée à 4 francs par cheval, plus 5 francs pour le service personnel de l'officier qui les emploie.

Les sous-officiers sont autorisés à faire panser leur cheval par un cavalier de leur peloton; ces cavaliers ne sont dispensés d'aucun service.

<h3 style="text-align:center">Art. 162. — Garde-magasin.</h3>

Le garde-magasin d'escadron occupe un emploi de confiance; il est choisi, à ce titre, soit dans le service auxiliaire, soit dans le service armé.

<h3 style="text-align:center">Art. 163. — Ouvriers tailleurs et bottiers.</h3>

Les élèves ouvriers des escadrons sont choisis parmi les recrues du service armé qui présentent les aptitudes nécessaires.

Ils sont mis à la disposition des maîtres ouvriers, pour faire leur apprentissage, lorsque leur instruction militaire est jugée suffisante, en aucun cas avant le 15 février; ils sont alors envoyés aux ateliers chaque jour, pendant une demi-journée, à condition d'assister au principal exercice quotidien de leur unité.

Les ouvriers titulaires sont désignés parmi les élèves qui ont accompli dix mois de service; ils sont à l'entière disposition des maîtres ouvriers tous les jours non fériés, sauf une heure par jour et un jour par semaine fixés par le colonel.

Ils doivent toutefois être entretenus dans la pratique du cheval, assister aux tirs, aux prises d'armes, aux manœuvres et évolutions.

Art. 164. — Perruquier.

Le perruquier est chargé de la coupe des cheveux des sous-officiers, brigadiers et cavaliers de l'escadron; il leur taille la barbe ou les rase sur leur demande.

Il ne lui est dû aucune indemnité.

Tous les instruments et objets nécessaires à son service lui sont fournis au compte des fonds particuliers de l'escadron et désinfectés tous les huit jours, ou plus souvent si c'est nécessaire, à l'infirmerie du corps.

Le perruquier est exempt des corvées et du service de garde, sauf pendant les périodes chargées.

Il assiste chaque jour à l'exercice principal de l'escadron.

CHAPITRE XX.

Les réservistes et les territoriaux.

Art. 165. — Devoirs généraux.

Les réservistes et territoriaux sont soumis, pendant la durée de leurs convocations, aux mêmes obligations que les militaires sous les drapeaux.

Ils doivent se présenter au quartier aux heures exactes fixées par leur ordre d'appel.

Ceux qui arrivent en retard sans justifier d'un cas de force majeure sont toujours l'objet d'une sanction disciplinaire.

Art. 166. — Tenue. Logement en ville.

Les réservistes et territoriaux doivent, dès l'instant où ils revêtent la tenue militaire, la porter avec autant de correction que les hommes de l'armée active.

Ceux d'entre eux qui séjournent pendant quelques jours dans la ville où ils ont leur famille peuvent être autorisés par le colonel à coucher à leur domicile pendant la durée de ce séjour; cette faveur leur est obligatoirement retirée s'ils encourent une punition pour retard, mauvaise tenue, inconduite ou indiscipline.

TITRE VI.

PELOTON HORS RANG.

CHAPITRE XXI.

Le peloton hors rang.

ART. 167. — **Dispositions générales.**

Le peloton hors rang est commandé par le capitaine chargé du matériel.

Il est secondé dans ce commandement par l'adjudant de casernement.

Le plus ancien adjudant du cadre complémentaire remplit les fonctions d'adjudant d'escadron.

Le peloton hors rang est divisé en deux escouades qui comprennent :

La première, les militaires qui doivent se mobiliser avec le régiment;

La deuxième, ceux qui restent au dépôt à la mobilisation.

Le maréchal des logis de peloton et les brigadiers d'escouade sont désignés par le capitaine parmi les gradés qui ont le service le moins absorbant.

Le capitaine désigne en outre, en tenant compte des exigences du service particulier des intéressés :

1° Deux sous-officiers pour concourir avec le maréchal des logis fourrier au service de l'appel du soir; ces sous-officiers peuvent être relevés périodiquement;

2° Les brigadiers nécessaires pour assurer le service de semaine du peloton.

En cas de séparation du régiment en deux portions, la fraction du peloton hors rang placée à la portion principale est commandée par l'adjudant de casernement.

ART. 168. — Instruction.

Les cavaliers ne passent en principe au peloton hors rang qu'après dix mois de service.

Les sous-officiers, brigadiers et cavaliers prennent part à l'instruction dans les limites fixées par le colonel; ils doivent être au courant de toutes les fonctions accessoires qui leur incomberaient à la mobilisation; le major veille à l'exécution de cette prescription.

ART. 169. — Ordinaire.

Les brigadiers ne servant pas au delà de la durée légale et les cavaliers font ordinaire ou vivent à l'ordinaire d'un escadron désigné par le colonel.

Les distributions et corvées du peloton hors rang sont faites par des hommes de cette unité.

ART. 170. — Adjudant de casernement.

L'adjudant de casernement dirige, sous la surveillance du major et du capitaine chargé du matériel, les services du casernement, du chauffage et de l'éclairage en se conformant aux règlements spéciaux à ces services. Il est placé à la portion principale du corps.

Il dispose d'un brigadier chef d'atelier du casernement, d'un cavalier garde-magasin du peloton hors rang à titre permanent, ainsi que du nombre d'hommes de troupe nécessaires comme ouvriers et manutentionnaires.

Toute réception de matériaux ou de fournitures faite dans les services de l'adjudant de casernement doit être contrôlée par le capitaine chargé du matériel ou par le major.

CHAPITRE XXII.

Les adjudants du cadre complémentaire.

ART. 171. — Devoirs généraux.

Les adjudants du cadre complémentaire ont autorité et inspection immédiate sur les sous-officiers et sur les brigadiers, pour tout ce qui a rapport à la discipline et à la police générale. Ils observent la conduite et surveillent la tenue des sous-officiers.

Ils sont sous les ordres immédiats du capitaine de semaine pour les détails du service général de semaine; ils lui doivent des rapports sur tout ce qui est relatif au service général et au bon ordre.

Ils alternent pour le service de semaine.

En dehors du service de semaine, ils sont mis, chacun, pour l'instruction théorique et pratique, à la disposition du chef d'escadrons commandant l'un des demi-régiments.

Un adjudant du cadre complémentaire absent est remplacé dans le service de semaine du régiment par un adjudant d'escadron.

CHAPITRE XXIII.

Art. 172. — L'adjudant premier maître maréchal ferrant chargé de l'infirmerie des chevaux et de la maréchalerie. Cavaliers attachés à l'infirmerie des chevaux.

L'adjudant premier maître maréchal ferrant est chargé de la ferrure des chevaux de l'état-major, du peloton hors rang et de l'escadron de dépôt; tout en exerçant ses fonctions de chef d'atelier de la maréchalerie, il est chargé, sous les ordres et sous la responsabilité du vétérinaire chef de service, d'assurer la police et la propreté des locaux de l'infirmerie vétérinaire. Il surveille les pansages, la distribution des rations, les abreuvements.

Un cavalier du service auxiliaire, si les ressources du recrutement le permettent, est attaché à l'infirmerie des chevaux pour la tenue des écritures du service vétérinaire.

Lorsque l'escadron de dépôt n'est pas avec la portion principale du régiment, l'adjudant premier maître maréchal est placé à la portion principale. Dans ce cas, la ferrure des chevaux du dépôt est assurée, à son compte, par le premier aide-maréchal de cet escadron.

CHAPITRE XXIV.

Le maître d'escrime et les brigadiers prévôts d'armes.

ART. 173. — **Attributions générales.**

Le maître d'escrime adjudant ou maréchal des logis est nommé par le Ministre.

Il enseigne l'escrime sous la direction du capitaine adjoint au colonel; il est secondé par deux brigadiers moniteurs et par des adjoints brevetés maîtres ou prévôts, dont le nombre total est au maximum d'un prévôt et d'un élève par escadron.

Le maître d'escrime est responsable de la tenue, de la police et du matériel de la salle d'escrime.

Il est personnellement chargé de l'enseignement de l'escrime aux officiers; cet enseignement est donné dans une salle spéciale, à des heures fixées par le colonel.

Quand le régiment est divisé, le maître d'escrime est avec le colonel, un brigadier prévôt avec la portion centrale.

ART. 174. — **Instruction militaire.**

Le maître d'escrime reçoit une instruction militaire suffisante pour pouvoir être utilisé comme instructeur au dépôt à la mobilisation.

Les brigadiers prévôts doivent recevoir une instruction qui leur permette, à la mobilisation, d'être versés au besoin dans un escadron.

Les prévôts et élèves prévôts prennent part aux exercices des employés et assistent aux tirs, manœuvres de garnison et d'automne, évolutions dans les camps et tirs de combat.

CHAPITRE XXV.

Le trompette-major et le brigadier trompette.

ART. 175. — **Devoirs généraux.**

Le trompette-major (maréchal des logis, maréchal des logis chef ou adjudant), secondé par le brigadier trompette, donne l'instruction aux trompettes et élèves trompettes du régiment sous la surveillance du capitaine adjoint au colonel.

Il lui adresse ses demandes et lui rend compte de l'instruction des trompettes et des élèves. Il leur enseigne à sonner à toutes les allures. les sonneries du règlement d'exercices de la cavalerie et les sonneries de clairon du règlement d'exercices de l'infanterie.

Il veille au bon entretien des instruments et signale les réparations et remplacements nécessaires. Le colonel règle les heures de l'école des trompettes.

Lorsque le régiment se réunit, le trompette-major fait l'appel des trompettes et le rend à l'adjudant de semaine.

En cas de détachement, le trompette-major marche avec les escadrons que commande le colonel.

Le brigadier trompette est sous les ordres du trompette-major; il le seconde et le remplace en cas d'absence. En cas de détachement, il marche avec les escadrons détachés.

La fanfare ne doit comprendre que les trompettes et élèves-trompettes.

CHAPITRE XXVI

Le maréchal des logis fourrier.

ART. 176. — **Devoirs généraux.**

Le maréchal des logis fourrier du peloton hors rang remplit les fonctions de maréchal des logis chef et fait communiquer les ordres et décisions aux officiers de l'état-major.

Le maréchal des logis fourrier du peloton hors rang peut être nommé chef.

CHAPITRE XXVII.

Les maréchaux des logis secrétaires, garde-magasins, les brigadiers et cavaliers secrétaires.

ART. 177. — **Fonctions.**

Les secrétaires et garde-magasins sont placés, pour leur service spécial, sous la direction des chefs des services auxquels ils sont attachés.

Le sous-officier garde-magasin couche au quartier et près des magasins. S'il est marié, il a droit au premier logement de sous-officier devenu vacant dans le quartier.

CHAPITRE XXVIII.

Le maréchal des logis chargé de l'infirmerie des hommes.

ART. 178.

Le maréchal des logis de l'infirmerie des hommes est chargé, sous les ordres et sous la responsabilité du médecin-chef de service, d'assurer la police et la tenue de l'infirmerie.

Il veille à l'exécution des ordres particuliers du chef de corps et à ceux du médecin-major.

Il tient les registres et toutes les écritures qui se rapportent au service médical et à l'administration de l'infirmerie. Il veille à la propreté personnelle des hommes, à la tenue et à la propreté des ustensiles, chambres, escaliers, à l'entretien des effets, à la discipline et au bon ordre.

Il assiste aux distributions qui intéressent le personnel de l'infirmerie.

Il est employé à l'instruction des infirmiers régimentaires.

Dans tout détachement pourvu d'une infirmerie, le chef de détachement désigne un gradé pour assurer le service de cette infirmerie.

En l'absence du médecin-major, le maréchal des logis de l'infirmerie rend compte à l'adjudant de semaine de tout événement grave qui survient à l'infirmerie.

Il couche à l'infirmerie et est secondé dans son service par les infirmiers régimentaires.

CHAPITRE XXIX.

Le maréchal des logis télégraphiste. — Le brigadier télégraphiste.

ART. 179.

Les maréchaux des logis et brigadiers télégraphistes sont chargés, sous la direction d'un officier délégué à cet effet dans chaque division, de l'instruction spéciale des télégraphistes.

Ils sont responsables de l'entretien du matériel qui leur est confié.

CHAPITRE XXX.

Le maréchal des logis mitrailleur et les brigadiers mitrailleurs.

ART. 180. — **Devoirs généraux.**

Le maréchal des logis mitrailleur est chargé, sous la direction et la responsabilité du lieutenant commandant, de tous les détails concernant le service et l'instruction du personnel de la section de mitrailleuses.

Les deux brigadiers chefs de pièces secondent le maréchal des logis pour le service et l'instruction. Ils sont responsables vis-à-vis de celui-ci de tout le personnel et du matériel composant leur pièce.

CHAPITRE XXXI.

Maîtres ouvriers.

L'ADJUDANT MAITRE ARMURIER. — LE MARÉCHAL DES LOGIS. — LE BRIGADIER ET LES ARMURIERS. — LES MAITRES OUVRIERS ET LES CAVALIERS OUVRIERS.

ART. 181. — **Dispositions générales.**

Les maîtres ouvriers sont :

L'adjudant maître armurier, qui a rang d'adjudant, mais cependant vient après ce sous-officier; l'un des deux brigadiers selliers, les brigadiers tailleur et bottier; ils peuvent recevoir l'assimilation au grade de sous-officier avec rang de maréchal des logis, lorsqu'ils ont accompli comme brigadier le temps de service exigé par la loi.

Ils dirigent, sous l'autorité du capitaine chargé du matériel, les ateliers du corps et sont chargés, dans les conditions fixées par les règlements, de la réparation et de l'entretien des effets d'habillement, de la chaussure, de l'équipement et du harnachement.

L'adjudant maître armurier est placé en outre sous le contrôle technique des capitaines inspecteurs d'armes.

La nomination et le service des maîtres ouvriers font l'objet de réglementations spéciales.

ART. 182. — **Atelier du maître armurier.**

Le maître armurier dispose, pour son service spécial, d'un maréchal des logis ou d'un brigadier armurier, et d'ouvriers armuriers. Le maréchal des logis ou brigadier premier ouvrier armurier est nommé par le colonel sur la présentation du maître armurier, après avis du major. La nomination au grade de maréchal des logis ne peut être faite que dans une certaine proportion fixée par le Ministre.

ART. 183. — **Ateliers des tailleurs, bottiers et selliers.**

Tous les travaux de confection, transformation et réparations d'effets de troupe sont effectués à l'atelier commun.

Les capitaines ne disposent de leurs ouvriers d'escadron que pendant une heure par jour; les seuls travaux dont l'exécution est ainsi autorisée sont indiqués dans les tarifs généraux approuvés par le Ministre et sont faits, soit dans les chambres, soit dans les magasins de l'unité; l'installation d'un atelier spécial par escadron est interdit ainsi que l'usage d'un outillage mécanique.

Les maîtres ouvriers disposent à l'atelier commun :

1° D'ouvriers affectés au peloton hors rang;
2° De deux ouvriers par escadron, un titulaire et un élève.

Le jour réservé de chaque semaine est employé conformément aux ordres donnés par le colonel (instructions, revues, etc...).

ART. 184. — **Hygiène, police et surveillance des ateliers.**

L'adjudant maître armurier et les maîtres ouvriers sont responsables de l'hygiène et de la propreté de leurs ateliers, ainsi que de la discipline qui y règne.

Le capitaine chargé du matériel exerce à cet égard, sous le contrôle du major, une surveillance constante; il s'assure également par des visites fréquentes et inopinées que les ouvriers militaires sont uniquement employés à des travaux réglementaires.

Les inspecteurs du travail doivent avoir libre accès dans les ateliers où sont employés des ouvriers civils.

ART. 185. — **Ateliers de détachements.**

Dans les détachements, les travaux sont effectués par des

sous-ateliers gérés, au nom et sous la responsabilité de l'adjudant maître armurier et des maîtres ouvriers, par un ouvrier choisi par eux et accepté par le chef de corps.

Néanmoins, les réparations importantes peuvent être envoyées à l'atelier commun.

ART. 186. — Déplacements.

Au cours des déplacements (manœuvres, tirs, etc.), chaque escadron emmène ses ouvriers du service armé qui font, sur place, les réparations peu importantes.

L'atelier commun reste chargé des réparations importantes.

CHAPITRE XXXII.

Le brigadier conducteur des équipages régimentaires et les cavaliers conducteurs.

ART. 187.

Le brigadier et les conducteurs des équipages régimentaires sont placés sous la direction de l'officier d'approvisionnement.

Ils sont choisis parmi les cavaliers sachant conduire et prennent part aux séances d'instruction dans les conditions fixées par le colonel.

TITRE VII.

LES OFFICIERS DE COMPLÉMENT.

ART. 188. — Attributions générales.

Les officiers de complément sont destinés à compléter en officiers les cadres des corps actifs et de réserve et à constituer entièrement ceux des formations territoriales.

Pendant leurs convocations, ils jouissent de toutes les prérogatives et sont astreints à toutes les obligations de leurs camarades de l'armée active du même grade qu'eux.

ART. 189. — Instruction des officiers pendant les convocations.

Les officiers de complément sont convoqués, en principe, soit pendant les périodes d'appel de réservistes, soit à l'époque des manœuvres d'automne ou des évolutions. Ils font, autant que possible, leur service dans les unités ou emplois auxquels ils sont affectés à la mobilisation.

Leur instruction doit être dirigée exclusivement dans le sens de la préparation à la guerre et débarrassée de toutes les charges du service intérieur qui peuvent nuire à cette préparation; ils ne doivent jamais être considérés comme des auxiliaires destinés à faciliter le service courant.

Ils ne sont pas commandés individuellement pour le service de place et ne participent à ce service que si l'escadron ou le demi-régiment auxquels ils appartiennent y prennent part constitués.

Ils ne concourent pas au service de nuit dans les quartiers où ce service fonctionne.

Les officiers affectés au commandement d'escadrons territoriaux, de dépôt, de pelotons d'escorte ou désignés pour remplir les fonctions d'officier payeur, d'officier d'approvisionnement, doivent être initiés aux fonctions qu'ils auraient à remplir à la mobilisation; ils doivent bien connaître le personnel de l'armée active qu'il auraient sous leurs ordres et avec lequel ils seraient en relations à ce moment.

ART. 190. — **Instruction des officiers dans leurs foyers.**

En dehors des stages volontaires qu'ils peuvent faire, les officiers de complément s'efforcent de suivre les cours et exercices pratiques organisés à leur intention dans les écoles d'instruction.

Les chefs de corps de l'armée active saisissent toutes les occasions de développer leur éducation et leur instruction militaire; ils les informent, par les moyens à leur disposition, des exercices importants et des conférences organisées au régiment.

Les officiers de complément qui assistent à ces exercices reçoivent, dans la mesure du possible, un commandement de leur grade.

Ils sont invités, le plus souvent possible, à se rendre aux cérémonies et aux fêtes militaires et à se joindre aux officiers de l'armée active; ils font partie, sur leur demande, des cercles militaires.

ART. 191. — **Port de l'uniforme.**

Pendant les périodes de convocation, les officiers de complément portent l'uniforme dans les mêmes conditions que les officiers de l'armée active.

Le port de l'uniforme est également obligatoire pour eux, toutes les fois qu'ils assistent à des réunions ou exercices en vertu de convocations régulières, qu'ils sont appelés, pour une raison de service, devant l'autorité militaire ou qu'ils assistent aux séances de l'école d'instruction.

Ils peuvent, toutefois, assister en tenue civile aux conférences, et, sur autorisation spéciale, à certains travaux de l'école d'instruction.

En dehors de ces circonstances, ils sont admis à se présenter en uniforme à toutes les revues, réunions, fêtes et cérémonies officielles ou non officielles, à l'exception des réunions publiques ou privées ayant un caractère politique ou électoral.

Les officiers de complément doivent, lorsqu'ils revêtent l'uniforme, être toujours en tenue régulière. S'ils contreviennent à cette prescription, le général commandant d'armes de leur résidence ou, à défaut, le général commandant la subdivision peut leur interdire le port de l'uniforme en dehors du service.

Le port de l'uniforme est formellement interdit dans l'accomplissement des actes de toute profession civile.

IIe PARTIE.

Fonctionnement des services divers.

TITRE VIII.

CHAPITRE XXXIII.
Service général du corps.

ART. 192. — **But de ce service.**

Le service général du corps assure au quartier :

1° La liaison entre le colonel et les divers services et unités du régiment;

2° La coordination des services communs à plusieurs escadrons.

ART. 193. — **Liaison entre le colonel et les diverses unités.**

Les ordres du colonel sont, soit donnés directement par lui aux services et unités intéressés, soit transmis par le lieutenant-colonel, le major ou le capitaine adjoint au colonel; ces officiers sont secondés dans ces transmissions par le service de semaine défini plus loin.

Le capitaine adjoint reçoit les ordres du colonel qui doivent être insérés à la décision journalière; il assure le tirage et la distribution de cette décision; les frais de ce tirage sont supportés par la masse des écoles. Sauf dans les cas urgents, toutes les communications de service doivent parvenir aux escadrons par l'intermédiaire des chefs d'escadrons.

Les situations-rapports sont rassemblées chaque soir par le service de semaine qui les envoie au capitaine adjoint après avoir pris note des punitions et des autres objets qui l'intéressent.

Les autres comptes rendus sont transmis au colonel par les

chefs d'escadrons, soit par l'intermédiaire du lieutenant-colonel, si l'ordre en a été donné, soit par l'intermédiaire du major ou du capitaine adjoint, suivant qu'ils concernent l'administration ou le **commandement**.

Pour toutes les transmissions dont il est question ci-dessus, le colonel dispose d'un cycliste. Il y a en outre, par quartier, un cycliste qui assure les communications à faire par le service de semaine.

Si, dans certains cas particuliers, un planton est indispensable aux officiers comptables, ce planton doit être choisi parmi les hommes du service auxiliaire.

ART. 194. — **Coordination des services communs à plusieurs escadrons.**

Cette coordination est assurée par le service de semaine.
Ce service comprend comme personnel :

Pour l'ensemble de la portion principale du régiment : un chef d'escadrons, un capitaine et un adjudant.

ART. 195. — **Mission du service de semaine.**

Le service de semaine est chargé :

1° De l'exécution des ordres urgents parvenant inopinément au quartier;

2° De la désignation des unités et du personnel à commander pour les services collectifs ou individuels;

3° De la sécurité, de la police et de la bonne tenue du quartier.

ART. 196. — **Service dans les unités formant corps
et les détachements.**

Dans les unités formant corps et dans les détachements, le service de semaine est assuré, d'après les ordres du chef de corps, en s'inspirant des règles prévues par le présent règlement pour les portions principales des régiments.

ART. 197. — **Durée du service de semaine.**

Le service de semaine, en principe, est pris pour toute une semaine, le samedi, à l'heure fixée par le colonel, mais celui-ci peut apporter à cette règle les modifications qu'il juge utiles.

ART. 198. — **Chef d'escadrons de semaine. Devoirs généraux.**

Le chef d'escadrons de semaine a la direction du service de

semaine. Cette direction ne lui supprime, toutefois, aucune des obligations qui lui incombent en matière d'instruction ou en raison des services spéciaux dont il peut être chargé.

Il est secondé par le capitaine de semaine chargé d'assurer, sous son contrôle personnel, tous les détails d'exécution.

ART. 199. — Capitaine de semaine. Devoirs généraux.

Les capitaines adjudants-majors et le capitaine chargé de la mobilisation concourent entre eux pour le service de semaine.

Le capitaine de semaine assure, sous la direction du chef d'escadrons de semaine, l'exécution des diverses obligations énumérées à l'article 195. Il dispose, dans ce but :

1° De l'adjudant de semaine, d'un cavalier secrétaire et d'un cycliste;

2° D'une garde de police relevée journellement;

3° Des corvées indispensables.

ART. 200. — Prise du service.

En prenant la semaine, le capitaine de semaine reçoit de celui qu'il relève :

1° L'état de semaine indiquant les noms des officiers, sous-officiers et brigadiers de semaine de chaque escadron et éventuellement ceux des officiers de service de nuit dans le cas où ce service fonctionne;

2° L'indication des consignes et des ordres dont l'exécution a besoin d'être particulièrement surveillée;

3° Le registre des punis;

4° Les contrôles pour commander les services collectifs et individuels.

ART. 201. — Exécution des ordres inopinés.

Le capitaine de semaine prescrit toutes les mesures nécessaires à l'exécution des ordres urgents arrivant inopinément au quartier; il rend compte immédiatement, s'il le croit utile, au chef d'escadrons de semaine et au colonel.

ART. 202. — Règles pour commander le service.

Le capitaine de semaine fait tenir à jour les contrôles pour commander les services collectifs ou individuels.

Il désigne, par ordre du chef d'escadrons de semaine, le personnel et les unités nécessaires pour les services à fournir; à moins d'impossibilité absolue, les détachements, armés ou non, fournis pour l'instruction ou pour le service, doivent être formés de fractions constituées, marchant sous les ordres de leurs chefs directs.

ART. 203. — **Rassemblements.**

Les détachements formés d'éléments d'un même escadron ou de fractions d'un même demi-régiment sont rassemblés et inspectés conformément aux ordres du capitaine ou du chef d'escadrons.

Le capitaine de semaine ne surveille que le rassemblement des détachements formés, par exception, de fractions de différents escadrons; il ne passe l'inspection de ces détachements que s'ils sont commandés par des officiers moins élevés en grade ou moins anciens que lui.

Les fractions d'escadrons sont présentées aux inspections par le plus élevé en grade de chaque fraction.

À défaut de gradé, la fraction est présentée, suivant les ordres du capitaine, par le maréchal des logis ou le brigadier de semaine, qui sont responsables de sa tenue et de l'observation des consignes données pour sa constitution.

ART. 204. — **Appels.**

Le capitaine de semaine reçoit de l'adjudant de semaine, à son arrivée au quartier, le compte rendu de l'appel du matin; il préside à l'appel du soir et reçoit directement à la salle de service un billet d'appel apporté par le sous-officier d'appel de chaque escadron; ce billet porte au recto les noms des manquants et au verso ceux des sous-officiers, brigadiers et cavaliers permissionnaires, avec indication de l'heure à laquelle ils doivent rentrer.

Des consignes spéciales règlent, d'autre part, la façon dont est rendu l'appel dans les quartiers où le capitaine de semaine ne le reçoit pas.

ART. 205. — **Police du quartier.**

La police du quartier comporte :

1° Le maintien de l'ordre dans les locaux communs et dans les locaux occupés par les divers unités ou services;

Elle ne peut, toutefois, s'exercer dans ces derniers locaux

qu'en cas d'absence des officiers de l'unité et en cas de bruit ou de scandale;

2° La police des salles de consommation des mess, coopérative, cantine;

3° Le contrôle de la rentrée des militaires sortis individuellement du quartier; l'inspection de leur tenue au moment de leur sortie et de leur rentrée;

4° Le contrôle de l'exécution des punitions; la surveillance des locaux disciplinaires;

5° L'exécution des consignes relatives à l'admission au quartier des personnes étrangères au corps (civils ou militaires), à l'introduction ou à la sortie de paquets divers;

6° Les mesures à prendre pour empêcher les publications ou placards antipatriotiques de pénétrer dans le quartier. Dans tous les cas où un contrôle des journaux et écrits périodiques est exercé par le Ministre de la guerre, l'interdiction ne peut être prononcée que par lui et, en temps de guerre, dans la zone des armées, par le général en chef, qui en rend compte au Ministre (1).

Le capitaine de semaine peut, quand le maintien de l'ordre l'exige, faire fermer les salles de consommation des mess, coopérative et cantine; il en rend compte sur-le-champ au chef d'escadrons de semaine.

En l'absence du capitaine commandant, le capitaine de semaine fait enfermer aux locaux disciplinaires les hommes dont les fautes graves doivent être réprimées sans délai ou qui sont en état d'ivresse.

Il vérifie et arrête, en fin de semaine, les registres du corps de garde.

Il visite tous les jours les locaux disciplinaires et veille à l'observation de toutes les prescriptions relatives aux hommes qui y sont enfermés. Il transmet toute réclamation qu'il juge non fondée ou à laquelle il n'a pas qualité pour faire droit.

Lorsque des hommes punis troublent l'ordre, il prend immédiatement toutes mesures nécessaires pour les isoler.

Art. 206. — **Bonne tenue du quartier.**

Le capitaine de semaine fait assurer la surveillance, la propreté et l'entretien des cours et abords du quartier, des pistes, des manèges, des gymnases, des séchoirs et, en général, de tous les locaux communs à plusieurs escadrons. Il veille à l'exécution des consignes relatives à la garde des parcs ou magasins

---

(1) Alinéa complété. (Décret du 8 avril 1917, *B. O.*, p. 854.)

à matériel et à l'enlèvement des fumiers et eaux grasses. Il y a souvent intérêt à répartir, au point de vue de l'entretien, les locaux communs entre les diverses unités et à charger celles-ci de cet entretien pendant une période fixée.

ART. 207. — **Quartier commun à plusieurs corps.**

Dans un quartier commun à plusieurs corps, les consignes relatives à la sécurité, à la police et à la bonne tenue de l'ensemble du quartier sont établies par l'officier le plus élevé en grade; les plus importantes, en particulier celles qui concernent le personnel de semaine à fournir par chaque corps, sont soumises à l'approbation du commandant d'armes.

Il est tenu compte, pour l'établissement de ces consignes, de l'effectif et de la situation particulière de chacun des corps occupants.

ART. 208. — **Sécurité et police du quartier pendant la nuit.**

Le commandant d'armes est chargé, par délégation du commandant de corps d'armée, de déterminer, d'après les circonstances locales, les cas dans lesquels la présence constante d'un officier de service est nécessaire pour la sécurité du quartier, le maintien de la discipline et l'exécution des ordres inopinés.

Quand il juge cette mesure nécessaire, il en prescrit l'exécution au chef de corps ou de détachement et en rend compte au commandant de corps d'armée.

L'officier astreint à coucher au quartier est, en principe, le capitaine de semaine. Toutefois, si l'application de la mesure doit se prolonger, et si les capitaines concourant au service de semaine ne sont pas au nombre de trois, le chef de corps ou de détachement peut les faire suppléer, pendant la nuit, par un lieutenant, ou sous-lieutenant, désigné à tour de rôle. Ce suppléant est sous les ordres du capitaine de semaine et reçoit de lui communication des consignes dont l'exécution doit être particulièrement surveillée.

L'officier de service de nuit prescrit les contre-appels et fait ou fait faire, dans tous les locaux, les rondes ordonnées ou qu'il juge nécessaires; il peut se coucher quand les exigences de son service ne s'y opposent pas.

En cas d'arrivée d'ordres inopinés et urgents ou de danger menaçant la sécurité du quartier, il prend les mesures appropriées à la situation et avertit, s'il y a lieu, les chefs intéressés.

Le capitaine de semaine, s'il a été suppléé pour la nuit, se rend immédiatement au quartier.

En outre, et dans tous les cas, l'adjudant de semaine couche obligatoirement au quartier; il est sous les ordres de l'officier de nuit.

Dans les casernements occupés par plusieurs corps, le service de nuit peut, d'après les ordres du commandant d'armes, être assuré par un seul officier assisté des adjudants de semaine de chacun de ces corps.

ART. 209. — Visites du colonel.

Le capitaine de semaine ou l'officier de service de nuit se présente au colonel quand celui-ci arrive au quartier; il lui rend compte des événements survenus dans l'exécution du service.

ART. 210. — Adjudant de semaine. Devoirs généraux.

L'adjudant de semaine est sous les ordres directs du capitaine de semaine ou de l'officier de service de nuit. Il supplée le capitaine de semaine en son absence et lui rend compte à son arrivée de tout ce qui s'est passé depuis son départ. Il couche obligatoirement au quartier.

Il surveille la garde de police et les maréchaux des logis et brigadiers de semaine des escadrons en ce qui concerne leur action dans le service général.

Il préside à l'appel du matin; il assiste à l'appel du soir et au rassemblement des corvées et détachements pris dans divers escadrons.

Il contrôle chaque jour le registre des punis, l'arrête et le certifie. S'il est marié et logé en ville, il lui est accordé le temps nécessaire pour aller prendre ses repas à son domicile, sauf quand des raisons de service s'y opposent; le colonel fixe les conditions dans lesquelles le service de semaine est assuré pendant son absence.

Dans une unité formant corps et dans un demi-régiment détaché, le chef de corps ou de détachement règle la participation des adjudants au service de semaine.

ART. 211. — Sonneries.

L'adjudant de semaine est responsable de la ponctualité des sonneries, lors même qu'il se fait suppléer à cet égard par le maréchal des logis de garde.

Les heures des sonneries énumérées ci-dessous sont fixées par le colonel :

Le réveil;

Le réveil en fanfare (aux jours fixés);

La soupe;

L'appel;

L'extinction des feux.

Le colonel, ou, très exceptionnellement, le service de semaine ajoutent à ces sonneries celles qui sont jugées nécessaires.

ART. 212. — **Appels du matin et du soir.**

L'adjudant de semaine préside à l'appel du matin, puis reçoit du maréchal des logis de garde le registre des rentrées et des sorties après l'appel du soir; il le vérifie et l'arrête. Il rend compte de cet appel au capitaine de semaine à son arrivée au quartier ou à l'officier de service de nuit, s'il y en a un.

Il conserve les billets de l'appel du soir pour vérifier le lendemain le registre du corps de garde.

ART. 213. — **Devoirs après l'appel du soir.**

Aux heures fixées, l'adjudant de semaine fait fermer les cantines, coopérative et mess.

Il veille à ce que l'extinction des feux ait lieu à 22 heures dans les chambres des cavaliers et les locaux communs; les sous-officiers sont autorisés à conserver de la lumière dans leur chambre jusqu'à minuit.

ART. 214. — **Propreté du quartier.**

L'adjudant de semaine est à la disposition du capitaine de semaine pour faire assurer la bonne tenue du quartier dans les conditions prévues à l'article 206.

ART. 215. — **Hommes punis.**

L'adjudant de semaine s'assure que les sous-officiers punis d'arrêts simples et qui doivent subir leur punition au quartier y sont présents; il charge le maréchal des logis de garde de faire l'appel des brigadiers et cavaliers consignés ou punis de salle de police; il surveille la nourriture des hommes enfermés dans les locaux disciplinaires; il s'assure que, s'ils ne portent pas habituellement la barbe, ils sont rasés deux fois par semaine par le perruquier de l'escadron. Il contrôle la rentrée des hommes punis dans lesdits locaux, la sortie de ceux qui doivent assister aux exercices ou dont la punition est expirée; il informe l'escadron de cette sortie, quand elle a lieu pour raison de santé ou par ordre du colonel.

Art. 216. — Secrétaire.

Un cavalier secrétaire est à la disposition de l'adjudant de semaine; ce cavalier est exempté de service dans la mesure indispensable.

Art. 217. — Garde de police.

Il y a dans chaque quartier une garde de police dont l'effectif est variable suivant les circonstances et les localités et doit être aussi réduit que possible. Les prescriptions du règlement sur le service de place lui sont applicables.

Lorsque plusieurs corps occupent le même quartier, la garde de police doit être fournie par un seul corps et suivant un roulement établi, les autres n'envoyant que des sous-officiers ou brigadiers de planton.

Dans les quartiers secondaires, la garde de police est réduite à un gradé de service qui dispose d'un ou deux cavaliers de planton.

Art. 218. — Maréchal des logis de garde. Devoirs généraux.

Le maréchal des logis de garde s'assure de la ponctualité avec laquelle le brigadier de garde et les sentinelles remplissent leurs devoirs. Il est chargé, sous les ordres de l'adjudant de semaine, de faire exécuter toutes les sonneries.

Il visite plusieurs fois par jour les locaux disciplinaires.

Il fait fréquemment, en dehors des heures consacrées à l'instruction, l'appel des brigadiers et cavaliers consignés ou punis de salle de police.

Art. 219. — Propreté du quartier.

Le maréchal des logis de garde assure la propreté des cours et abords du quartier, des pistes, des manèges, des gymnases, des séchoirs, et, en général, de tous les locaux communs à plusieurs escadrons. Il dispose, à cet effet, aux heures prévues par le tableau de service, des hommes punis de prison, de salle de police et de consigne. Si leur nombre est insuffisant, il demande à l'adjudant de semaine les hommes de corvée qui lui sont strictement indispensables.

Art. 220. — Surveillance de la tenue de la troupe.

Le maréchal des logis de garde est spécialement chargé de surveiller la tenue. Il ne laisse sortir les sous-officiers, brigadiers et cavaliers que dans la tenue prescrite.

Il fait connaître à l'adjudant de semaine les noms de ceux qui sont rentrés en tenue irrégulière ou en état d'ivresse.

ART. 221. — **Entrée au quartier.**

Le maréchal des logis de garde se conforme aux consignes données par le colonel en ce qui concerne l'entrée au quartier des personnes étrangères au corps (militaires et civils). Il refuse l'entrée aux gens d'allure suspecte.

ART. 222. — **Devoirs après l'appel du soir.**

A l'appel du soir, le maréchal des logis de garde fait fermer les portes du quartier. A 22 heures, il fait sonner l'extinction des feux; il indique dans son rapport du lendemain les locaux où il a été obligé d'intervenir pour les faire éteindre.

Pendant la nuit, il fait des rondes aux locaux disciplinaires, aux écuries, aux magasins, aux poudrières et autres locaux importants; il en fait faire quelquefois au brigadier de garde.

Les militaires de tout grade qui rentrent après l'appel se présentent au maréchal des logis de garde; ceux qui sont porteurs d'une permission la lui remettent.

Il reçoit chaque soir, des brigadiers de planton aux cuisines, les clefs des cuisines, et les leur remet le lendemain à l'heure fixée.

ART. 223. — **Malades.**

Si, pendant la nuit, le maréchal des logis de garde est averti qu'un homme a besoin de prompts secours, il prévient immédiatement l'infirmier de garde, envoie chercher le médecin de service et avertit l'adjudant de semaine et l'officier de service de nuit, si ce service fonctionne.

Il fait prévenir le vétérinaire si un cheval a un accident ou une indisposition grave.

Après l'appel du matin, il fait donner aux maréchaux des logis chefs les noms des hommes malades aux locaux disciplinaires; le brigadier de garde conduit ces hommes à la visite médicale dans les conditions prévues à l'article 225.

ART. 224. — **Registres à tenir.**

Il y a, dans chaque corps de garde de police, un registre des punis (modèle n° 13); un registre des rentrées et sorties après l'appel du soir (modèle n° 12) sur lequel on inscrit également les rondes, les patrouilles, les événements divers et les consignes particulières reçues.

Ce dernier registre est signé le matin au réveil par le maréchal des logis de garde et porté par lui à l'adjudant de semaine.

Art. 225. — Devoirs du brigadier de garde. Surveillance des locaux disciplinaires.

Le brigadier de garde visite, en arrivant au poste, les locaux disciplinaires; il y vérifie le nombre et l'identité des punis; il reconnaît les dégradations. Il a les clefs de ces locaux; il ne peut les confier qu'au maréchal des logis de garde; il n'y laisse entrer ou n'en laisse sortir personne sans l'ordre de celui-ci. Il fait porter à la même heure les aliments à tous les hommes punis et assiste à leur repas. Il s'oppose à ce qu'on leur remette autre chose que des aliments et, en particulier, du tabac, des allumettes, du vin ou de l'eau-de-vie.

Il empêche les cavaliers de communiquer avec les punis.

Toutes les fois que les salles de discipline sont ouvertes, il place un ou plusieurs factionnaires pour éviter toute évasion.

Le brigadier de garde conduit à la visite médicale les hommes malades aux locaux disciplinaires; il les surveille pendant cette visite, au besoin avec le concours d'hommes de garde.

Art. 226. — Devoirs des sentinelles.

Les sentinelles de la garde de police ont les mêmes alertes et rendent les mêmes honneurs que les sentinelles de la place.

La sentinelle placée à la porte du quartier crie : « Aux armes ! » lorsque le chef de corps vient au quartier; la garde se forme devant la porte et présente les armes.

La sentinelle ne laisse emporter du quartier, sans l'autorisation du maréchal des logis de garde, aucun paquet ou aucune arme en dehors de celles que comporte la tenue.

Elle ne laisse entrer aucun chien dans l'intérieur du quartier.

Après l'appel du soir, elle fait passer au corps de garde les militaires qui rentrent au quartier ou qui en sortent.

Art. 227. — Service de semaine dans l'escadron. But de ce service.

Le service de semaine dans l'escadron a pour but d'assurer l'exécution des détails du service de police et de discipline commun à tout l'escadron, ainsi que le concours éventuel de l'unité au service général du corps.

Il est fait, chaque semaine, par un officier, un maréchal des logis et un brigadier.

Tous les lieutenants et sous-lieutenants roulent, en principe, entre eux, par rang d'ancienneté, pour le service de semaine; il en est de même pour les maréchaux des logis et les brigadiers. Le capitaine peut, toutefois, pour un motif sérieux, demander l'exemption temporaire des gradés de ce service spécial.

Le colonel seul a qualité pour accorder cette exemption.

ART. 228. — **Lieutenant ou sous-lieutenant de semaine.
Devoirs généraux.**

L'officier de semaine assure, dans l'escadron, l'exécution du service décrit à l'article précédent, et, en particulier, les soins journaliers à donner aux chevaux ainsi que la tenue des écuries.

En prenant le service, il vérifie les quantités de fourrages qui restent dans les magasins de l'escadron; il en devient responsable. Il reçoit au quartier les fourrages et assiste à toutes les distributions qui en sont faites dans l'escadron. Au moment des repas, il s'assure que les rations fixées par le capitaine sont exactement distribuées dans les pelotons.

Il règle l'ordre dans lequel les chevaux sont conduits aux abreuvoirs. Lorsque les chevaux doivent être abreuvés à une rivière, il y conduit lui-même l'escadron et prescrit toutes les mesures de sécurité. Si plusieurs escadrons doivent utiliser les mêmes abreuvoirs, l'ordre dans lequel ils doivent s'y rendre est fixé par le chef d'escadrons de semaine.

Il assiste au rassemblement et à l'appel quotidien à l'heure fixée par le chef d'escadrons de semaine. Il passe chaque jour dans tous les locaux de l'escadron et s'assure de la propreté des chambres, réfectoires, écuries, selleries, magasins à fourrages.

Il veille à ce que le maréchal des logis de semaine fasse conduire, à l'heure indiquée, les chevaux malades à la visite du vétérinaire. Il fait prévenir le vétérinaire de service dès que l'état d'un cheval paraît réclamer des soins immédiats.

Il fait commander toutes les corvées par l'adjudant.

Lorsque le capitaine commandant vient au quartier, l'officier de semaine lui rend compte de tout ce qui s'est passé depuis la veille. En cas d'urgence, il va sur-le-champ lui faire son rapport. S'il ne peut y aller lui-même, il envoie l'adjudant d'escadron.

Si l'officier de semaine est absent, dispensé ou empêché, il doit être remplacé dans ce service par un autre officier de l'escadron, après autorisation du capitaine commandant.

ART. 229. — **Maréchal des logis de semaine. Devoirs généraux.**

Le maréchal des logis de semaine est sous l'autorité de l'officier de semaine ainsi que de l'adjudant d'escadron, pour l'exécution des détails du service.

Le maréchal des logis de semaine couche obligatoirement au quartier.

ART. 230. — **Communication des décisions aux officiers et à l'adjudant.**

Le maréchal des logis de semaine fait porter aux lieutenants et sous-lieutenants, autant que possible par leur cavalier ordonnance, la décision journalière éventuellement complétée, à la diligence du maréchal des logis chef, par les prescriptions du chef d'escadrons et du capitaine commandant.

Il assure la transmission rapide à ces officiers et à l'adjudant des ordres urgents qui seraient exceptionnellement donnés après envoi de cette décision.

ART. 231. — **Appels.**

Le maréchal des logis de semaine fait faire l'appel du matin en sa présence par les brigadiers de chambrée; il le rend immédiatement à l'adjudant de semaine, puis il fait connaître au maréchal des logis chef les noms des malades, en lui signalant ceux qui paraissent ne pouvoir se rendre à la visite médicale.

Il fait le même compte rendu à l'officier de semaine ainsi qu'à l'adjudant d'escadron lorsqu'ils arrivent au quartier et il les informe en même temps des événements de la nuit.

Il assiste à l'appel du soir et accompagne le sous-officier d'appel à la salle de service.

ART. 232. — **Rassemblements.**

Le maréchal des logis de semaine prend note, au rassemblement quotidien prévu à l'article 102, de tout le service commandé; il désigne le personnel nécessaire à ce service.

Il fait préparer les fractions commandées de service quand il doit les présenter à l'inspection en vertu des prescriptions de l'article 203 du présent règlement.

ART. 233. — **Remise des lettres et des mandats.**

Le maréchal des logis de semaine reçoit du vaguemestre les lettres et envois postaux ordinaires adressés aux sous-officiers, brigadiers et cavaliers de l'escadron et les leur remet aux heures fixées par le colonel.

Il reçoit également les lettres et envois postaux ordinaires destinés aux officiers appartenant à l'escadron ou rattachés à lui pour le service postal.

Les lettres ou objets chargés et recommandés, les lettres qui sont frappées de surtaxe ou dont la remise exige une décharge par la signature du destinataire sont remises directement à ces derniers dans les conditions prévues à l'article 306.

ART. 234. — **Propreté du quartier.**

Le maréchal des logis de semaine assure la propreté des locaux communs à l'escadron, à l'exception :

1° De la cuisine et de ses annexes et des magasins de l'escadron;

2° Des locaux communs dont la propreté incombe à des gradés ou cavaliers nominativement désignés par le capitaine commandant.

ART. 235. — **Hommes aux locaux disciplinaires.**

Le maréchal des logis de semaine veille à ce que les hommes de l'escadron détenus dans les locaux disciplinaires et qui ne portent pas habituellement la barbe soient rasés par le perruquier deux fois par semaine. Il s'assure que du linge propre leur est fourni une fois par semaine par les soins de l'escadron.

ART. 236. — **Malades.**

Dans le cas d'une indisposition grave survenant dans l'escadron au cours de la journée et en l'absence du maréchal des logis chef, le maréchal des logis de semaine doit aviser immédiatement l'infirmier de garde, le médecin de service et l'adjudant de semaine. Il est chargé de la surveillance de la salle de réunion des hommes exempts de service prévue à l'article 71.

ART. 237. — **Exécution immédiate des punitions.**

En l'absence des officiers et de l'adjudant, le maréchal des logis de semaine demande lui-même au capitaine de semaine ou à son suppléant l'autorisation d'enfermer immédiatement dans les locaux disciplinaires, sans attendre la décision du capitaine commandant, les brigadiers ou cavaliers qui ont commis une faute grave ou qui sont en état d'ivresse.

ART. 238. — Participation à l'instruction.

Le maréchal des logis de semaine participe à l'instruction dans la mesure compatible avec la bonne exécution de son service spécial; le capitaine commandant règle cette participation.

ART. 239. — Devoirs aux écuries.

Après l'appel du matin, le maréchal des logis de semaine se rend aux écuries, fait exécuter toutes les mesures relatives à l'aération, à la propreté des écuries et aux repas des chevaux. Il reçoit du brigadier de semaine les rapports des gardes d'écurie sur les événements de la nuit. Il en rend compte à l'adjudant et à l'officier de semaine.

Il surveille les gardes d'écurie, leur fait répéter les consignes et exige qu'ils les exécutent. S'il est avisé de quelque indisposition grave survenue à un cheval, il en fait prévenir l'officier de semaine et, au besoin, le vétérinaire de service.

Il s'assure du bon état des ustensiles d'écurie, il signale ceux qui doivent être réparés ou remplacés et rend compte au maréchal des logis chef de toutes les dégradations et de toutes les pertes qu'il constate.

Il a la clef du magasin à fourrage de l'escadron. Avant l'heure fixée pour les repas des chevaux, il distribue, selon les ordres donnés par le capitaine aux maréchaux des logis de peloton, l'avoine et le fourrage des chevaux de leur peloton.

A l'heure fixée par le chef de corps, il fait réunir et conduit à l'infirmerie les chevaux à présenter au vétérinaire. Il est porteur du cahier de visite (modèle n° 8).

ART. 240. — Cas où le maréchal des logis de semaine
est forcé de s'absenter.

Lorsque le maréchal des logis de semaine quitte le quartier, pour le service, il est remplacé par le brigadier de semaine. Quand il est forcé de s'absenter pour un autre motif, il en demande l'autorisation à l'officier de semaine; il est alors remplacé par un autre maréchal des logis de l'escadron.

S'il est marié, il peut être autorisé à prendre ses repas chez lui; le temps nécessaire à ses repas lui est accordé.

ART. 241. — **Remise du service.**

A la fin de la semaine, il fait, au maréchal des logis qui prend la semaine, la remise des fourrages et fait faire en sa présence, par le brigadier qui descend de semaine, à celui qui prend le service, la remise des ustensiles d'écurie.

ART. 242. — **Brigadier de semaine. Devoirs généraux.**

Le brigadier de semaine est sous les ordres du maréchal des logis de semaine qu'il seconde dans tous les détails du service de semaine. Il réunit les hommes commandés pour les corvées. Il fait préparer les hommes de service quand il doit les présenter à l'inspection en vertu des prescriptions de l'article 203 du présent règlement.

Aux heures des repas, il fait porter par des hommes de corvée les aliments aux hommes de garde, ainsi qu'aux gardes d'écurie. Il fait remettre au maréchal des logis de garde ceux des hommes punis.

Il ne s'absente pas du quartier, même pour le service, sans l'autorisation du maréchal des logis de semaine; il remplace ce dernier momentanément absent.

Il participe à l'instruction dans la mesure compatible avec la bonne exécution de son service spécial; le capitaine règle cette participation.

ART. 243. — **Propreté des locaux communs.**

A l'heure fixée par le maréchal des logis de semaine, le brigadier de semaine réunit les hommes de corvée nécessaires pour faire le nettoyage des divers locaux dont la propreté incombe au service de semaine de l'escadron.

Il conduit au maréchal des logis de garde les hommes de corvée commandés pour le nettoyage des locaux communs du corps.

ART. 244. — **Hommes punis.**

Le brigadier de semaine est chargé de conduire aux locaux disciplinaires les cavaliers punis de salle de police et de prison; il accompagne à l'aller et au retour ceux d'entre eux qui en sortent pour le service.

Il assiste aux appels des consignés et présente les consignés de l'escadron au maréchal des logis de garde.

Art. 245. — **Malades.**

Il est chargé de conduire à l'infirmerie, pour la visite journalière, les cavaliers de l'escadron qui doivent être présentés au médecin. Il est porteur du cahier de visite de l'escadron, qu'il remet au médecin. Il assiste à la visite et conduit ensuite le médecin dans les chambres et les salles de discipline pour la visite des malades qui ne peuvent pas marcher; il reçoit du médecin le cahier de visite annoté et éventuellement les billets d'hôpital, qu'il remet ensuite au maréchal des logis chef.

Art. 246. — **Devoirs aux écuries.**

Au réveil, il descend aux écuries; il en fait ouvrir les portes, les fait légèrement aérer et fait faire la corvée de litière.

Il aide le maréchal des logis de semaine dans la distribution des fourrages aux sous-officiers de peloton. Il fait de fréquentes rondes aux écuries pour s'assurer qu'elles sont tenues dans le plus grand état de propreté et que les gardes d'écurie sont à leur poste.

A l'heure fixée par le capitaine, il réunit les cavaliers qui doivent prendre le service de garde d'écurie, passe l'inspection de leur tenue et les conduit à leur poste. Il vérifie l'état des ustensiles après que les gardes d'écurie se les sont consignés en sa présence; il constate à qui doit être imputée la responsabilité des objets détériorés ou perdus et en rend compte au maréchal des logis de semaine. Il s'assure que chaque garde d'écurie connaît exactement la consigne qui lui est propre; il veille à l'exécution de ces consignes particulières, ainsi qu'à celle des consignes générales.

Il veille, à la tombée de la nuit, à ce que les écuries soient éclairées comme il est dit à l'article 287.

Art. 247. — **Remise du service.**

A la fin de la semaine, il ne quitte son service qu'après avoir remis les ustensiles et les consignes d'écurie au brigadier qui le relève, en présence du maréchal des logis qui descend de semaine et de celui qui la prend.

CHAPITRE XXXIV.
Service des écoles.

ART. 248. — Direction du service.

Le capitaine adjoint au colonel est chargé de la direction des cours régimentaires.

Le colonel lui adjoint, en principe, les lieutenants et sous-lieutenants nécessaires pour professer les différents cours; toutefois, les cours du second degré préparatoires aux écoles d'aspirants peuvent être confiés à des capitaines.

Lorsque les cours régimentaires sont organisés par garnison, le colonel assure l'exécution des dispositions prévues à leur sujet par le commandant d'armes.

ART. 249. — Bibliothèques.

Il peut exister dans chaque corps de troupe ou détachement :

1° Une bibliothèque des officiers, alimentée par leurs cotisations et par des dons;

Quand les officiers paient une seconde cotisation à la bibliothèque de garnison, celle de la bibliothèque régimentaire doit être aussi réduite que possible et une entente doit toujours intervenir entre les deux bibliothèques pour éviter l'achat de livres qui feraient double emploi;

2° Une bibliothèque des sous-officiers, alimentée par leurs cotisations et par des dons;

3° Une bibliothèque commune à tous les hommes de troupe, alimentée par des dons et par des prélèvements sur les bénéfices de la coopérative. Cette bibliothèque est gérée conformément à une instruction ministérielle spéciale;

4° Des bibliothèques d'unités, constituées dans les mêmes conditions que les précédentes, mais sans participation de l'Etat.

Les statuts de toutes ces bibliothèques sont soumis à l'approbation du colonel qui désigne ou fait désigner un officier pour contrôler leur gestion.

Le colonel ou le chef de détachement se fait communiquer la liste des livres ou des publications que les bibliothèques reçoivent en don ou désirent acquérir; il veille, sous sa responsabilité, à ne pas y laisser comprendre de publications immorales, antipatriotiques, ou dont le caractère serait de nature à soulever des controverses nuisibles à l'esprit de camaraderie et à la discipline.

Dans tous les cas où un contrôle des journaux et écrits périodiques est exercé par le Ministre de la guerre, l'interdiction ne peut être prononcée que par lui et, en temps de guerre, dans la zone des armées, par le général en chef, qui en rend compte au Ministre (1).

ART. 250. — **Salles de lecture et de correspondance.**

Lorsque les ressources du casernement le permettent, une salle de lecture et de correspondance est organisée autant que possible par escadron.

Les bancs et tables nécessaires à cette salle sont fournis par la masse de casernement; les menus frais de papier à lettres, enveloppes, etc., sont imputés à la masse des dépenses diverses dans les limites réglementaires.

Ces ressources peuvent être complétées par un prélèvement sur les bénéfices retirés de la gestion de la coopérative.

CHAPITRE XXXV.
Service médical.

ART. 251. — **Objet du service.**

Le service médical est organisé pour traiter au régiment les militaires atteints d'affections dont la gravité n'exige pas l'envoi à l'hôpital et ceux sortant des hôpitaux auxquels un changement brusque de régime serait préjudiciable.

Le médecin chef de service dirige et surveille, sous l'autorité du colonel et suivant les principes généraux indiqués au titre Ier, le service et la police de l'infirmerie régimentaire, ainsi que des salles de réunion des hommes exempts de service, lorsque des salles sont annexées à l'infirmerie.

ART. 252. — **Personnel de l'infirmerie régimentaire.**

Ce personnel comprend, pour l'ensemble du régiment :

Un maréchal des logis chargé de l'infirmerie;

Des infirmiers, à raison de : un infirmier du service armé dans l'un des escadrons de chaque demi-régiment et un du service auxiliaire dans l'autre escadron;

Eventuellement, des médecins auxiliaires et des étudiants en médecine.

Dans les détachements, le service de détail de l'infirmerie est assuré par un brigadier.

---

(1) Décret du 8 avril 1917.

Art. 253. — **Maréchal des logis chargé de l'infirmerie.**

Un sous-officier rengagé à la portion principale du corps (un brigadier dans les infirmeries de détachement) est désigné par le chef de corps ou de détachement et chargé, à titre permanent, sous les ordres et la responsabilité du médecin, de tous les détails techniques et disciplinaires de l'infirmerie et de la tenue des écritures.

Art. 254. — **Infirmiers.**

Les infirmiers sont désignés par le colonel, sur la proposition du médecin chef de service. Ils sont recrutés et instruits conformément aux prescriptions du règlement sur le service de santé à l'intérieur. De jour comme de nuit, un infirmier au moins est toujours présent à l'infirmerie.

Art. 255. — **Visite journalière des malades au quartier.**

La visite des malades a lieu tous les matins, à l'heure fixée par le colonel, sur la proposition du médecin chef de service.

Les malades pouvant marcher sont rassemblés à l'infirmerie et présentés au médecin dans les conditions prévues à l'article 245; ceux qui ne peuvent marcher sont visités dans leurs chambres comme il est dit au même article.

Les malades sont examinés individuellement et sans témoins, s'ils le demandent.

Le médecin mentionne sur le cahier de visite, conforme au modèle n° 7, en regard du nom des hommes, ceux qui doivent entrer à l'hôpital, à l'infirmerie ou à la salle des convalescents, ceux qui sont admis au régime spécial ou qui cessent d'y être soumis, ceux qui sont reconnus malades à la chambre et le nombre de jours d'exemption totale ou partielle de service qui leur sont accordés, enfin ceux qui n'ont pas été reconnus malades. Il y joint tous les renseignements de nature à éclairer le commandant de l'escadron et à lui permettre de prendre les mesures d'hygiène individuelles ou collectives qui peuvent s'imposer.

S'il désire conserver à certains des renseignements qu'il donne un caractère strictement confidentiel, il les fait parvenir au commandant de l'escadron sous pli fermé.

Lorsque le médecin juge qu'un homme qu'il n'a pas exempté de service était néanmoins fondé à demander une consultation, il l'indique sur le cahier de visite par la mention « Consultation motivée ». Mais il est de son devoir de veiller à ce que les hommes n'abusent pas de cette latitude pour se soustraire aux exercices particulièrement fatigants.

Lorsque l'état réel de santé d'un homme qui se présente à la visite lui inspire des doutes, le médecin met cet homme en observation jusqu'à ce qu'il lui soit possible de décider s'il y a maladie, malaise ou simulation.

ART. 256. — **Malades à la chambre.**

Les hommes exempts de service et non suspects de maladies contagieuses sont rassemblés après la visite jusqu'à la soupe du soir, soit à l'infirmerie, soit dans une annexe de celle-ci, soit dans un ou plusieurs locaux du casernement réservés à cet effet. Ils y reçoivent éventuellement les soins nécessaires.

A l'infirmerie ou dans ses annexes, ils sont surveillés par le maréchal des logis chargé de l'infirmerie; dans les locaux indépendants, cette surveillance est exercée comme il est dit à l'article 236.

Il est avantageux d'occuper, dans la journée, les indisponibles à la chambre, par des théories ou des lectures.

En temps d'épidémie ou lorsque le nombre des malades est élevé, le colonel prescrit, sur la proposition du médecin-chef de service, des mesures spéciales pour l'installation et la surveillance des malades dans les locaux aménagés à cet effet.

ART. 257. — **Malades à l'infirmerie.**

Les hommes entrant à l'infirmerie reçoivent des effets spéciaux propres et en bon état, pantalon, capote, veste, bonnet de police, brodequins légers. Chaque escadron doit constituer dans ce but les collections indispensables, qui peuvent être conservées à l'infirmerie, si celle-ci possède la place nécessaire. Les malades en traitement à l'infirmerie sont tous admis en principe au régime spécial, qui permet de varier, suivant le genre de maladie, la qualité et la quantité de l'alimentation.

Il leur est interdit de se rendre dans le casernement des escadrons sans autorisation spéciale du médecin. Ils peuvent, sauf ordre contraire du médecin, recevoir la visite des membres de leur famille.

ART. 258. — **Malades entrant à l'hôpital.**

Les billets des hommes entrant à l'hôpital sont signés par le médecin chef de service, et, en cas d'urgence, par le médecin qui passe la visite; celui-ci rend compte à son chef de service.

Le talon du billet d'entrée et le billet d'urgence où sont mentionnés les diagnostics et renseignements médicaux sont, dans le cas où le médecin le juge utile, adressés sous enveloppe fermée au médecin-chef de l'hôpital.

ART. 259. — **Visite générale mensuelle. Pesée.**

Tous les mois, afin de constater l'état général de santé des militaires du régiment, et, le cas échéant, de reconnaître les symptômes de maladies contagieuses, le médecin chef de service passe lui-même ou fait passer, exceptionnellement, par un des médecins sous ses ordres une visite individuelle de tous les sous-officiers non rengagés, brigadiers et cavaliers; cette visite porte sur l'organisme entier.

Les hommes qui le désirent sont examinés isolément.

La pesée périodique qui est effectuée tous les deux mois a lieu au cours d'une de ces visites.

ART. 260. — **Visite des hommes arrivant au corps, quittant le corps et des hommes proposés pour certains emplois.**

Les hommes du contingent annuel, les engagés volontaires arrivant au corps, les hommes venant d'un autre corps et ceux qui sortent des hôpitaux sont présentés à la visite.

Les réservistes et les territoriaux convoqués pour une période d'exercices y sont également présentés pour les opérations de vaccine et simultanément pour l'examen de leur état général.

Les hommes partant en congé et en permission d'au moins deux jours, et ceux qui rentrent d'une absence de plus de huit jours, sont visités par le médecin conformément aux instructions que le colonel donne à cet effet; ceux qui, à la visite du départ, présentent les symptômes d'une affection, même légère et non contagieuse, sont retenus au régiment jusqu'à guérison complète.

Le médecin chef de service donne son avis :

1° Sur la désignation des hommes proposés pour certains emplois comportant des aptitudes physiques spéciales tels que : trompettes, cyclistes, prévôts, etc.;

2° Sur la nature des exercices physiques spécialement institués pour les hommes du service auxiliaire et les malingres.

Lorsque les visites médicales doivent porter sur un effectif nombreux, les médecins prennent ou provoquent les mesures nécessaires pour éviter des stationnements prolongés aux hommes à examiner.

ART. 261. — Visite des officiers malades.

Lorsqu'un officier interrompt son service pour cause de maladie, il prévient son chef direct, qui en rend compte au colonel par l'intermédiaire du chef d'escadrons, si l'officier malade est lieutenant ou sous-lieutenant; il avise en même temps le médecin-chef de service qui le visite ou le fait visiter et fait connaître au colonel, sous pli confidentiel, son opinion sur la gravité et la durée probable de la maladie.

Lorsque, dans l'intérêt du service, le colonel juge nécessaire de savoir si l'indisponibilité d'un officier est de nature à diminuer son aptitude à ses fonctions, il prescrit au médecin-chef d'établir un certificat médical qui lui est remis personnellement ou adressé sous pli confidentiel.

ART. 262. — Visite des gradés logeant en ville.

Lorsqu'un gradé logeant en ville interrompt son service pour cause de maladie, il prévient le maréchal des logis chef de son escadron et lui fait savoir en même temps s'il est ou non en état de se rendre à la visite au quartier.

Le maréchal des logis chef inscrit cette indication sur le cahier de visite et rend compte au capitaine commandant de l'indisponibilité du gradé.

En cas d'urgence, le médecin de service est immédiatement prévenu par le maréchal des logis de garde, directement avisé par l'intéressé.

ART. 263. — Envoi à l'hôpital des officiers et des gradés logeant en ville.

Les officiers malades sont, en principe, autorisés à se faire soigner chez eux; toutefois, sur l'avis du médecin, le chef de corps ou de détachement peut prescrire leur entrée à l'hôpital.

Les gradés malades logeant en ville sont traités de la même façon que les officiers, si le médecin estime qu'ils sont en mesure de recevoir chez eux tous les soins nécessaires.

ART. 264. — Participation du personnel médical aux exercices et manœuvres du régiment.

Le médecin chef de service désigne, d'après les ordres du colonel, les médecins, médecins auxiliaires, étudiants en médecine et infirmiers qui doivent assister aux manœuvres du régiment, aux baignades et aux tirs.

Le service de la baignade est toujours assuré par un médecin, celui du tir par un infirmier exercé à la pratique des pansements d'urgence.

Le médecin-chef veille à ce que le personnel désigné soit toujours pourvu du matériel nécessaire.

ART. 265. — **Médecin de service.**

Dans les garnisons où est organisé un service de santé de la place, le commandant d'armes désigne, sur la proposition du chef de ce service, un médecin dit « médecin de service ».

Ce médecin est tenu à un service individuel de vingt-quatre heures pour la durée duquel il doit faire savoir où il pourra être promptement trouvé, en cas d'accident, de jour ou de nuit; son nom, son adresse et tous les autres renseignements nécessaires doivent être affichés à l'infirmerie et au poste de police.

Dans les garnisons où il n'existe pas de service de santé de la place, la permanence du service médical est assurée, si l'effectif du corps comprend plusieurs médecins, dans les conditions ci-dessus indiquées et à la diligence du chef de corps.

Lorsque l'effectif ne comprend qu'un seul médecin, celui-ci propose au colonel, qui statue, les dispositions nécessaires pour assurer ce service.

CHAPITRE XXXVI.
Service vétérinaire.

INFIRMERIE VÉTÉRINAIRE.

ART. 266. — **Direction du service.**

Le service de l'infirmerie vétérinaire est organisé pour traiter les chevaux atteints d'affections qui nécessitent des soins attentifs et suivis.

Le vétérinaire chef de service en a la direction, sous l'autorité du colonel.

Tous les matins, accompagné des vétérinaires sous ses ordres, il passe la visite des chevaux à l'infirmerie; il prescrit le traitement qui convient et pratique lui-même ou fait pratiquer les opérations chirurgicales. Il ne peut essayer aucun remède nouveau sans avoir obtenu l'autorisation du vétérinaire directeur du ressort.

ART. 267. — **Personnel de l'infirmerie.**

L'adjudant premier maître maréchal ferrant est chargé, sous les ordres et la responsabilité du vétérinaire chef de service, de la police et de la propreté des locaux de l'infirmerie, des soins et de l'entretien des chevaux qui y sont en traitement.

Un cavalier du service auxiliaire, et, à défaut, du service armé, lui est adjoint et le seconde spécialement dans la tenue des écritures.

Le service des écuries et dépendances de l'infirmerie est exécuté par des hommes du service auxiliaire ou des hommes prélevés dans les unités, en dehors des maréchaux ferrants; le colonel fixe aux commandants de demi-régiment le nombre des hommes que leur demi-régiment doit fournir; il est établi un roulement pour que ces hommes assistent aux instructions avec leur escadron.

Les maîtres maréchaux et les maréchaux ferrants, à l'exclusion de l'adjudant premier maître, concourent comme infirmiers aux soins que nécessitent les chevaux en traitement.

ART. 268. — **Visite des chevaux indisponibles.**

La visite des chevaux malades et blessés a lieu tous les jours à l'heure fixée par le colonel, sur la proposition du vétérinaire. Le maréchal des logis de semaine porteur du cahier de visite (modèle n° 8) fait conduire à l'infirmerie les chevaux malades et ceux qui, quoique disponibles, sont en cours de traitement.

Le vétérinaire désigne, sur le cahier de visite, les chevaux qui doivent entrer à l'infirmerie ou qui sont indisponibles; il y inscrit en outre toutes les observations qui peuvent intéresser le commandant de l'unité.

ART. 269. — **Visite sanitaire.**

Au moins une fois par semaine, une visite sanitaire de tous les chevaux du régiment est passée par les vétérinaires, sous la responsabilité du chef de service; le colonel fixe le jour et l'heure de cette visite et s'en fait rendre compte.

Art. 270. — Visite des chevaux arrivant au corps ou rentrant de détachement.

Le vétérinaire chef de service visite les chevaux qui arrivent au corps à un titre quelconque et ceux qui rentrent de détachement. Il établit le récépissé constatant l'état des chevaux provenant des établissements de remonte et rectifie les signalements s'il y a lieu.

Art. 271. — Réforme des chevaux, changements de catégorie ou d'arme, tonte, feu, bains, régime du vert, marquage.

Le vétérinaire chef de service donne son avis par écrit sur les états de proposition pour la réforme et les changements de catégorie ou d'arme, sur les propositions relatives à la tonte, au feu à mettre à certains chevaux, sur l'opportunité des bains et du régime du vert. La tonte et le marquage sont pratiqués à l'infirmerie ou à la forge, sous sa direction.

Art. 272. — Maladies contagieuses.

Le vétérinaire chef de service doit se préoccuper tout spécialement de prévenir l'éclosion et la propagation des maladies contagieuses.

Lorsqu'un cheval en est reconnu atteint ou suspect, le vétérinaire prend ou provoque les mesures qu'il juge nécessaires pour éviter la contamination; il se conforme aux prescriptions réglementaires concernant l'inspection des animaux, locaux, harnachements, fourrages et abreuvoirs.

Les animaux isolés par application des prescriptions ci-dessus doivent rester en observation tant que les motifs de suspicion n'ont pas disparu. Les places qu'ils occupaient aux écuries, ainsi que celles de leurs voisins, sont immédiatement désinfectées, sous la surveillance du service vétérinaire.

Le directeur du ressort vétérinaire est tenu au courant par un compte rendu décadaire sommaire que lui adresse le vétérinaire chef de service, jusqu'à ce que la situation sanitaire soit redevenue entièrement satisfaisante.

Art. 273. — Chevaux morveux, farcineux ou suspects. Désinfections.

Pour les mesures à prendre à l'égard des chevaux atteints de morve, de farcin, ou suspects de ces maladies, ainsi que pour les désinfections, les vétérinaires se conforment aux instructions spéciales en vigueur.

Les hommes de service aux écuries ne doivent jamais se coucher dans les écuries des animaux atteints ou même seulement suspects de la morve. On ne désigne jamais, pour panser ces chevaux, des hommes ayant des plaies aux mains ou au visage; le vétérinaire tient du savon et une solution antiseptique à la disposition de ceux qui sont employés à ce service; il veille à ce qu'après chaque pansage ces hommes se lavent les mains et le visage.

ART. 274. — **Abatage des chevaux.**

Toutes les fois que, pour un motif quelconque, le vétérinaire chef de service juge qu'un cheval doit être abattu, il en fait la proposition au chef de corps; celui-ci provoque sans retard la réunion de la commission d'abatage.

Cette commission se compose d'un chef d'escadrons désigné par le colonel, du capitaine de l'unité intéressée et du vétérinaire.

Dans les détachements commandés par un chef d'escadrons, la commission est formée de deux capitaines commandants et du vétérinaire. Si le détachement n'est composé que d'un escadron, la commission comprend deux lieutenants ou sous-lieutenants et le vétérinaire. La présidence de la commission appartient toujours à l'officier le plus élevé en grade.

Lorsque la commission d'abatage en a reconnu la nécessité, elle propose l'abatage immédiat; le colonel ou le chef de détachement prononce.

La sous-intendance militaire, qui doit être prévenue à cet effet, établit un procès-verbal d'abatage, modèle n° 17, en trois expéditions, qui est signé par le major et le vétérinaire.

Les avis de la commission et la décision prise au sujet de l'abatage sont résumés dans un rapport modèle n° 16, établi en une seule expédition, et qui est joint au procès-verbal destiné au service de l'intendance.

Par exception, le vétérinaire fait procéder sans délai à l'abatage des chevaux atteints de fracture, de morve ou d'hydrophobie. Dans ce cas, la commission se réunit aussitôt que possible après l'abatage pour en contrôler l'opportunité.

L'abatage peut avoir lieu à l'abattoir municipal, afin de permettre aux corps la livraison sur pied des chevaux propres à la boucherie.

Lorsqu'un cheval malade ou blessé pendant les marches ou manœuvres a été laissé en dépôt dans une localité ne possédant pas de garnison de troupes à cheval et que l'aggravation de son état le rend susceptible d'être abattu, un vétérinaire militaire désigné dans la garnison la plus proche est envoyé sur place avec mission de visiter l'animal. Dans le cas où il reconnaît l'abatage nécessaire, il y fait procéder lui-même, sans qu'au préalable ou ultérieurement la commission d'abatage soit réunie ou consultée; il rend compte à l'autorité qui l'a désigné.

ART. 275. — Constatation de la mort des chevaux. Autopsie.

Le vétérinaire chef de service constate la mort des chevaux, en indique la cause, identifie le cadavre et procède à l'autopsie. Il signe le procès-verbal de mort et établit le rapport d'autopsie dont la production est prescrite par des instructions spéciales. Lorsque l'autopsie ne peut être faite, le rapport indique les motifs qui ont empêché d'y procéder.

L'autopsie des chevaux morts ou abattus à la suite de maladies contagieuses doit être pratiquée dans les clos d'équarrissage ou aux lieux désignés par les autorités locales.

ART. 276. — Pharmacie vétérinaire.

Le vétérinaire chef de service a l'administration de la pharmacie vétérinaire, sous la surveillance du major; il est responsable des médicaments et du matériel; il en surveille la conservation et l'emploi.

Les substances vénéneuses doivent toujours être déposées dans une armoire, dont le vétérinaire chef de service garde lui-même la clef.

ART. 277. — Maréchalerie.

Le vétérinaire chef de service a la direction de l'atelier de maréchalerie. Il est responsable envers le colonel de l'aptitude et de l'instruction pratique des maréchaux, de la confection et de l'application de la ferrure; mais il n'est pas responsable de son entretien.

Il ne doit apporter aucune modification à la ferrure réglementaire, hors les cas où il juge qu'une ferrure spéciale est nécessaire.

Il vérifie les dimensions des fers, fait briser ceux qui sont mal confectionnés et ceux qui n'ont pas les dimensions voulues.

Il fait, ou fait faire, par un des vétérinaires, un cours aux maréchaux sur tout ce qui se rapporte à la ferrure, à l'application de certains pansements, ainsi qu'aux soins à donner aux pieds malades ou défectueux.

Il exige que les maîtres maréchaux abonnataires perfectionnent leurs aides et forment des élèves. Il veille à ce qu'ils soient tous pourvus des outils que l'Etat ne fournit pas et à ce que ces outils soient bien entretenus.

Il exerce les maréchaux au fonctionnement de la forge en campagne.

Il donne son avis sur les propositions relatives au personnel des maréchaux.

CHAPITRE XXXVII.

Remonte des officiers.

ART. 278. — **Droit des officiers.**

Les officiers et assimilés ont droit à la remonte à titre gratuit pour le nombre de chevaux dont ils doivent être pourvus. Le nombre de chevaux auquel a droit chaque officier ou assimilé ainsi que l'âge auquel ils peuvent être pris sont fixés par des règlements spéciaux.

Les officiers et assimilés des corps de troupe exercent leur choix sur la totalité des chevaux disponibles du corps, à l'exclusion des chevaux affectés aux sous-officiers rengagés et des chevaux classés pour la remonte des officiers étrangers au corps; ils les présentent au colonel qui statue. L'ordre de priorité se règle d'après le grade, mais les officiers déjà possesseurs d'une monture n'exercent leur choix qu'après ceux qui en sont totalement dépourvus. Les médecins et les vétérinaires exercent leur choix après tous les officiers du corps dont ils ont la correspondance de grade, et d'après leur ancienneté respective, de préférence parmi les chevaux de robe grise.

Les chevaux de troupe ne peuvent être affectés aux sous-officiers comme chevaux d'arme pendant l'année qui suit leur passage dans le rang après le dressage.

Le colonel statue sur les demandes de réintégration des chevaux du régiment.

Aucun officier ne doit rester plus de trois mois sans être remonté.

Les officiers brevetés du service d'état-major se remontent parmi les chevaux destinés aux officiers sans troupe (1re, 2e et 3e catégories).

Les officiers et assimilés du cadre constitutif des écoles militaires prennent leurs montures parmi les chevaux de ces établissements, à l'exclusion des chevaux de carrière et de manège. Ceux détachés dans ces écoles sont remontés par les soins du corps auquel ils comptent normalement. Les officiers et vétérinaires de ces établissements de remonte prennent leurs montures dans ces établissements.

Les officiers et assimilés peuvent renoncer, pour tout ou partie du nombre de chevaux qui leur est alloué, au bénéfice de la remonte à titre gratuit et se remonter à titre onéreux avec des chevaux provenant du commerce, qui sont leur propriété, mais qu'ils doivent faire inscrire sur les contrôles.

ART. 279. — **Responsabilité des officiers.**

Les officiers montés à titre gratuit sont responsables disciplinairement, et, le cas échéant, pécuniairement, de tout accident qui serait dû, soit à leur négligence, soit à un emploi déraisonnable ou irrégulier de leur monture. Les chefs de corps ou de service exercent une surveillance particulière sur les chevaux dont les officiers sont détenteurs. Il leur est interdit de les atteler, et sous aucun prétexte, ils ne peuvent les faire monter par des personnes étrangères à l'armée.

ART. 280. — **Logement des chevaux.**

Les chevaux des officiers et assimilés, montés à titre quelconque, sont logés dans les écuries des bâtiments militaires.

Les officiers et assimilés peuvent être autorisés à loger leurs chevaux en ville, à leurs frais, lorsqu'un vétérinaire a vérifié que l'écurie présente des garanties sanitaires suffisantes et qu'il en a rendu compte.

Quand les officiers logent leurs chevaux à leurs frais, à défaut de place dans les quartiers, le produit des fumiers leur appartient.

ART. 281. — **Commission de réforme.**

Il est constitué, pour procéder aux opérations de remonte, une commission permanente dans les corps de troupe à cheval et dans les écoles militaires.

Les membres de cette commission sont désignés par le chef de corps ou le commandant de l'école. Elle est composée :

D'un officier supérieur, président;

Du capitaine adjoint au colonel ou de son suppléant, ou, à son défaut, d'un capitaine, et du vétérinaire chef de service ou de son suppléant, membres.

Dans les régiments, lorsqu'il s'agit d'acheter ou de racheter un cheval à un officier, la présidence de la commission, composée comme il est dit ci-dessus, appartient au chef de corps ou, à son défaut, au lieutenant-colonel, qui s'adjoint à la commission.

Dans les écoles, la commission de remonte est présidée, pour les mêmes cas, par le commandant de l'école ou le commandant en second.

Dans le cas d'un corps de troupe fractionné, il est institué une commission de remonte dans chaque fraction composée d'au moins deux escadrons.

En Algérie et en Tunisie, il peut être institué des commissions de remonte dans les escadrons détachés. Ces commissions sont composées de trois officiers dont un vétérinaire (militaire ou civil).

Les commissions, composées comme il est dit ci-dessus, se réunissent toutes les fois qu'il y a lieu :

1° De livrer un cheval comme monture à un officier ou assimilé, étranger au corps ou à l'école;

2° De recevoir un cheval précédemment livré dans les conditions ci-dessus, réintégré par un officier ou assimilé, étranger au corps ou à l'école;

3° De céder un cheval appartenant à l'Etat à un officier général ou assimilé, qui désire s'en rendre acquéreur à titre onéreux, ou à un gendarme;

4° D'examiner, pour le racheter ou le déclarer impropre au service, un cheval provenant des remontes de l'Etat et détenu, à titre onéreux, par un officier général ou assimilé;

5° D'examiner en dernier ressort et d'acheter un cheval provenant du commerce, présenté par un officier.

Les décisions des commissions de remonte sont définitives et sans appel. Ces commissions opèrent sous leur propre responsabilité. Elles ne doivent acheter, pour être livrés aux officiers à un titre quelconque, que de bons chevaux, exempts de vices ou maladies susceptibles de nuire à leur service; d'un caractère facile, bien dressés, bien conformés, susceptibles, en un môt, de remplir immédiatement, et par la suite, le service auquel ils sont destinés. Elles ont le devoir d'exiger que le cheval soit bien dressé et le font essayer devant la troupe, etc.

Il appartient aux généraux et chefs de corps de s'assurer si ces conditions sont remplies; dans le cas contraire, les membres de la commission sont passibles de punitions disciplinaires. Sauf dans certains cas, déterminés par les règlements, le Ministre prononce, pour chaque cas particulier, au sujet de la nature et de la gravité de la responsabilité encourue.

Toutes les opérations des commissions de remonte donnent lieu à l'établissement de procès-verbaux qui sont portés sur un livret spécial dit : livret de la commission de remonte.

CHAPITRE XXXVIII.

Service des écuries.

ÉCURIES.

ART. 282. — **Logement des chevaux.**

A moins de prescriptions particulières de l'autorité supérieure, les écuries comprises dans l'assiette du casernement du régiment sont réservées aux chevaux du régiment; la répartition en est faite par le colonel entre les groupes et par les commandants de groupe entre les unités.

En principe, les chevaux des officiers et assimilés montés à titre quelconque sont logés dans les écuries des bâtiments militaires.

Les officiers et assimilés peuvent être autorisés à loger leurs chevaux en ville, à leurs frais, lorsqu'un vétérinaire a vérifié que l'écurie présente des garanties sanitaires suffisantes et qu'il en a rendu compte.

ART. 283. — **Tenue des écuries.**

L'observation a démontré que beaucoup de maladies dont les chevaux sont atteints prennent plus particulièrement naissance dans les écuries encombrées, où l'atmosphère est insuffisamment renouvelée et viciée par les miasmes provenant de litières mal entretenues, ou d'un sous-sol infecté.

De là, l'obligation d'entretenir avec le plus grand soin les locaux (écuries, baraques ou hangars) où sont logés les chevaux.

ART. 284. — Litière.

Le crottin est enlevé à mesure qu'il tombe et porté au dehors. On entretient la litière de façon à ne jamais laisser sous les chevaux une couche épaisse de fumier.

Il convient de ne pas faire subir à la litière des manipulations incessantes et de ne pas la mettre en tas dans l'allée centrale de chaque travée d'écurie, pour la replacer ultérieurement sous les chevaux.

La litière doit obligatoirement être relevée tous les quinze jours en été, tous les mois en hiver, pour permettre l'enlèvement de la couche de fumier qui s'est formée au contact du sol.

Pendant cette corvée générale, les chevaux sont maintenus hors de l'écurie, les portes et fenêtres de ces dernières largement ouvertes. Le sol est nettoyé à fond et lavé à grande eau, si la saison le permet.

ART. 285. — Aération.

L'air des écuries doit être constamment renouvelé en toute saison, la nuit aussi bien que le jour. Chaque commandant d'unité donne des ordres à ce sujet, en tenant compte de la disposition intérieure des locaux, de leur orientaton, etc. On n'oubliera pas que l'air confiné et vicié est beaucoup plus nuisible à la santé des chevaux que l'excès d'aération.

En hiver, si la rigueur de la température l'exige, les portes et les fenêtres pourront être fermées, mais ces dernières toujours incomplètement. En aucun cas, les lanternaux des écuries ne seront bouchés.

Il est nécessaire de veiller à ce que les chevaux, en rentrant de travailler, ne soient pas exposés aux courants d'air.

Toutes les fois que l'état de l'atmosphère le permet, les chevaux sont attachés dehors le plus longtemps possible. La surveillance des gradés et des gardes d'écurie, et l'emploi de l'entrave double de jarrets pour chevaux frappeurs, préviendront les coups de pied dont la crainte fait trop souvent condamner la mesure hygiénique excellente dont il s'agit.

Pendant le séjour des chevaux en dehors des écuries, les portes et fenêtres de ces dernières sont complètement ouvertes.

ART. 286. — Râteliers et mangeoires.

Le mobilier intérieur des écuries doit toujours être en bon état. Il faut avoir la précaution de vider les mangeoires et les râteliers avant d'y placer la nourriture des chevaux et de veiller à ce que les mangeoires et les murs de face ne présentent aucune excavation difficile à nettoyer et pouvant servir d'abri aux rongeurs.

ART. 287. — **Eclairage des écuries.**

En hiver, les écuries sont éclairées le matin au réveil. Après le pansage du soir, lorsque les écuries ont été mises en ordre, les lumières sont éteintes, à l'exception d'une lampe par écurie. Un falot portatif est à la disposition des gardes d'écurie, afin qu'ils puissent immédiatement porter secours aux chevaux qui en auraient besoin.

ART. 288. — **Bat-flancs.**

La chaîne de suspension doit avoir une longueur telle que le milieu du bât-flanc soit au niveau de la pointe du jarret du cheval. Si le bât-flanc est fixé haut, les embarrures sont moins fréquentes, mais les conséquences en sont plus graves et les parties inférieures des membres ne sont pas suffiamment protégées contre les coups de pied. Si le bat-flanc est fixé bas, les embarrures sont moins graves, mais beaucoup plus fréquentes.

Les moyens d'attache de fortune, cordes, fils de fer, etc., sont rigoureusement proscrits.

Les bât-flancs en mauvais état pouvant être une cause d'accidents graves, on doit veiller à leur parfait entretien.

ART. 289. — **Coffres à avoine.**

Les coffres à avoine doivent être entièrement vidés et nettoyés au moins une fois par mois.

ART. 290. — **Pavage des écuries.**

Il est nécessaire d'entretenir le pavage des écuries constamment en bon état, car la formation d'interstices et de cuvettes, en permettant l'infection du sous-sol, rendrait inefficaces les opérations de lavage et de désinfection.

ART. 291. — **Surveillance des écuries.**

Les écuries doivent être l'objet d'une surveillance active le jour et la nuit. Ce service a principalement pour but de diminuer le nombre des accidents dont les chevaux peuvent être victimes et empêcher l'aggravation de certaines indispositions qui exigent des soins immédiats.

ART. 292. — **Rassemblement et tenues des gardes d'écuries.**

Le service de garde d'écurie est assuré par des cavaliers de garde d'écurie commandés tous les jours dans chaque escadron; leur nombre dépend des bâtiments affectés comme écuries à l'escadron; il ne peut, en aucun cas, être inférieur à un homme par peloton.

A l'heure fixée par le capitaine commandant, les gardes d'écurie sont réunis et inspectés par le brigadier de semaine qui fait relever le service des écuries.

Ces cavaliers sont en calotte, bourgeron, pantalon de treillis et galoches. Lorsque la température l'exige, les effets de drap de la collection d'instruction peuvent être portés sous le pantalon de treillis et le bourgeron. En tout temps, il leur est donné des manteaux de corvée pris parmi ceux d'instruction destinés à cet usage avant d'être réformés.

On doit installer par écurie ou pour les écuries voisines, surveillées par le même garde d'écurie, un lit de camp mobile ou pouvant se plier; ce lit est garni le soir avec de la paille prélevée sur la litière du lendemain; mais le garde d'écurie n'a pas le droit d'apporter des effets de literie.

ART. 293. — **Consignes et ustensiles.**

Les gardes d'écurie reçoivent et rendent, en présence du brigadier de semaine, les consignes et les ustensiles d'écurie. S'il se trouve des objets endommagés ou perdus par leur faute, le prix de la réparation ou du remplacement est imputé suivant le mode prescrit par les règlements administratifs, sans préjudice de la punition encourue, s'il y a lieu.

ART. 294. — **Vigilance pour prévenir les accidents.**

Les gardes d'écurie doivent être vigilants jour et nuit, accourir au moindre bruit que font les chevaux, soit qu'ils se battent, s'embarrassent dans leurs longes ou dans leurs bat-flancs, ou se détachent.

Ils sont pourvus de plusieurs licols et de longes de rechange pour attacher les chevaux qui cassent leur licol ou leur longe.

ART. 295. — **Propreté des écuries.**

Les gardes d'écurie sont chargés d'entretenir la plus grande propreté dans les écuries, de ne pas laisser séjourner de crottin sous les chevaux et de relever la paille, à mesure qu'elle s'étend, pour la remettre à la litière.

Ils exécutent, sous la direction du brigadier et du maréchal des logis de semaine, toutes les prescriptions relatives à l'aération des écuries et aux repas des chevaux.

Art. 296. — **Police intérieure des écuries.**

Les gardes d'écurie empêchent qu'on entre dans les écuries avec du feu et qu'on y fume.

Après le pansage du soir toutes les lumières sont éteintes; une seule lanterne est conservée allumée, mais placée de manière à ne pas gêner le repos des chevaux.

Durant la nuit, le plus grand silence est recommandé aux gardes d'écurie et aux gradés de ronde.

Art. 297. — **Accidents. Indispositions des chevaux.**

Les gardes d'écurie rendent compte au maréchal des logis de semaine des chevaux qui se sont détachés ou échappés, du nombre des licols cassés, des accidents et des indispositions des chevaux. Si ces accidents ou ces indispositions sont d'une nature grave, ils en informent sur-le-champ, pendant le jour, le maréchal des logis de garde. Les gardes d'écurie rendent compte également au maréchal des logis et au brigadier de garde, lors des visites que ceux-ci font aux écuries pendant la nuit.

Art. 298. — **Abandon de la garde d'écurie.**

L'abandon de la garde d'écurie constitue en principe l'abandon de poste prévu et réprimé par l'article 213 du code de justice militaire.

Toutefois, si cette solution s'impose presque toujours aux manœuvres et en campagne, il appartient aux généraux commandant de corps d'armée d'apprécier dans chaque cas particulier si les circonstances nécessitent une répression judiciaire ou ne comportent qu'une sanction disciplinaire.

CHAPITRE XXXIX
Service des fonds et du matériel.

Art. 299.

Les services du trésorier et des officiers ou adjudants chargés du matériel (habillement, armement, casernement, couchage et ameublement, approvisionnement) sont assurés en conformité des règlements spéciaux à ces services, des consignes du corps ou du détachement, et des attributions de chaque grade définies au titre Ier.

ART. 300. — **Prescriptions relatives à l'entretien des effets de couchage.**

L'entretien des effets de couchage dans les unités doit être l'objet d'une surveillance active.

Le fourrier de l'escadron s'assure, en recevant ces effets, que toutes les réparations nécessaires y ont été faites; les gradés doivent provoquer, d'autre part, le remplacement de tout effet nécessitant une réparation ou une reconfection immédiate.

Au moment de leur remise à un homme, ces effets, draps exceptés, sont munis, à la diligence du maréchal des logis de peloton, d'une étiquette surfilée portant le numéro de l'unité et le numéro matricule de l'homme.

Un officier de l'escadron doit en passer périodiquement la revue; il constate leur état, fait remplacer ceux dont le terme de confection ou de blanchissage est dépassé et ceux dont le maintien en service compromettrait la durée ou serait préjudiciable au bon couchage de l'homme.

ART. 301. — **Manutention des effets de couchage.**

Les corps de troupe sont laissés juges de l'opportunité des diverses opérations de lavage, réparation, réfection à faire subir au matériel, sous les réserves suivantes :

1° Les matelas et traversins de lit de troupe et, s'il y a lieu, les sommiers de foin ne peuvent être utilisés consécutivement pendant plus de dix-huit mois sans être reconfectionnés.

Cette limite est abaissée à douze mois à l'infirmerie régimentaire;

2° Les draps de lit ne doivent pas rester en service pendant plus de vingt jours dans la saison chaude et de trente jours dans la saison froide. Il est expressément interdit de délivrer à un homme des draps non lavés ayant déjà servi à un autre. Ces dispositions s'appliquent également aux sacs de couchage lorsqu'il est fait usage des lits auxiliaires.

Le battage des couvertures et couvre-pieds a lieu toutes les semaines.

Au cours des transports, on enferme autant que possible le linge dans des sacs spéciaux pour le préserver des souillures.

L'époque des manutentions est constatée par l'apposition des marques à l'encre effaçable.

Les quantités de paille de couchage à percevoir sont énumérées à l'annexe C du présent règlement.

CHAPITRE XL
Service postal et télégraphique.

ART. 302. — **Objet du service.**

Le service postal et télégraphique dans les corps de troupe a pour objet d'assurer aux militaires de ces corps la remise de la correspondance postale et télégraphique à leur adresse et de leur faciliter le paiement ou l'expédition des mandats postaux, télégraphiques et des bons de poste.

ART. 303. — **Attributions et devoirs généraux du vaguemestre.**

Un maréchal des logis de l'escadron de dépôt est désigné par le chef de corps pour remplir les fonctions de vaguemestre.

Le maréchal des logis vaguemestre exécute les opérations postales et télégraphiques indiquées dans les articles ci-après; les autres opérations, notamment la remise des télégrammes, s'accomplissent suivant les règles applicables aux particuliers. Le vaguemestre n'intervient pas dans les opérations postales et télégraphiques intéressant les personnes n'appartenant pas à l'armée qui peuvent être employées au régiment, même lorsqu'elles habitent le quartier.

Le vaguemestre doit s'initier aux connaissances que l'administration des postes exige de ses agents de distribution.

ART. 304. — **Commission du vaguemestre. Surveillance de son service.**

Le vaguemestre est muni d'une commission, modèle n° 9, qui lui est délivrée par le colonel et est établie en deux expéditions; l'une de ces expéditions est conservée par lui, l'autre est déposée chez le receveur des postes et télégraphes.

Pour tout ce qui concerne son service, le vaguemestre est placé sous la surveillance du major.

ART. 305. — **Retrait des lettres et objets aux bureaux de poste.**

Le vaguemestre retire de la poste les lettres et objets chargés, recommandés ou expédiés dans la forme ordinaire, destinés aux divers services du régiment ainsi qu'aux sous-officiers logeant au quartier, aux brigadiers et aux cavaliers. Il retire également les lettres et objets adressés aux officiers et sous-officiers logeant en ville, lorsque les intéressés n'ont pas fait faire ces envois à leur domicile particulier ou qu'ils n'en ont pas effectué eux-mêmes le retrait au bureau de poste.

Le vaguemestre est responsable des lettres et objets qu'il retire à la poste; il les distribue immédiatement et sans aucune rétribution en sus de la taxe.

ART. 306. — **Distribution et levée de la correspondance**

Le vaguemestre remet :

1° Au colonel, sa correspondance officielle et privée;

2° Au maréchal des logis de semaine de chaque unité, les envois postaux ordinaires destinés au personnel de l'unité, ou aux officiers ou sous-officiers qui, suivant les ordres donnés à cet effet, sont rattachés à l'unité en ce qui concerne le service postal; toutefois, les lettres et objets chargés ou recommandés, les lettres frappées de surtaxe et les lettres ou objets dont la remise exige une décharge par la signature du destinataire sont remis directement par le vaguemestre au destinataire, à domicile pour les officiers, au quartier, aux heures fixées par le colonel, pour les hommes de troupe. Pour ces derniers, la remise se fait en présence du maréchal des logis de semaine de l'escadron et sur la production du livret individuel de l'intéressé.

Suivant les instructions du major, le vaguemestre passe dans les divers services du corps pour y prendre la correspondance officielle dont il doit assurer lui-même l'expédition. Il effectue aux heures fixées la levée des boîtes aux lettres du régiment.

ART. 307. — **Perception des mandats et bons de poste.**

Le vaguemestre retire à la poste, pour le compte des brigadiers et cavaliers du régiment, le montant des mandats et bons de poste qui leur sont adressés.

Les officiers et sous-officiers ont qualité pour toucher eux-mêmes, dans tous les bureaux de poste et suivant les règles ordinaires, le montant des mandats et bons de poste qui leur sont adressés; ils peuvent aussi confier ces perceptions au vaguemestre.

Les brigadiers et cavaliers, sur la présentation d'un titre régulier d'absence, permission faisant mutation, ou feuille de route justifiant de leur situation, peuvent également toucher dans tous les bureaux de poste, y compris ceux de leur garnison, les mandats et bons de poste qui leur sont adressés.

ART. 308. — Remise et paiement des mandats et bons de poste.

Le vaguemestre reçoit des intéressés les mandats et bons de poste qu'il est chargé de toucher et les paie aux heures fixées par le colonel. Les remises des mandats et bons de poste lui sont faites en principe le matin; son service doit être réglé de façon que les paiements aient lieu dans la même journée, avant le repas du soir.

Le vaguemestre s'assure que les mandats appartiennent bien aux militaires qui les lui remettent. Il se fait présenter, dans ce but, l'enveloppe de la lettre d'envoi et, s'il a des doutes, provoque une enquête. Le paiement des mandats et bons de poste se fait en présence du maréchal des logis de semaine de l'escadron, sur la production de la lettre d'envoi et du livret individuel du titulaire.

ART. 309. — Opérations diverses pour le compte des militaires du régiment.

Les militaires peuvent, par l'intermédiaire du vaguemestre, faire charger ou recommander des lettres ou objets, et prendre des mandats postaux et télégraphiques et des bons de poste.

Ils font ou font faire, sans le concours du vaguemestre, toutes autres opérations postales et télégraphiques, notamment celles de versement ou de retrait de fonds, en ce qui concerne les caisses d'épargne postales.

ART. 310. — Registre du vaguemestre.

Pour garder trace des opérations visées ci-dessus et en assurer le contrôle, le vaguemestre tient un registre (modèle n° 10).

Le major cote ce registre, le paraphe et vérifie les opérations qui y sont inscrites.

ART. 311. — Boîtes aux lettres.

Une boîte aux lettres, dont le vaguemestre a la clef, est placée près du poste de police; les heures de levée sont inscrites sur la boîte.

Le vaguemestre doit signaler immédiatement les dégradations à cette boîte et les réparations nécessaires. Selon les circonstances, le colonel peut faire établir des boîtes aux lettres dans d'autres parties de la caserne.

ART. 312. — **Timbres-poste militaires.**

Le vaguemestre se conforme aux prescriptions ministérielles concernant la comptabilité et l'apposition des timbres-poste militaires.

ART. 313. — **Détachements.**

Dans les fractions de corps ou détachements, le service du vaguemestre est organisé conformément aux règles qui précèdent. La commission du vaguemestre est délivrée par l'officier commandant; cet officier est également chargé de la surveillance et des vérifications qui incombent au major dans un régiment.

Dans les détachements de faible effectif, lorsque le nombre insuffisant ou le défaut d'aptitude des gradés ne permet pas d'organiser un service de vaguemestre, les opérations postales ou télégraphiques intéressant le détachement sont assurées selon les règles applicables aux particuliers; le chef de détachement se concerte avec le service local des postes et télégraphes pour assurer la régularité du service.

ART. 314. — **Manœuvres.**

Pendant les manœuvres, l'autorité militaire peut apporter aux règles ci-dessus les modifications qu'elle juge nécessaires pour la rapidité et la facilité du service. Elle peut prescrire notamment que, pour éviter l'encombrement des bureaux de poste, tous les mandats reçus par les militaires seront perçus par l'intermédiaire du vaguemestre.

ART. 315. — **Moyens de transport.**

L'autorité militaire procure aux vaguemestres, suivant les circonstances locales et en se concertant à cet effet avec l'autorité civile, les facilités et avantages de transport dont jouissent, sur les lignes d'omnibus, de tramways ou autres, les agents de distribution de l'administration des postes.

ART. 316. — **Réclamations.**

Les réclamations relatives au service du vaguemestre sont transmises au major ou au commandant du détachement qui les examine immédiatement et leur donne la suite qu'elles comportent.

CHAPITRE XLI.

Service d'alimentation.

ART. 317. — **Tables d'officiers.**

Tous les officiers célibataires, du rang de lieutenant et de sous-lieutenant, prennent leur repas en commun.

Le lieutenant le plus ancien est président de table.

Pour des raisons dûment justifiées, le chef de corps peut accorder des autorisations de ne pas vivre à la table commune.

Le lieutenant-colonel est spécialement chargé de la surveillance des tables des lieutenants et sous-lieutenants; il s'assure que les autres officiers célibataires prennent leur repas dans des conditions en rapport avec la dignité professionnelle; il intervient s'il est nécessaire.

Dans les camps, en route et aux manœuvres, les officiers vivent tous à la même table ou par fraction constituée. S'ils prennent pension ou vivent en popote, les prix à payer sont réglés par le chef de corps ou de détachement au mieux des intérêts de tous et en tenant compte des indemnités perçues au titre de déplacement. S'ils prennent leur repas dans les hôtels, les dépenses sont toujours basées sur le traitement des officiers les moins élevés en grade.

Toutes les dispositions ci-dessus sont applicables aux officiers de complément pendant leurs périodes d'instruction.

ART. 318. — **Table des sous-officiers.**

En garnison, les sous-officiers célibataires vivent au mess ou à la cantine; ceux qui sont mariés sont autorisés à vivre chez eux.

Dans les postes isolés, en route et aux manœuvres, les sous-officiers peuvent être autorisés à tirer leur subsistance de l'ordinaire de la troupe; les commandants d'escadron ou de détachement veillent, dans ce cas, à ce qu'ils soient strictement traités sur le même pied que les cavaliers, tant au point de vue de la qualité qu'à celui de la quantité des denrées perçues; les retenues qui leur sont faites doivent, d'autre part, couvrir exactement les prix de revient des repas qui leur ont été fournis.

ART. 319. — **Mess des sous-officiers.**

Les mess ont pour but de fournir aux sous-officiers, en même temps que la nourriture, une salle de réunion et une bibliothèque. Le prix de la pension et le montant des cotisations sont réglés d'après la solde des intéressés. Les sous-officiers qui ne vivent pas au mess concourent néanmoins aux dépenses de la salle de réunion et de la bibliothèque.

Le colonel utilise le mieux possible les ressources dont il dispose pour l'amélioration du mess et adresse à l'autorité supérieure toutes les demandes qu'il juge opportunes en vue de cette amélioration.

Le mess est dirigé par un officier désigné par le colonel et géré conformément à un règlement approuvé par celui-ci : le chef de corps fixe également les conditions dans lesquelles les sous-officiers paient, les jours de prêt, les sommes dont ils sont redevables; les sommes sont remises, aussitôt après perception, à l'officier, directeur du mess, qui ne conserve que l'argent nécessaire aux dépenses courantes et dépose le reste, soit à la caisse d'épargne, soit dans un établissement de crédit, à un compte ouvert au nom du mess.

La consommation des liqueurs est autorisée dans les mess exclusivement, sous réserve d'être l'objet d'une surveillance attentive et d'une réglementation précise approuvée par le colonel; celui-ci a toute latitude pour interdire cette consommation dès qu'une infraction aux règles établies lui est signalée.

Les médecins du corps font de temps à autre des prélèvements sur les denrées de toute nature fournies par le mess, en vue de s'assurer qu'elles ne peuvent être nuisibles à la santé; ils font analyser ces denrées dans les conditions prévues pour les ordinaires.

ART. 320. — **Ordinaire. Formation de l'ordinaire.**

La réunion d'hommes de troupe vivant en commun au moyen de prestations individuelles qui leur sont allouées constitue un ordinaire.

Il est tenu par escadron un livre d'ordinaire sur lequel sont inscrites les recettes et les dépenses de cet ordinaire, mais il y a avantage, en vue de diminuer le nombre des employés et d'augmenter la variété des repas, à faire faire toujours la cuisine par groupe d'unités le plus fort possible.

Une des unités de chaque groupe, désignée à tour de rôle par le chef de corps ou de détachement, assure l'administration et la gestion de l'ordinaire; les autres unités lui remboursent ses dépenses proportionnellement à leur effectif. Les chefs de ces unités restent libres de faire à leurs hommes, au moyen de leur boni, des distributions supplémentaires.

Lorsque des circonstances particulières l'exigent, il est formé un ou même plusieurs ordinaires par unité administrative.

Les denrées sont en commun pour tous les hommes vivant à un même ordinaire.

Les brigadiers ne servant pas au delà de la durée légale et les cavaliers concourent tous à la formation de l'ordinaire; le chef de corps ou de détachement peut, seul accorder exceptionnellement la permission de ne pas y vivre.

Lorsque la santé d'un homme nécessite une dispense, le chef de corps ou de détachement prononce sur la proposition du médecin.

ART. 321. — **Fonds de l'ordinaire.**

Les fonds de l'ordinaire sont employés à l'achat des denrées alimentaires que l'Etat ne fournit pas gratuitement.

Ils se divisent en fonds courants, fonds d'économie et fonds de réserve.

Les fonds courants sont fournis par les recettes journalières; ils ont pour but d'assurer, concurremment avec les denrées fournies par l'Etat, la subsistance de la troupe.

Les fonds d'économie servent à améliorer l'ordinaire dans les circonstances exceptionnelles et à former, s'il y a lieu, le fonds de réserve. On les désigne communément sous le nom de boni.

Le fonds de réserve est destiné à subvenir aux premiers besoins des unités formées à la mobilisation; il est constitué par prélèvement sur les économies réalisées lors des convocations des réservistes et des territoriaux.

Il n'est pas fixé de limite à l'importance du boni, mais il appartient au chef de corps de veiller à sa constitution judicieuse et sagement progressive et de déterminer le taux maximum du boni qui peut être conservé par le capitaine commandant.

ART. 322. — **Recettes de l'ordinaire.**

Les recettes de l'ordinaire sont constituées, en plus grande part, par les primes diverses allouées par l'Etat. A ces primes s'ajoutent :

1° La solde des brigadiers et cavaliers punis de prison, de cellule ou incarcérés pour quelque motif que ce soit. Toutefois, lorsque ces militaires ont été incarcérés sur de simples présomptions et que leur punition est levée, ou qu'il y a eu refus d'informer, non-lieu ou acquittement, leur solde est restituée (1).

Dans le cas où le corps fait mouvement, cette recette est suspendue pendant les journées de route;

.... (2).

2° Le produit de la vente des issues provenant de l'ordinaire (os, eaux grasses, débris de pain et de pain de guerre, boîtes de conserves vides, etc...). Un certain nombre de gamelles pourront toutefois être réservées chaque jour pour être distribuées aux indigents;

3° La moitié de la valeur des moins-perçus en pain constatés en fin d'exercice;

4° Les retenues encourues par les fournisseurs des ordinaires.

L'ordinaire profite en outre des ressources que donnent les jardins potagers et des recettes exceptionnelles telles que les versements faits par les sociétés de courses, les comités de fêtes, etc.

ART. 323. — Dépenses de l'ordinaire.

Les fonds de l'ordinaire sont exclusivement consacrés aux dépenses qui ont pour objet l'achat de vivres ou de liquides. Le pain de repas est fourni à titre gratuit par l'Etat; mais, en cas d'insuffisance, il peut en être acheté en supplément.

Certaines menues dépenses sont autorisées à l'occasion de la Fête nationale ou de la fête du régiment.

Toute imputation faite aux fonds courants, aux bonis, aux fonds de réserve et non prévue par le règlement sur les ordinaires, engage la responsabilité de l'officier qui l'a prescrite ou tolérée.

Les capitaines commandants veillent, en vue de réaliser des économies, à ce que des denrées ne soient pas préparées pour la nourriture des hommes qui, comptant à l'ordinaire, n'y prennent pas leurs repas, par suite d'abandon volontaire ou de permission. Les chefs de corps s'assurent que cette règle n'est pas perdue de vue, en particulier par les escadrons qui ne sont pas chargés de la gestion de l'ordinaire.

---

(1) Le décret du 14 avril 1918, qui avait supprimé cet alinéa, a été abrogé par le décret du 5 juin 1918 (B. O., p. 1877).

(2) Ce paragraphe, modifié par le décret du 12 octobre 1916, est abrogé par le décret du 15 juin 1917 (B. O., p. 1673).

ART. 324. — **Action des officiers et gradés.**

Le service des ordinaires est l'objet d'une sollicitude attentive à tous les degrés de la hiérarchie.

L'action de chaque gradé est détaillée aux attributions particulières à chacun d'eux.

Pour la surveillance spéciale des cuisines et du percolateur, il est commandé chaque jour, par groupe de cuisines contiguës, un brigadier de planton aux cuisines.

Ce brigadier prend son service en même temps que la garde de police. Le matin, à l'heure indiquée, il s'assure que les cuisiniers sont présents; il veille à ce qu'ils se conforment aux ordres donnés pour la préparation des repas et à toutes les consignes affichées à la cuisine. Il ne laisse pénétrer dans les cuisines que les brigadiers et cavaliers que leur service y appelle.

Les plats et gamelles ne doivent pas être remplis prématurément, les repas des hommes absents pour le service doivent être conservés au chaud.

Le brigadier de planton s'assure que les cuisiniers ne distraient de l'ordinaire aucune espèce de denrées pour leur usage particulier; que les tonneaux d'os et d'eaux grasses sont toujours fermés; que les matières de rebut sont immédiatement portées à l'emplacement désigné hors de la cuisine et régulièrement enlevées; dans le cas contraire, il prévient l'adjudant de semaine.

Il exige que les cuisines soient aérées et tenues proprement, ainsi que leurs abords.

Après la soupe du soir et les corvées de propreté, il fait tout disposer pour le service du lendemain, ferme les cuisines et remet les clefs au maréchal des logis de garde.

ART. 325. — **Cuisiniers.**

Dans chaque unité faisant ordinaire distinct, la préparation des aliments est assurée par un cuisinier assisté au besoin d'un aide.

Dans chaque cuisine importante, un cuisinier de profession remplit les fonctions de cuisinier-chef. Il est assisté du nombre nécessaire de cuisiniers et d'aides.

Suivant la disposition des cuisines, il est chargé de la préparation de l'ensemble des repas ou guide les cuisiniers dans leur préparation.

Les cuisiniers ont, outre cette préparation, à assurer la propreté du matériel et des ustensiles de cuisine et le lavage de la vaisselle ou des gamelles.

Le cuisinier-chef est maintenu en permanence dans son emploi; les cuisiniers sont remplacés tous les six mois, les aides de cuisine tous les quinze jours.

Le tableau de service fixe les exercices auxquels doivent assister le cuisinier-chef et les cuisiniers pour rester suffisamment entraînés et instruits.

Le capitaine chargé de la gestion effective d'un ordinaire peut accorder une indemnité journalière de 0 fr. 75 au cuisinier-chef et de 0 fr. 50 aux cuisiniers.

Ces indemnités sont payées mensuellement par le Trésorier sur les fonds de l'ordinaire.

Un ou plusieurs cavaliers sont, s'il est nécessaire, spécialement chargés de la préparation du café, de l'entretien et de la propreté du matériel à cet usage.

Le cuisinier-chef porte une toque et un tablier de toile blanche. Ces effets sont bleus pour les cuisiniers et les aides de cuisine, cachous pour les cafetiers.

ART. 326. — **Mode d'achat des denrées.**

Les corps se procurent les denrées nécessaires à l'ordinaire au moyen d'achats effectués, soit par la commission des ordinaires, dont il est parlé ci-après, soit par le capitaine chargé de la gestion de chaque ordinaire, soit par les deux modes à la fois. Le mode d'achat direct par le capitaine ne peut être toutefois employé que pour les denrées non fournies par la commission.

La commission des ordinaires peut elle-même opérer de trois façons différentes, suivant les ordres donnés par le chef de corps ou de détachement :

1° Elle se borne à servir d'intermédiaire entre les ordinaires et les fournisseurs pour la passation des marchés et la réception des denrées (fourniture simple);

2° Elle se procure les denrées en gros, à l'aide de marchés de livraison ou d'achats directs, et les emmagasine pour les distribuer ensuite aux ordinaires au fur et à mesure des demandes (gestion directe);

3° Elle fait simultanément usage des deux premiers procédés.

ART. 327. — **Commission des ordinaires. Sa composition.**

Une commission des ordinaires est constituée dans chaque

corps de troupe ou de détachement comprenant au moins six officiers et se compose de cinq officiers, y compris le président, et le lieutenant ou le sous-lieutenant secrétaire, qui a voix délibérative. Le médecin-chef de service du corps ou du détachement fait partie de la commission avec voix consultative. Le président de la commission est autant que possible un officier supérieur, à l'exclusion du chef de corps ou de détachement; les autres membres sont choisis de préférence parmi les capitaines chargés de la gestion d'un ordinaire.

Le secrétaire de la commission, spécialement chargé de la tenue de la comptabilité, est un lieutenant ou sous-lieutenant; le lieutenant en second de l'escadron de dépôt faisant fonctions d'officier d'approvisionnement, peut être désigné, à titre permanent, pour cet emploi. Un maréchal des logis lui est adjoint pour la tenue des écritures, l'emmagasinement des denrées et leur distribution, la surveillance des jardins potagers, etc. La commission des ordinaires est nommée pour une année au plus par le chef de corps ou de détachement, habituellement au 1er janvier de chaque année, à une autre date, toutefois, s'il le juge préférable. Ses membres peuvent être maintenus en fonction lors du renouvellement de la commission.

ART. 328. — **Commission commune.**

Dans les quartiers communs à plusieurs corps ou fractions de corps, il peut être avantageux de n'avoir qu'une commission pour l'ensemble de ces corps. Le chef de corps le plus élevé en grade ou le plus ancien a qualité pour constituer la commission et pour approuver ou non les marchés.

Lorsque, dans une même place, se trouvent réunis plusieurs détachements trop peu importants pour que chacun d'eux constitue une commission des ordinaires, le commandant d'armes peut autoriser la formation d'une commission unique appelée à agir pour le compte de ces différentes fractions.

Dans les deux cas ci-dessus, le nombre des membres de la commission est augmenté, s'il est nécessaire, de façon à permettre à chaque corps ou fraction de corps d'être représenté, si possible, dans la commission.

ART. 329. — **Réunions de la commission.**

La commission se réunit sur la convocation de son président; quand ce dernier est empêché, le membre le plus ancien le supplée.

La commission peut délibérer au nombre de trois officiers; si ces officiers sont en nombre pair, la voix du président est prépondérante.

La commission demande aux fonctionnaires de l'intendance et aux autorités civiles tous les renseignements qu'elle juge utiles à la passation des marchés.

Elle se conforme aux instructions ministérielles pour combattre toute coalition ou collusion des fournisseurs.

Elle n'a pas à s'immiscer dans l'administration et la comptabilité des ordinaires des escadrons, dont la surveillance appartient aux chefs d'escadrons.

Le président de la commission s'assure que les instruments de pesage employés par le corps et par les fournisseurs sont vérifiés et poinçonnés chaque année.

ART. 330. — **Achats.**

A l'intérieur, tous les fournisseurs de l'ordinaire doivent être Français ou naturalisés Français. Hors de France, le commandement reste juge des tempéraments qui peuvent être apportés à ces dispositions.

En principe, les fournitures de denrées et la vente des issues sont mises en adjudication publique.

Les cahiers des charges stipulent toujours que le fournisseur s'engage à servir dans la garnison, pendant la durée de son marché, le corps mobilisé et à continuer ledit marché, juqu'à son expiration, avec les corps de réserve ou de territoriale qui se mobiliseraient dans la place; il serait ensuite procédé à une révision des prix.

Ils stipulent, en outre, que, dans le cas où l'ordre de mobilisation serait donné dans le dernier mois du marché, ce marché serait, de plein droit, prorogé d'un mois.

Pour la viande fraîche, les commissions des ordinaires peuvent, tout en procédant par adjudication, diviser la fourniture par ordinaire.

En cas d'insuccès des adjudications, ou quand il est reconnu désavantageux de procéder par cette voie, la commission des ordinaires peut, avec l'autorisation du chef de corps, traiter de gré à gré; elle doit, en principe, dans ce cas, faire appel à la concurrence. Lorsqu'il doit en résulter une réelle économie, la commission des ordinaires peut encore, toujours avec l'agrément du chef de corps, opérer à la halle, traiter directement avec le producteur, acheter en gros, prendre enfin dans les magasins militaires les denrées cédées à titre remboursable.

Dans les corps où fonctionne une commission des ordinaires, les marchés ne deviennent définitifs qu'après approbation du chef de corps ou de détachement.

Dans le cas où il n'y a pas de commission des ordinaires, il appartient au capitaine de prendre toutes les mesures nécessaires pour approvisionner l'ordinaire. Il doit provoquer la concurrence entre les fournisseurs, passer lui-même des marchés, ou, s'il le juge préférable, faire acheter de la main à la main. Les marchés ne deviennent définitifs qu'après leur approbation par le chef de corps ou de détachement.

ART. 331. — Réception des denrées.

Les denrées achetées par la commission sont examinées par un officier dit « de distribution d'ordinaire », chargé de ce service pendant toute une semaine, sous l'autorité du président de la commission.

Tous les commandants d'unités, qu'ils soient capitaines ou lieutenants, ainsi que les capitaines du cadre complémentaire, participent à tour de rôle à ce service dans l'ordre fixé par le colonel. Dans les détachements, le chef y fait concourir le nombre de lieutenants et sous-lieutenants qu'il juge nécessaire.

Le président de la commission s'assure fréquemment que l'officier de distribution d'ordinaire connaît bien toutes les clauses du cahier des charges; ces cahiers sont d'ailleurs à la disposition de l'officier pendant toute la durée des distributions.

L'officier de distribution d'ordinaire assiste à toutes les livraisons. Il s'assure de la justesse des instruments de pesage et de mesure. Il refuse les denrées qu'il ne juge pas de bonne qualité et en exige le remplacement dans les délais prévus.

En cas de contestation, il rend compte au président, qui convoque la commission; celle-ci prononce et fait acheter, s'il y a lieu, au compte du fournisseur, les denrées nécessaires; la commission procède de même s'il se produit, dans les livraisons, des retards supérieurs aux limites fixées par le cahier des charges. L'officier de distribution d'ordinaire vérifie, de concert avec le médecin, et avant leur mise en consommation, les boîtes de conserve, barils de porc salé, etc., livrés par l'administration. Un extrait des dispositions relatives à l'examen de ces conserves est affiché dans les cuisines.

En principe, le médecin doit toujours être appelé à se prononcer sur la qualité des denrées douteuses. En outre, et quel que soit le mode de fourniture, il passe fréquemment dans les locaux de distribution et dans les cuisines pour examiner toutes les denrées et notamment la viande.

Les diverses distributions se font aux heures fixées par le tableau de service; chaque escadron est à son tour servi le premier.

ART. 332. — **Paiement des achats.**

Quand les achats sont effectués directement par le capitaine commandant, celui-ci donne chaque jour au maréchal des logis chef la somme nécessaire pour les achats du lendemain.

Le maréchal des logis chef remet à son tour au brigadier d'ordinaire le détail et le montant des achats à effectuer de la main à la main. Le paiement des denrées doit avoir lieu au jour le jour en présence des hommes de corvée.

Quand les achats sont effectués par les soins d'une commission des ordinaires, le capitaine chargé de la gestion d'un ordinaire fait présenter, la veille du jour du prêt, au secrétaire de la commission, le livret d'ordinaire de l'escadron nourricier portant indication des dépenses effectuées dans le prêt courant. Après vérification, l'officier secrétaire certifie ces dépenses, qui sont ensuite réparties entre les diverses parties prenantes.

Les fournisseurs sont payés par les soins du trésorier. Quand certaines denrées sont achetées directement par le capitaine chargé de la gestion d'un ordinaire, le chef de corps ou de détachement peut prescrire qu'elles seront néanmoins payées par le trésorier.

Dans les escadrons détachés, si, au lieu de faire opérer par achat de la main à la main, à la diligence du brigadier d'ordinaire, le capitaine a passé des marchés, il paye lui-même les fournisseurs tous les dix jours.

ART. 333. — **Avances au secrétaire de la commission.**

Lorsque la commission opère à la halle ou achète de la main à la main, des avances, dont l'importance est fixée par la commission, sont faites par le trésorier au secrétaire, qui en donne reçu.

Le secrétaire règle avec le trésorier, dans un délai de vingt-quatre heures, le compte de ces avances, en lui remettant, soit les factures acquittées, soit une note des achats effectués sans facture, certifiée par lui et visée par le président de la commission.

ART. 334. — **Coopérative.**

Il appartient au chef de corps d'apprécier, dans chaque cas particulier, l'opportunité de la création d'une coopérative comme annexe des salles de récréation, de lecture et de correspondance.

Il ne peut être créé qu'une coopérative par quartier (par corps, lorsque plusieurs corps sont réunis dans un même quartier); il peut y avoir, par contre, plusieurs salles de vente, si le quartier comporte plusieurs salles de récréation.

La coopérative n'est ouverte qu'aux heures de liberté de la troupe, elle doit se borner à vendre les menus objets de consommation courante nécessaires au soldat. La vente du vin, de la bière ou du cidre peut être autorisée par le chef de corps ou de détachement, sous réserve d'être surveillée pour éviter tout abus.

Les bénéfices mensuels sont, en principe, limités au chiffre nécessaire pour couvrir les dépenses des salles de récréation. Normalement, les fonds sont gérés par les cavaliers eux-mêmes; mais le règlement de la coopérative est approuvé par le chef de corps, et son fonctionnement est soumis au contrôle vigilant et rigoureux d'un officier désigné à cet effet.

Cet officier, assisté au besoin d'un médecin, doit vérifier fréquemment la qualité des denrées débitées et faire procéder, toutes les fois qu'il le juge utile, à des analyses semblables à celles prévues pour les ordinaires.

Le gérant effectif de la coopérative ne conserve par devers lui que les sommes nécessaires comme fonds de roulement.

Le nombre des employés est aussi restreint que possible; ceux du service armé doivent assister le plus souvent possible à l'exercice principal de la journée.

Aucune cession de denrées ou de boissons ne doit être faite par la coopérative aux ordinaires. mais celle-ci peut profiter des achats faits par la commission des ordinaires.

CANTINES.

ART. 335. — **Dispositions générales.**

Les cantiniers pourvus de leurs fonctions au titre des emplois civils sont nommés dans les conditions prescrites par les règlements. Les chefs de corps ou de détachement peuvent, en outre, commissionner un cantinier ou une cantinière dans les détachements, quartiers et postes isolés qui ne sont pas réglementairement pourvus de cantiniers.

Les uns et les autres sont astreints à suivre le corps pendant les routes, aux manœuvres, dans les champs de tir permanents ou temporaires, dans les camps d'instruction, ainsi qu'aux exercices et tirs, quand l'ordre en est donné par le chef de corps ou de détachement. Ils doivent se pourvoir, pour ces déplacements, des voitures et attelages nécessaires. La voiture des cantiniers nouvellement nommés doit être du modèle réglementaire.

Les cantiniers ou cantinières disposent au quartier des locaux prévus par les règlements.

Les cantines nourrissent les sous-officiers, quand il n'existe pas de mess; elles nourissent, en outre, les brigadiers servant au delà de la durée légale du service, les brigadiers maîtres maréchaux-ferrants et les aides maréchaux. Les tarifs sont fixés par le colonel, d'après la solde des intéressés.

Le colonel peut, à titre tout à fait exceptionnel, autoriser à vivre à la cantine certains brigadiers et cavaliers qui se trouvent dans des situations particulières; il détermine les conditions dans lesquelles ces militaires doivent être nourris. Il fixe de même les conditions de la fourniture par les cantines d'un régime spécial aux malades à l'infirmerie.

Les tarifs de toute nature des cantines sont soumis à l'approbation du chef de corps ou de détachement.

Les cantiniers tiennent un cahier de quittance des pensions des militaires qu'il ont à nourrir; ils ne doivent, sous aucun prétexte, ni leur faire crédit ni leur prêter de l'argent.

La vente des boissons à base d'alcool autres que le vin, la bière et le cidre est interdite dans les cantines, même aux sous-officiers qui y prennent leurs repas.

Il est formellement interdit aux cantiniers de soumissionner des fournitures quelconques mises en adjudication.

ART. 336. — Surveillance des cantines.

La cantine de chaque demi-régiment est placée sous la surveillance permanente du chef d'escadrons et du capitaine adjudant-major; cette surveillance est exercée dans les détachements par le chef du détachement. Ces officiers examinent fréquemment, de concert avec les médecins du corps, la qualité des denrées mises en vente. Ils prescrivent les prélèvements et font faire les analyses nécessaires dans les conditions prévues pour les denrées des ordinaires.

Les cantiniers dépendent, en outre, du service de semaine, en ce qui concerne la police de la cantine. Le capitaine de semaine, ou, en son absence, l'adjudant de semaine peut, s'il est nécessaire, ordonner la fermeture immédiate d'une cantine; ils rendent compte au chef d'escadrons de semaine de la mesure prise.

Art. 337. — **Règles de discipline spéciales aux cantiniers.**

Les cantiniers doivent déférer aux ordres de l'autorité militaire et respecter scrupuleusement toutes ses consignes. Hors du quartier, ils doivent observer la réserve imposée aux militaires et éviter de s'occuper de questions locales.

Ils doivent le salut dans l'intérieur du quartier à tous les officiers et adjudants-chefs; à l'extérieur, à ceux du corps et aux officiers généraux.

Ils ne peuvent faire partie d'un syndicat professionnel.

Ils ont droit de réclamation auprès des officiers chargés de la surveillance de leur cantine, auprès des chefs de corps, des officiers généraux et du Ministre. Leurs réclamations doivent être transmises par la voie hiérarchique dans les mêmes conditions que celles des militaires.

Art. 338. — **Sanctions disciplinaires spéciales aux cantiniers et aux cantinières.**

Les cantiniers et cantinières dont la conduite est répréhensible, qui contreviennent aux règles de discipline établies ci-dessus, qui débitent des denrées de qualité insuffisante ou mauvaise, ou qui manquent aux obligations qui leur sont imposées, peuvent être l'objet des sanctions suivantes :

Les avertissements du chef d'escadrons, du lieutenant-colonel ou du colonel;

L'interdiction de la cantine à la troupe; cette interdiction est prononcée par le colonel, et sa durée peut atteindre trente jours.

La cantine reste tenue d'assurer, pendant ce temps, les repas qu'elle doit fournir;

La réprimande du colonel;

Le retrait de l'emploi.

Cette sanction est prononcée pour une faute particulièrement grave, ou après une punition de la réprimande, quand l'intéressé commet de nouvelles fautes.

Le retrait de l'emploi est prononcé :

Par le Ministre, après avis d'un conseil d'enquête, composé comme celui des sous-officiers commissionnés, pour les cantiniers pourvus de leur emploi en vertu de la loi du recrutement;

Par le colonel, pour les cantiniers ou cantinières commissionnés par lui.

Art. 339. — Service des distributions administratives. Officier de distribution administrative.

Le service des distributions doit être strictement surveillé; aucune défaillance ne doit y être tolérée; toute négligence est coupable, non seulement à cause des conséquences qu'elle peut avoir pour la santé des hommes ou des chevaux, mais encore parce qu'elle a toujours pour résultat des pertes au préjudice du corps.

La qualité et le poids de toutes les denrées distribuées par l'administration et destinées aux hommes ou aux chevaux sont vérifiés par un officier dit « de distribution administrative », chargé de ce service pendant une semaine, sous la surveillance du lieutenant-colonel.

Tous les commandants d'unités, qu'ils soient capitaines ou lieutenants, ainsi que les capitaines du cadre complémentaire, participent à tour de rôle à ce service dans l'ordre fixé par le colonel. Dans les détachements, le chef y fait concourir le nombre de lieutenants et de sous-lieutenants qu'il juge nécessaires. Aucune distribution ne peut ni commencer ni se poursuivre hors de la présence de l'officier de distribution.

Art. 340. — Connaissances à exiger des officiers de distribution administrative.

Les officiers de distribution administrative doivent pouvoir apprécier aussi exactement que possible la qualité des denrées. Le colonel leur fait faire, à cet effet, par un médecin ou par un vétérinaire, quelques conférences sur les caractères distinctifs des bonnes et mauvaises denrées.

Une instruction pratique, placée en tête du registre de visite, est établie et mise à jour par le service de l'intendance en vue de permettre aux officiers de distribution de remplir leur mission; elle est complétée par un résumé des dispositions légales et réglementaires relatives à la répression des fraudes.

L'officier de distribution administrative peut, lorsqu'il le juge utile, exiger la présentation des cahiers des charges imposées aux entrepreneurs.

ART. 341. — **Examen des denrées.**

L'officier de distribution administrative remet, avant la distribution, à l'officier d'administration gestionnaire du service ou à l'entrepreneur le bon relatif à la distribution.

Il lui est absolument interdit de percevoir, par convention tacite ou non, autre chose que ce qui est indiqué sur le bon, ainsi que d'accepter toute substitution non autorisée.

Il ne reçoit que des produits venant du magasin de distribution.

Il procède à la vérification des instruments de pesage et de mesurage. Il examine la qualité des denrées présentées et provoque toutes les explications qu'il croit nécessaires pour établir son opinion.

Il peut, au cours de la distribution, procéder à toute vérification nouvelle qu'il juge utile.

ART. 342. — **Cas de refus des denrées.**

Avant de faire commencer la distribution, l'officier de distribution administrative est tenu d'indiquer sur le registre de visite son avis ou ses observations sur la qualité des denrées.

Pendant toute la durée des opérations, il peut y consigner un avis supplémentaire.

Les denrées considérées comme médiocres ou mauvaises sont obligatoirement rejetées; la raison qui entraîne le refus est consignée sur le registre.

Lorsqu'il refuse des denrées, l'officier de distribution administrative fait aussitôt prévenir le commandant d'armes, le colonel et le sous-intendant militaire.

Le commandant d'armes convoque d'urgence la commission des distributions de la garnison, seule chargée de juger les contestations.

ART. 343. — **Perception et enlèvement des denrées.**

L'officier de distribution administrative ne permet aux détachements de corvée de pénétrer dans les magasins que sur son ordre.

En cas d'insuffisance du personnel, il peut mettre quelques

hommes à la disposition du service livrancier pour l'exécution matérielle des opérations de la distribution.

Des gradés peuvent être désignés pour la perception des denrées à la ration. Ils vérifient leur compte avec l'officier d'administration gestionnaire ou le préposé de l'entrepreneur; ils sont responsables des erreurs qu'ils commettent.

Les distributions s'effectuent au nombre de rations pour les denrées à la ration, à la mesure pour les liquides, au poids pour les autres denrées.

Les parties prenantes doivent être munies des sacs nécessaires pour contenir les denrées qu'elles ont à recevoir. Il est formellement interdit aux services distributeurs de prêter des sacs.

L'officier de distribution administrative surveille attentivement les opérations d'enlèvement, y compris les pesées supplémentaires auxquelles elles peuvent donner lieu. Lorsqu'il soupçonne une erreur ou une fraude, il procède aux vérifications nécessaires; il suspend tout enlèvement s'il juge cette mesure utile. Lorsque, au cours de l'enlèvement, il reconnaît que les denrées ne sont pas acceptables, il arrête la distribution; mais les denrées déjà sorties du magasin restent acquises à la partie prenante, ainsi qu'il est dit ci-après :

ART. 344. — Denrées sorties des magasins.

Lorsqu'une denrée, reçue en distribution, a été enlevée du magasin, elle ne peut y être rapportée pour y être changée, ni faire l'objet d'aucune réclamation, soit au sujet de sa qualite, soit au sujet de l'exactitude des pesées et du mesurage.

Par exception, les conserves de viandes ou de légumes reconnues avariées au moment de l'ouverture du récipient sont rapportées au magasin pour y être échangées dans les conditions fixées par le règlement sur la gestion des ordinaires. Les bottes de foin pressé ou de paille pressée reconnues avariées au moment de la consommation sont également remplacées, sous réserve qu'elles soient rapportées au magasin à fourrages dans le courant de la période pour laquelle elles ont été distribuées.

ART. 345. — Denrées avariées ou détruites par cas de force majeure.

Lorsque les rations distribuées sont avariées ou détruites dans les magasins du régiment ou dans les camps par un événement de force majeure, une distribution est faite en remplacement de ces rations.

Un procès-verbal relatant les causes de la perte ou de l'avarie tient lieu de bon de distribution, sauf imputation à qui de droit.

ART. 346. — **Recherche et constatation des fraudes.**

Dans le cas de présomption de fraude sur la qualité des denrées, l'officier de distribution administrative est tenu de procéder à des prélèvements, en se conformant aux règles fixées en vue d'établir la fraude et d'assurer l'efficacité des poursuites.

III° PARTIE.

Discipline générale.

TITRE IX.

CÉRÉMONIAL MILITAIRE. — MANIFESTATIONS EXTÉRIEURES DE LA DISCIPLINE.

CHAPITRE XLII.

Cérémonial militaire.

ART. 347. — **Règles générales.**

La belle tenue des troupes, la précision de leurs mouvements, la conduite digne et correcte des militaires isolés, ainsi que leur déférence envers leurs chefs, témoignent de leur éducation militaire, de leur discipline et de leur bon esprit; elles sont indispensables à l'établissement et au maintien de la subordination.

Un cérémonial, déterminé ci-après, tend, d'autre part, à donner le plus de solennité possible à certains événements marquants de la vie militaire, ainsi qu'à aider et à maintenir les relations nécessaires entre supérieurs et subordonnés.

ART. 348. — **Présentation de l'étendard.**

Dès que les recrues sont en état de figurer dans une prise d'armes, le colonel leur présente solennellement l'étendard du régiment, au cours d'une revue passée en grande tenue de service.

Dans une courte allocution, il évoque les souvenirs glorieux du corps et fait appel aux sentiments élevés nécessaires au soldat pour l'accomplissement de son devoir en toutes circonstances. Il fait rendre les honneurs à l'étendard devant lequel il fait ensuite défiler, à son commandement, tout le régiment.

Une cérémonie analogue a lieu pour chaque détachement, lorsque celui-ci rejoint le régiment pour la première fois.

Art. 349. — **Réception des officiers et présentation des gradés devant leur troupe.**

Sont reçus, devant l'unité qu'ils commandent ou dont ils font partie, et dès leur arrivée :

1° Le chef de corps, par le général de brigade;

2° Le lieutenant-colonel, les chefs d'escadrons, adjudants-majors et capitaines, par le colonel;

3° Les lieutenants et sous-lieutenants, par leur chef d'escadrons. Si l'officier désigné pour procéder à la réception n'est pas présent le jour où elle doit avoir lieu, il est remplacé par l'officier le plus élevé en grade après lui, même si ce dernier est de grade inférieur à l'officier arrivant.

L'étendard est pris pour la réception du colonel.

L'officier qui doit être reçu se place à la gauche de celui qui le reçoit; l'un et l'autre se mettent au port du sabre; ils font face à la troupe.

Celui qui reçoit fait présenter les armes et ouvrir le ban; il prononce à haute voix la formule suivante : « De par le Président de la République, vous reconnaîtrez pour votre (indiquer ici le grade), le (indiquer ici le grade et le nom), ici présent et vous lui obéirez en tout ce qu'il vous commandera pour le bien du service, l'exécution des règlements militaires et l'observation des lois. »

Les deux officiers se font face, se saluent du sabre, puis celui qui reçoit fait fermer le ban et reposer les armes.

Quand l'officier qui procède à la réception est d'un grade inférieur à celui qu'il reçoit, il se place à sa gauche et substitue les mots : « Nous reconnaîtrons et nous lui obéirons » à ceux : « Vous reconnaîtrez et vous lui obéirez. »

Les officiers qui avancent en grade sans changer d'emploi ne sont pas reçus.

Les commandants d'escadron présentent à leur unité les sous-officiers et brigadiers nommés dans leur escadron.

Art. 350. — **Visites.**

Les visites à l'intérieur des corps de troupe sont réglées par les prescriptions ci-après :

1° Le colonel reçoit la visite de corps des officiers lorsqu'il vient prendre le commandement du régiment. Le colonel et les officiers prennent la grande tenue;

2° Tout officier arrivant au régiment ou le quittant se présente en tenue de sortie au colonel et aux officiers sous les ordres directs desquels il est ou était placé.

Les officiers placés sous ses ordres lui font une visite individuelle à son arrivée seulement, les commandants d'escadron font, de plus, une visite au major;

3° Tout officier changeant d'affectation dans l'intérieur du corps fait à ses nouveaux chefs directs et reçoit de ses nouveaux subordonnés des visites analogues;

4° Les officiers rentrant au corps après une absence de plus de huit jours se présentent en tenue de sortie à leur chef de corps et à leur chef immédiat;

5° Lorsque le régiment est en route ou en station momentanée hors de sa garnison, les officiers prennent, pour les visites et la présentation de leur unité, la tenue prescrite pour la route ou pour le lieu de stationnement.

ART. 351. — **Réceptions.**

La grande tenue est de rigueur pour les réceptions chez le Président de la République, les présidents des Chambres, les Ministres et sous-secrétaires d'Etat, le grand chancelier de la Légion d'honneur. Elle est prise dans les autres cérémonies officielles, soit en conformité du règlement sur le service de place soit lorsque l'ordre en est donné.

ART. 352. — **Réception des militaires décorés de la Légion d'honneur.**

Le membre de la Légion d'honneur délégué par le grand chancelier de l'ordre procède, avec le cérémonial ci-après indiqué, à la réception des militaires nommés ou promus dans l'ordre de la Légion d'honneur :

1° Les militaires de tout grade faisant partie d'un corps de troupe sont reçus, lors d'une revue, devant le corps de troupe auquel ils appartiennent, par leur chef de corps ou un officier général ou par l'officier commandant le détachement dont ils font partie, si cet officier est officier supérieur; dans le cas contraire, la réception est faite par le commandant d'armes.

Lorsque la revue est passée par un officier général, qu'il soit ou non commandant d'armes, c'est à lui qu'il appartient de procéder à la réception et à la remise des insignes pour tous les militaires sans distinction; en l'absence d'officier général, cette mission incombe, toujours à l'issue de la revue prescrite, au chef de corps pour les militaires des corps de troupe, au commandant d'armes ou son délégué pour les militaires sans troupe ou faisant partie d'un détachement dont le chef n'est pas officier supérieur. Toutefois, le récipiendaire ne peut être reçu que par un membre de la Légion d'honneur d'un grade au moins égal. Si cette condition ne peut être réalisée dans la place, le commandant de corps d'armée prescrit les mesures nécessaires pour assurer la réception du légionnaire conformément aux dispositions du décret organique.

2° Les sous-officiers, brigadiers et cavaliers détachés du corps dont ils font partie sont reçus devant la garnison convoquée pour être passée en revue par le commandant d'armes ou son délégué.

3° A l'issue de la revue, le commandant des troupes fait sortir du rang, sans leur garde, les drapeaux ou étendards et les fait placer devant le centre. Tous les légionnaires présents se groupent à pied derrière ces drapeaux et étendards et les récipiendaires se placent à dix pas en avant.

L'officier délégué pour procéder à la réception se place en face des récipiendaires, fait présenter les armes et ouvrir un ban et adresse à chacun des nouveaux nommés ou promus les paroles suivantes : « Au nom du Président de la République et en vertu des pouvoirs qui nous sont conférés, nous vous faisons chevalier, officier ou commandeur de la Légion d'honneur. » Puis il frappe le récipiendaire du plat de l'épée sur chaque épaule, lui attaque la décoration sur la poitrine et lui donne l'accolade.

Il fait ensuite fermer le ban et reposer les armes. Les drapeaux, les étendards et les anciens légionnaires rentrent dans le rang; le commandant des troupes fait ensuite défiler au port de l'arme; pendant ce défilé, les nouveaux légionnaires se tiennent à quatre pas derrière lui.

ART. 353. — **Réception des militaires décorés de la médaille militaire.**

Les sous-officiers, brigadiers et cavaliers décorés de la médaille militaire sont reçus par leur chef de corps ou de détachement devant le corps de troupe auquel ils appartiennent.

A l'issue de la revue, le chef de corps fait placer, devant le centre, l'étendard sans sa garde; tous les médaillés viennent se grouper derrière l'étendard; le récipiendaire se place à dix pas en avant. Après avoir fait porter le sabre ou la lance et ouvrir un ban, le chef de corps adresse à haute voix aux récipiendaires les paroles suivantes : « Au nom du Président de la République, nous vous conférons la médaille militaire. » Il lui attache ensuite la médaille sur la poitrine, fait fermer le ban et remettre le sabre ou reposer la lance.

La troupe ne défile pas.

Art. 354. — **Remise des médailles ou distinctions honorifiques.**

Lorsqu'un militaire a obtenu une médaille commémorative de campagne, la médaille coloniale ou une médaille d'honneur destinée à récompenser des actes de courage et de dévouement, la remise de cette médaille lui est faite au cours d'une prise d'armes par le colonel ou le chef de détachement.

Les militaires isolés reçoivent, dans les mêmes conditions, leur décoration du commandant d'armes ou de son délégué dans les garnisons importantes.

Art. 355. — **Militaires de la réserve ou de l'armée territoriale.**

Les dispositions des articles ci-dessus sont applicables, à moins d'impossibilité, aux militaires de la réserve et de l'armée territoriale. Les commandants d'armes ou chefs de corps règlent, en tenant compte des nécessités du service, les prises d'armes au cours desquelles doit être effectuée la remise des décorations à ces militaires.

Art. 356. — **Inscription aux ordres.**

Les généraux et chefs de corps portent à la connaissance des troupes par la voie des ordres :

1° Les promotions et décorations, les tableaux d'avancement (établis par ordre alphabétique en ce qui concerne les hommes de troupe), les nominations aux emplois attribués par la loi aux militaires rengagés ou commissionnés;

2° Les actions collectives ou individuelles qui méritent d'être citées à titre de récompense et d'exemple; les félicitations des généraux ou du chef de corps;

3° Les sanctions disciplinaires sur lesquelles il est bon d'appeler l'attention de tous.

Les ordres doivent être brefs et se borner, autant que possible, à l'énonciation des faits. Si quelques commentaires sont utiles, ils doivent toujours être rédigés avec la réserve nécessaire.

CHAPITRE XLIII.
Revues et inspections.

ART. 357. — Revues et inspections des officiers généraux.

Quand un officier général doit passer la revue ou l'inspection d'une troupe, cette troupe doit être rassemblée, à l'heure fixée, sur l'emplacement et dans la formation déterminée par cet officier général. A défaut d'indication de sa part, la troupe est placée dans l'ordre le plus favorable à la nature de l'inspection.

Lorsque l'arrivée du général est annoncée, le colonel fait rendre les honneurs prescrits par le service de place, puis se porte vivement au-devant de lui, le salue du sabre et reste à portée de recevoir ses ordres. En l'accompagnant dans la revue, il lui cède toujours le côté de la troupe.

S'il s'agit d'une inspection détaillée, les escadrons non inspectés sont laissés au repos, mais ils gardent un silence absolu.

Dès que le général arrive devant l'un d'eux, le capitaine commande : « Garde à vous ! » et fait présenter les armes; il les fait reposer quand le général est passé à l'escadron suivant.

ART. 358. — Revues et inspections administratives ou techniques.

Des revues ou inspections ayant un caractère spécial ou technique peuvent être passées par les fonctionnaires du contrôle, les fonctionnaires du service de l'intendance, les médecins-inspecteurs, les vétérinaires chefs de ressort, les capitaines d'artillerie inspecteurs d'armes, etc...

ART. 359. — Revues d'effectif des fonctionnaires du contrôle.

Lorsque, au cours de leurs inspections, les fonctionnaires du contrôle reconnaissent la nécessité de passer une revue d'effectif, ils invitent l'autorité militaire locale à donner les ordres nécessaires.

ART. 360. — Revues d'effectif des fonctionnaires de l'intendance.

Les fonctionnaires de l'intendance passent des revues d'effectif lorsqu'ils en reçoivent l'ordre des généraux. Lorsqu'ils reconnaissent eux-mêmes la nécessité d'une revue de ce genre, ils adressent des propositions motivées au général commandant le corps d'armée, qui statue.

Ces revues doivent être, autant que possible, inopinées; elles peuvent ne porter que sur une fraction du régiment; le général qui a donné l'ordre de passer la revue règle, s'il y a lieu, les détails d'exécution. Au cours de la revue, les fonctionnaires de l'intendance se font communiquer tous les documents utiles à leurs opérations.

ART. 361. — **Inspections médicales et vétérinaires.**

Lorsqu'un médecin-inspecteur en tournée d'inspection ou en mission arrive dans une place, il fixe, de concert avec le commandant d'armes, le jour et l'heure de sa visite dans les divers quartiers.

Il est accompagné, au cours de ces visites, par le chef de corps et par les officiers qui peuvent éventuellement lui donner ces renseignements utiles; tous ces officiers sont en tenue de sortie.

Les mêmes règles sont appliquées pour les inspections des directeurs du service de santé du corps d'armée ou du ressort vétérinaire en mission ordonnée par le général commandant le corps d'armée.

Lorsque l'inspecteur est d'un rang inférieur à celui du chef de corps, celui-ci peut déléguer un officier pour le remplacer. Cet officier doit être en état de fournir avec précision tous les renseignements qui auraient pu être demandés au chef de corps.

CHAPITRE XLIV.

Règles individuelles concernant la conduite, la tenue, les marques extérieures de respect.

ART. 362. — **Règles de conduite individuelle.**

La force morale de l'armée résultant avant tout de l'union absolue de tous ceux qui la composent et de la confiance entière qu'ils doivent avoir les uns dans les autres, les militaires de tout grade doivent éviter, dans leurs rapports réciproques, tout acte, toute controverse, toute affirmation d'opinion qui pourrait faire naître la désunion. Dans le service, ils ne doivent avoir d'autre souci que celui de remplir fidèlement leur devoir; hors du service, ils doivent s'abstenir strictement de tout acte qui pourrait leur aliéner la considération de leurs chefs, de leurs camarades, ou de leurs subordonnés.

Les chefs donnent, à tous les degrés, l'exemple de l'observation de ces règles et les font respecter par leurs subordonnés.

ART. 363. — **Droit d'écrire.**

Les officiers de l'armée active peuvent, sous leur responsabilité, publier des écrits signés par eux avec mention de leur grade; il leur est toutefois interdit de faire suivre cette signature de l'indication des fonctions qu'ils exercent ou qu'ils ont précédemment occupées, ainsi que de faire figurer cette indication dans le corps de l'écrit.

L'auteur d'un écrit est tenu d'en adresser, aussitôt après publication, un exemplaire ou une copie au chef de corps auquel il appartient. Un second exemplaire est envoyé, à bref délai, par la voie hiérarchique, au Ministre (Cabinet, 2ᵉ Bureau).

Les mêmes règles s'appliquent aux officiers de complément, mais en ce qui concerne les écrits d'ordre militaire seulement; toutefois, c'est au général commandant la subdivision qu'ils doivent adresser les exemplaires ou copies de leurs écrits. Si leur signature est accompagnée de la mention du grade, ils ajoutent l'indication : en retraite, en réserve spéciale, de réserve, de l'armée territoriale. Dans leurs écrits qui ne sont pas d'ordre militaire, ils ne doivent pas faire connaître leur qualité d'officier.

Quelles que soient la nature ou la forme de l'écrit, le chef de corps, ou le général commandant la subdivision, suivant le cas, a tout pouvoir d'appréciation et de sanction vis-à-vis de ceux de ses subordonnés dont il jugerait les écrits préjudiciables à la discipline. Quand une sanction disciplinaire est prononcée, le dossier de l'affaire est transmis hiérarchiquement au Ministre.

Les hommes de troupe sous les drapeaux ne peuvent publier d'écrits qu'après autorisation de leur chef de corps et sous la réserve que ces écrits ne concernent ni les affaires politiques ou religieuses ni les puissances ou les armées étrangères; ils ne doivent pas faire mention des fonctions spéciales qu'ils peuvent remplir ou avoir remplies au service.

Après la publication, ils adressent, comme il est dit ci-dessus, un exemplaire au Ministre.

Dans tous les grades, le droit d'écrire est suspendu pendant toute la durée des punitions disciplinaires encourues pour abus de ce droit.

ART. 364. — **Régularité de la tenue.**

La tenue doit être pour tous uniforme et réglementaire. Elle est l'objet de la surveillance incessante du chef de corps et de tous ses subordonnés.

ART. 365. — **Différentes tenues.**

Les tenues sont au nombre de quatre :

La tenue de travail, réglée par le commandant de l'unité ou l'officier qui commande le travail ou l'exercice, dans les limites des instructions générales données par le chef de corps ou par le commandant d'armes.

La tenue de sortie, fixée par le commandant d'armes, qui prescrit en même temps l'heure à laquelle elle doit être prise; la grande tenue, la tenue de campagne, toutes deux définies par des instructions ministérielles.

L'instruction sur la tenue des officiers prévoit pour eux, pour les adjudants-chefs et les adjudants, le port facultatif de vêtements en caoutchouc, vestons en drap ou en cuir, jambières en drap, etc. Les détenteurs de ces effets doivent se conformer strictement aux prescriptions ministérielles qui en règlent le port. Il est, d'autre part, rigoureusement interdit d'en imposer l'usage.

Les sous-officiers rengagés sont autorisés à porter leur tenue de ville en dehors du service, toutes les fois que la troupe prend la grande tenue ou la tenue de sortie. Ils peuvent être autorisés à user cette tenue aux exercices.

ART. 366. — **Tenue civile.**

Les officiers et assimilés, quel que soit leur grade, sont autorisés à porter la tenue civile, *en dehors du service*, sous les réserves suivantes :

1° Les capitaines et adjudants de semaine resteront constamment en tenue militaire;

2° La tenue civile est formellement interdite à l'intérieur des casernements occupés par les troupes;

3° Les commandants d'armes seront libres d'imposer le port constant de la tenue militaire à tous les officiers et assimilés de la garnison, ou à une partie seulement d'entre eux, lorsqu'ils jugeront que les circonstances nécessitent une pareille mesure. Ils en rendront compte immédiatement au commandant de corps d'armée.

Les adjudants-chefs et adjudants, ainsi que les sous-officiers mariés, à solde mensuelle, pourront porter la tenue civile les dimanches et jours fériés, mais sous les réserves prévues pour les officiers aux alinéas précédents.

Quant aux autres sous-officiers, ils n'auront la faculté de revêtir la tenue civile qu'à titre exceptionnel et après autorisation de leur chef de corps. Cette autorisation ne sera donnée que sur demande spéciale, faite en vue d'un but déterminé (réunion sportive, excursion, etc.,.).

Le colonel peut également autoriser les sous-officiers et caporaux rengagés à prendre la tenue civile lorsqu'ils vont en permission; il n'accorde que très exceptionnellement cette tolérance aux gradés non rengagés et aux soldats; mention de cette autorisation est portée sur le titre d'absence (1).

ART. 367. — **Tenue de sortie.**

La tenue de sortie doit être particulièrement soignée. La coiffure doit être placée droite, les épaulettes et la cravate bien ajustées, les effets toujours boutonnés, la chaussure doit être en bon état.

L'épée baïonnette doit tomber à deux doigts en arrière de la couture du pantalon; le sabre se porte au crochet ou à la main et ne doit jamais traîner à terre. Au crochet, l'arme est placée la garde en arrière, le dard en avant; à la main, le fourreau est tenu dans la main gauche, à hauteur de l'anneau, la garde en avant et le dard en arrière. L'arme doit être conservée dans les théâtres ou lieux de réunion analogues; le commandant d'armes peut toutefois modifier cette prescription lorsqu'elle est contraire aux usages locaux.

Les chaînes de montre, les breloques apparentes sont interdites. Aucun vêtement de fantaisie ne doit être toléré.

ART. 368. — **Décorations.**

Les décorations se portent sur le côté gauche de la poitrine, le haut du ruban à hauteur du deuxième bouton, dans l'ordre suivant, de droite à gauche :

Légion d'honneur;
Médaille militaire;
Décorations coloniales;
Médailles commémoratives ou pour actes de dévouement;
Décorations universitaires;

---

(1) Texte nouveau. (Décret du 3 juillet 1914, *B. O.*, p. 1216.)

Décorations du mérite agricole;

Médailles d'honneur conférées par le gouvernement (exclusivement);

Décorations étrangères.

Les insignes à l'effigie de la République doivent présenter la face sur laquelle se trouve cette effigie. La croix de la Légion d'honneur et la médaille militaire sont obligatoirement portées dans toutes les tenues; le port des rubans et rosettes seuls est interdit sur l'uniforme.

ART. 369. — Attitude en ville (1).

Il est interdit aux militaires de mettre les mains dans les poches, de lire en circulant en ville, de se donner en spectacle dans les luttes foraines.

L'autorisation de prendre part à des concours ou à des courses, de paraître comme exécutants dans des représentations ou concerts, peut leur être accordée, s'ils sont à même de figurer honorablement dans ces diverses réunions; elle est demandée au chef de corps ou de détachement, qui en réfère, s'il y a lieu, à l'autorité compétente. Dans tous les cas, les militaires ne doivent jamais prendre d'engagement sans cette autorisation.

ART. 370. — Port des cheveux et de la barbe.

Les militaires portent les cheveux courts, surtout par derrière, la moustache avec ou sans la mouche, ou la barbe entière. Ils peuvent également être entièrement rasés (1). Pendant les périodes d'exercices, les réservistes ou territoriaux sont autorisés à conserver leur port de barbe habituel, mais ils sont soumis aux mêmes obligations que les militaires de l'armée active en ce qui concerne les cheveux.

ART. 371. — Tenue dans certaines cérémonies.

En dehors des convocations officielles où la grande tenue est prescrite, les militaires assistant à certaines cérémonies, telles que mariages ou obsèques, prennent la tenue de sortie.

Toutefois, ceux qui font partie de la famille peuvent prendre la grande tenue.

ART. 372. — Tenue des militaires en congé ou en permission.

Les officiers et sous-officiers rengagés ou commissionnés, en congé ou en permission, prennent la tenue prescrite dans la garnison où ils se trouvent.

---

(1) Article modifié. (Décret du 21 septembre 1916, *B. O.*, p. 969.)

Les autres sous-officiers en permission de n'importe quelle durée et les brigadiers et cavaliers en permission de quarante-huit heures au plus prennent leurs effets de sortie, avec les épaulettes, s'il y a lieu, et la coiffure en usage dans le corps auquel ils appartiennent; ils emportent le sabre ou le sabre-baïonnette.

Les sous-officiers non rengagés en congé et les brigadiers et cavaliers absents pour plus de quarante-huit heures emportent une tenue très propre avec le képi, mais pas d'arme. Du 1er octobre au 1er mai, ils prennent, en outre, le manteau et se conforment, pour le port de ce vêtement supplémentaire, aux consignes de la place où ils sont en permission ou en congé.

Les hommes de troupe qui se rendent en permission pour assister à une cérémonie de famille peuvent être autorisés par le chef de corps à emporter la grande tenue.

ART. 373. — **Port de l'uniforme à l'étranger.**

Les militaires ne peuvent porter l'uniforme à l'étranger que dans le cas de mission régulière et en conformité des instructions ministérielles.

Les officiers en voyage à l'étranger qui désirent assister en tenue à une cérémonie doivent s'adresser au représentant diplomatique de la France, qui peut leur accorder, au nom du Ministre de la guerre, l'autorisation nécessaire.

ART. 374. — **Marques extérieures de respect.**

Tout militaire doit, en toute circonstance, de jour et de nuit, en dehors du service comme dans le service, des marques extérieures de respect à ses supérieurs.

Lorsqu'un supérieur arrive devant une troupe placée sous ses ordres, l'officier ou le gradé qui commande cette troupe se porte au devant de lui et lui rend compte de l'instruction donnée ou du travail exécuté.

Toutefois, cette règle n'est appliquée à l'intérieur des quartiers que dans les limites fixées par les chefs intéressés. L'inférieur s'adresse à son supérieur avec politesse et déférence, sans cependant se montrer timide ni obséquieux; le supérieur parle à l'inférieur avec fermeté, sans morgue ni raideur; le tutoiement est interdit.

ART. 375. — **Formes du salut.**

Le salut est la plus fréquente des marques extérieures de respect: son entière correction doit être strictement exigée.

Il est exécuté de la manière suivante :

Porter la main droite ouverte au côté de la coiffure, la main dans le prolongement de l'avant-bras, les doigts étendus et joints, le pouce réuni aux autres doigts, la paume en avant, le bras sensiblement horizontal et dans l'alignement des épaules.

L'attitude du salut est prise d'un geste vif et décidé, en levant la tête, en tendant les jarrets et en regardant la personne que l'on salue; le salut terminé, la main droite est vivement renvoyée dans le rang.

Tout militaire croisant un supérieur le salue quand il est à six pas et conserve l'attitude du salut jusqu'à ce qu'il l'ait dépassé.

S'il dépasse un supérieur, il le salue en arrivant à sa hauteur et conserve l'attitude du salut jusqu'à ce qu'il l'ait dépassé de deux pas.

S'il est en armes, il présente l'arme en tournant la tête du côté du supérieur.

S'il fume, il prend son cigare ou sa cigarette de la main gauche et salue de la main droite.

S'il porte un pli ou un paquet, il salue de même en prenant le pli ou le paquet de la main gauche.

S'il conduit un cheval en main ou est empêché de la main droite pour toute autre cause, il rectifie sa démarche et regarde son supérieur jusqu'à ce qu'il l'ait dépassé.

S'il croise un supérieur dans un escalier, il lui cède la rampe et se range pour le saluer.

A l'entrée d'une porte, il le laisse passer le premier; dans la rue, il lui cède le haut du trottoir.

S'il le croise étant à cheval, il passe à une allure modérée avant de le saluer et, s'il marche dans le même sens que lui, demande l'autorisation de le dépasser.

S'il est en voiture, il salue de la main droite comme s'il était à pied; il se lève, si la voiture est arrêtée.

S'il est à bicyclette, il ralentit l'allure et salue de la main droite sans cesser de surveiller sa machine.

S'il entre dans un café ou tout autre établissement public où se trouve un supérieur, il le salue avant de s'asseoir. Il se lève et salue lorsque, étant assis, il voit un supérieur entrer ou passer près de lui.

Le salut ne se renouvelle pas dans une promenade ou autre lieu public. Dans les agglomérations de troupes, telles que camps d'instruction, cantonnements de manœuvres, les commandants de ces camps et cantonnements peuvent donner des règles spéciales à cet égard.

En toutes circonstances, même quand le salut s'adresse à des personnes étrangères à l'armée, il est exécuté dans la forme réglementaire.

Tout isolé rencontrant une troupe doit saluer les officiers qui en font partie; le commandant de la troupe seul rend le salut.

ART. 376. — **Salut aux drapeaux et étendards.**

Un militaire isolé passant devant un drapeau ou un étendard s'arrête, lui fait face, le salue ou lui rend les honneurs conformément au service de place et reprend ensuite sa marche.

ART. 377. — **Droit au salut.**

Tout militaire doit le salut, de jour comme de nuit, à ses supérieurs des armées de terre et de mer. L'inférieur prévient le supérieur en saluant le premier; le supérieur rend le salut dans la forme réglementaire.

A grade ou à rang égal, les militaires échangent le salut. Toutefois, lorsque deux militaires de grade ou de rang égal sont placés, par leurs fonctions, dans la situation de supérieur à subordonné, le premier a droit au salut du second. Sans porter atteinte à cette règle, le salut est dû, de même, à grade ou à rang égal, aux militaires décorés de la Légion d'honneur ou de la médaille militaire et à ceux qui sont rengagés.

Les officiers des corps de douaniers et de chasseurs forestiers, les sapeurs-pompiers de tout grade appartenant aux compagnies des communes, les militaires de tout grade de la réserve et de l'armée territoriale ont, en matière de salut, dans toutes les circonstances où ils portent l'uniforme, les mêmes droits et les mêmes devoirs que les militaires de l'armée active.

Les droits des militaires de la gendarmerie, en matière de salut, sont déterminés par leurs insignes de grade (1).

Les gendarmes, douaniers et chasseurs forestiers ne doivent, en dehors de leur corps, le salut qu'aux officiers (1).

Suivant leur grade, les militaires saluent les militaires des armées étrangères ou échangent le salut avec eux.

ART. 378. — **Salut des officiers et gradés d'une troupe.**

En dehors des cas où les honneurs doivent être rendus dans les conditions prévues par le service de place, les officiers et

---

(1) Texte nouveau. (Décret du 17 mars 1918, *B. O.*, p. 1016.)

gradés d'une troupe en marche autres que le chef de cette troupe n'ont pas à saluer les militaires qu'ils croisent et doivent également s'abstenir de saluer les personnes étrangères à l'armée qu'ils peuvent connaître. Pendant tout le temps où la troupe est sous le commandement « Garde à vous », ils observent un silence absolu et donnent l'exemple de la correction de l'attitude.

Le commandant d'une troupe en marche, en armes ou sans armes, salue ou rend les honneurs conformément aux prescriptions du règlement sur le service de place.

ART. 379. — **Autorités civiles en uniforme.**

Le préfet en uniforme a droit au salut des militaires.

Le sous-préfet et le secrétaire général en uniforme doivent le salut aux officiers généraux et fonctionnaires assimilés; ils ont droit au salut des autres militaires.

ART. 380. — **Manière de se présenter à un supérieur.**

Un militaire qui se présente à un supérieur pour lui faire une communication verbale ou lui remettre un pli observe les prescriptions suivantes :

Dans le premier cas, il salue, prend la position du « Garde à vous » et fait la communication dont il est chargé.

Dans le second cas, il salue, prend la position du « Garde à vous », remet le pli de la main gauche et attend les ordres de son supérieur. Lorsque sa mission est terminée, il salue, fait demi-tour réglementairement et se retire.

S'il porte la carabine ou s'il a le sabre à la main, il rend les honneurs dus à la personne à laquelle il s'adresse, puis repose l'arme.

Le porteur d'un pli ou d'une communication verbale répète toujours, avant son départ, les instructions ou ordres qui lui ont été donnés.

Un militaire interpellé par un supérieur prend une allure vive pour se porter à sa rencontre; en toutes circonstances, il doit lui fournir avec empressement le concours dont ce dernier peut avoir besoin.

Le militaire qui se présente chez un supérieur se découvre après avoir salué.

Les cavaliers ordonnances, secrétaires, ouvriers ou employés à un titre quelconque sont soumis, dans leur service, à toutes les obligations du règlement concernant le salut et les marques extérieures de respect.

Art. 381. — **Visite des officiers dans les locaux occupés par la troupe.**

Lorsqu'un officier subalterne ou un officier supérieur non chef de corps entre dans une chambrée occupée par la troupe, le cavalier ou le gradé qui l'aperçoit le premier commande : *Fixe;* les cavaliers se lèvent, se découvrent et gardent le silence et l'immobilité jusqu'à ce que l'officier soit sorti ou qu'il ait commandé : *Repos.*

Quand un officier supérieur chef de corps ou un général entre dans la chambre, le commandement de *Fixe* est remplacé par celui de : *A vos rangs — Fixe.* Au commandement de : *A vos rangs*, les cavaliers se portant au pied de leur lit; le commandement *Fixe* est fait lorsqu'ils sont placés. Les cavaliers, s'ils sont en armes, ne se découvrent pas; ils prennent la position du « garde à vous ». Dans les locaux autres que les chambres, les mêmes prescriptions sont exécutées, mais les cavaliers restent sur place.

Art. 382. — **Appellations.**

Les généraux, les officiers des différentes armes, les adjudants-chefs et adjudants sont appelés par leur grade, précédé du mot « mon », par les militaires de grade ou de rang inférieur au leur. Exception est faite pour les lieutenants-colonels et les sous-lieutenants, qui sont respectivement appelés « mon colonel » et « mon lieutenant ».

Les officiers non désignés ci-dessus et les sous-officiers qui ne sont pas compris dans la hiérarchie générale du commandement (médecins et vétérinaires auxiliaires, chefs armuriers, sous-chefs de musique, etc.), sont appelés par leur grade précédé des mots « Monsieur le ».

Si le supérieur est d'un rang inférieur à celui d'adjudant, il est désigné seulement par l'appellation spécifiant son emploi (maréchal des logis, etc.).

L'officier ou gradé parlant à un militaire de grade ou de rang inférieur au sien l'appelle par son grade, en ajoutant le nom, s'il le juge à propos.

Le Ministre de la guerre, les maréchaux de France, le grand chancelier de la Légion d'honneur, les gouverneurs militaires de Paris et de Lyon, les gouverneurs des places fortes, les personnels n'ayant aucune assimilation avec les grades de l'armée (contrôleurs de l'administration de l'armée, ingénieurs des poudres et salpêtres, agents de la trésorerie et des postes aux armées, etc.) sont désignés par leur titre précédé des mots « Monsieur le ».

Toutes les appellations comportent l'énonciation du grade, mais non celle de la classe dans le grade.

Suivant l'arme, les simples soldats sont interpellés par les mots : soldat, cavalier, chasseur, canonnier, sapeur, zouave, tirailleur, légionnaire, etc.

ART. 383. — **Correspondance militaire.**

La correspondance militaire doit être brève, claire et précise; les lettres sont rédigées sous une forme déférente de la part du subordonné, correcte de la part du chef; elles ne comportent aucune formule finale de politesse; les en-têtes des lettres, rapports et bordereaux sont établis conformément aux modèles n°s 4, 5 et 6.

TITRE X.
LES SANCTIONS.

CHAPITRE XLV.

GÉNÉRALITÉS. — RÉCOMPENSES.

ART. 384.

En même temps que la discipline et l'éducation militaire forment le cavalier et lui enseignent ses devoirs, les éloges et les distinctions dont il est l'objet récompensent ses efforts et stimulent son zèle; les conseils, les remontrances et, au besoin, les punitions redressent sa conduite, combattent sa négligence ou répriment ses fautes.

ART. 385. — **Nature des récompenses.**

Dans les corps de troupe, les militaires sont, suivant leur grade, récompensés de leurs travaux, de leur esprit de discipline et de l'ensemble de leurs services par :

1° Leurs bonnes notes, les félicitations verbales ou écrites ou à l'ordre du régiment;

2° La promotion aux différents grades, emplois ou classes auxquels nomme le colonel; la proposition pour les autres grades;

3° L'obtention du certificat de bonne conduite;

4° Les permissions, les dispenses de certains travaux et, d'une manière générale, les faveurs autorisées par le règlement et compatibles avec le bien du service.

Art. 386. — **Félicitations.**

Le chef qui accorde des félicitations apprécie les moyens de leur donner la portée qu'il désire et d'y rendre sensible l'inférieur qui les reçoit.

Les félicitations à l'ordre du régiment ne sont accordées que par le colonel, soit directement, soit sur la proposition des chefs de l'intéressé; elles ne sont décernées qu'avec mesure et sont toujours explicitement motivées.

Une copie de l'ordre est remise à l'intéressé.

Art. 387. — **Avancement.**

Les promotions aux différents grades, emplois ou classes auxquels nomme le colonel et les propositions de toute nature pour l'avancement constituent des récompenses; mais elles doivent s'inspirer avant tout des conditions d'aptitude à l'emploi ou au commandement, et, tout en tenant un compte équitable des services rendus, envisager surtout ceux à rendre.

Art. 388. — **Certificat de bonne conduite.**

Un certificat de bonne conduite est décerné aux gradés et cavaliers de 1re classe, ainsi qu'aux cavaliers de 2e classe libérables qui n'ont pas encouru de punitions entraînant leur maintien au corps, sous réserve, pour tous ces militaires, d'avoir accompli la durée légale du service.

Ce certificat peut être également délivré :

1° Aux militaires réformés n° 1;

2° Aux militaires réformés n° 2 et réformés temporairement ayant au moins six mois de service actif;

3° A certains des cavaliers de 2e classe libérables qui ont encouru des punitions entraînant leur maintien au corps.

Pour ces trois catégories de militaires, un état de proposition revêtu de l'avis des autorités hiérarchiques et accompagné des livrets matricules est adressé au général de brigade qui statue; les certificats ne sont établis que sur le vu de sa décision.

Les certificats sont délivrés aux subsistants par le corps auquel ils appartiennent; aux réformés temporaires, par le corps où ils comptent au moment où ils quittent définitivement le service actif.

Tous les certificats de bonne conduite sont signés par le colonel et le général de brigade (ou l'officier général dont le corps relève directement).

Le certificat est conforme au modèle n° 11; il est établi sur beau papier, résistant, et illustré de faits d'armes tirés, autant que possible, de l'histoire du régiment.

Les militaires qui, après une interruption de services, rengagent pour deux ans au moins ou servent deux ans comme commissionnés peuvent obtenir, à leur libération, un nouveau certificat dans dans les mêmes conditions que ci-dessus.

Les diplômes des certificats de bonne conduite sont achetés au compte de la masse d'habillement (fonds commun) ou, à défaut, à celui d'une masse désignée par le chef de corps. Il n'est jamais délivré une copie ou un duplicata du certificat.

ART. 389. — **Permissions.**

Les permissions sont toujours une récompense et jamais un droit; celles même qui sont accordées par le présent règlement aux militaires rengagés ou commissionnés peuvent être retirées par le chef de corps s'il en est fait abus ou si l'intérêt du service l'exige.

Le colonel a toute qualité pour accorder, selon les règles ci-après, des permissions faisant mutation aux militaires du régiment :

1° Aux officiers, avec solde de présence, jusqu'à trente jours.

Le général de brigade accorde, dans les mêmes conditions, des permissions au colonel; il rend compte au Ministre de celles qui dépassent huit jours;

2° Aux sous-officiers dont le service a dépassé la durée légale, avec solde et accessoires, jusqu'à trente jours;

3° Aux brigadiers et cavaliers dont le service a dépassé la durée légale, sans solde mais avec la haute paye, jusqu'à trente jours;

4° Aux sous-officiers, brigadiers et cavaliers n'ayant pas encore accompli la durée légale du service, en conformité des prescriptions de la loi du 21 mars 1905, modifiée le 7 août 1913, le chiffre total de cent vingt jours de permission ou de congé, en dehors des dimanches et jours fériés, au cours de leurs trois années de service.

Ces congés ou permissions ne pourront être supprimés qu'en cas de punition grave.

Les permissions sont subordonnées aux nécessités du service; elles sont accordées de préférence aux époques où la progression de l'instruction s'y prête le mieux, à celles des fêtes légales, des travaux agricoles ou à l'occasion d'événements ou de cérémonies de famille. Tous les militaires doivent, en principe, être présents pendant les séjours dans les camps d'instruction et les manœuvres d'automne.

Le colonel peut déléguer aux commandants de demi-régiment et d'escadron le droit d'accorder, pour les dimanches et jours fériés ou en cas d'urgence, des permissions faisant mutations; dans le cas d'urgence, la permission accordée est limitée au minimum indispensable jusqu'à décision du colonel.

Toutes les demandes de permission formulées par des militaires employés dans le corps ou hors du corps doivent être, en principe, revêtues de l'avis de leur chef de service.

ART. 390. — Droits des chefs de détachement.

Les chefs de détachement qui sont officiers supérieurs ont, en matière de permissions faisant mutation, les mêmes droits que les chefs de corps; s'ils ne sont pas officiers supérieurs, ils accordent les permissions dans les limites de délégation que leur fait celui-ci.

Quel que soit leur grade, les chefs de détachement se conforment, en outre, pour l'octroi des permissions, aux instructions générales du chef de corps et lui rendent compte de celles qu'ils accordent.

ART. 391. — Dispositions spéciales aux médecins.

Le colonel n'accorde de permissions aux médecins qu'après autorisation du commandant d'armes, qui prend l'avis du médecin chef du service de santé de la place; quand l'absence doit être supérieure à quinze jours (ou à huit jours seulement si l'intéressé est chargé d'un service d'hôpital), le médecin chef du service de santé de la place prend, avant de répondre, l'avis du directeur du service de santé du corps d'armée.

En cas d'urgence, le colonel accorde aux médecins des permissions de courte durée, dont il rend compte immédiatement au commandant d'armes.

ART. 392. — Permissions des réservistes et des territoriaux.

En dehors des dimanches et jours fériés, il n'est accordé aucune permission aux militaires de complément pendant la durée de leurs convocations; les cas d'urgence dûment établis justifient seuls une exception à cette règle.

ART. 393. — **Prolongation de permission.**

Les militaires en permission peuvent, en exposant les raisons qui justifient leur demande, obtenir des prolongations de permission sous la réserve que celles-ci ne portent pas à plus de trente jours la durée totale de leur absence.

Ces prolongations sont accordées par le colonel ou, si le permissionnaire est chef de corps, par le général de brigade.

Les prolongations de permission accordées, pour cause de convalescence, à un militaire accomplissant le temps légal de service entrent dans le décompte des cent vingt jours que la loi permet d'accorder; le colonel peut toutefois accorder, à titre exceptionnel, des dérogations à cette règle.

Toute prolongation de permission portant au delà de trente jours la durée de l'absence ne peut être demandée et accordée que sous forme de congé; des prescriptions ministérielles spéciales règlent l'octroi de ces congés.

Si la prolongation est demandée pour cause de maladie, un certificat médical est joint à la demande adressée au chef de corps.

ART. 394. — **Permissions de la journée ou exemptions au cours de celle-ci.**

Ces permissions sont accordées aux officiers par leur chef immédiat, qui en rend compte à l'autorité supérieure. Si ces officiers étaient commandés pour un exercice ou un service spécial, ils doivent préalablement demander eux-mêmes la permission à l'officier directeur de cet exercice ou de ce service.

Elles sont accordées aux hommes de troupe par le commandant de l'escadron, après avis donné par les chefs de service pour tous ceux qui sont employés à des services spéciaux.

La permission de manquer à la soupe est accordée par le maréchal des logis de semaine sur la demande du brigadier d'escouade. Cette permission ne doit pas avoir un caractère permanent.

En cas d'urgence, les exemptions d'exercice et la permission de sortir en ville sont accordées sous sa responsabilité par le chef de l'exercice, qui en rend compte à son supérieur immédiat.

ART. 395. — **Permissions après l'appel du soir.**

L'appel du soir a lieu en principe à 21 heures. Les adjudants-chefs peuvent rentrer à toute heure; les adjudants, les sous-officiers décorés de la Légion d'honneur et de la médaille militaire, les sous-officiers rengagés ou commissionnés sont autorisés à ne rentrer qu'à 1 heure.

Les autres sous-officiers, les brigadiers fourriers, les brigadiers et cavaliers décorés de la Légion d'honneur, de la médaille militaire ou rengagés doivent rentrer au quartier à 23 heures au plus tard.

En dehors des cas ci-dessus définis, les permissions de rentrer exceptionnellement aux diverses heures de la nuit jusqu'à minuit sont accordées par le capitaine commandant.

Les permissions de la nuit sont accordées par le colonel, qui peut déléguer ce pouvoir aux chefs d'escadrons.

CHAPITRE XLVI.
Punitions.

ART. 396. — Manquements au devoir militaire et fautes contre la discipline.

Sont considérés comme manquements au devoir militaire ou fautes contre la discipline et punis comme tels, suivant leur gravité :

Les actes contraires au respect que tout militaire doit, en toute circonstance, aux lois, au gouvernement de la République et aux autorités qui le représentent;

Les infractions aux règlements militaires, l'inertie, la paresse, la mauvaise volonté, la négligence dans le service;

La divulgation des renseignements confidentiels; la manifestation publique, sous quelque forme que ce soit, d'opinions pouvant porter préjudice aux intérêts du pays, compromettre la discipline ou créer des difficultés aux autorités; l'inobservation des prescriptions relatives au droit d'écrire;

La violation des règles relatives à l'exécution des punitions; toute tentative de dissimuler son identité en cas de faute ou de se soustraire à la responsabilité de ses actes;

L'oubli de la dignité professionnelle; l'ivresse dans tous les cas, même lorsqu'elle ne trouble pas l'ordre; les querelles entre militaires ou avec des citoyens; les brimades;

Les manquements aux appels, à l'instruction et aux divers services;

L'inobservation des règlements de police, sans toutefois qu'une punition infligée pour ce motif puisse faire double emploi avec les responsabilités encourues devant l'autorité civile.

Sont également punissables :

Chez un supérieur :

Tout acte de faiblesse, tout abus d'autorité, tout propos offensant, toute punition injustement infligée quand l'injustice a été sciemment commise.

Chez un subordonné :

Tout murmure, tout écart de langage, tout défaut d'obéissance.

ART. 397. — Droit de punir.

Tout supérieur, quel que soit son grade ou son rang et à quelque corps ou service qu'il appartienne, a le devoir strict de contribuer au maintien de la discipline générale en relevant toute faute de ses inférieurs et en s'efforçant d'y mettre fin lorsque cette faute se poursuit.

Lorsqu'il le juge nécessaire et, dans tous les cas, lorsque ses ordres sont méconnus, il réprime les infractions en infligeant ou demandant les punitions nécessaires prévues par les règlements.

Le droit de punir appartient aux divers officiers et gradés, dans les conditions fixées par l'article 398 ci-après et dans les limites déterminées par les articles 410 et 423.

Le chef de détachement, s'il est officier supérieur, a les mêmes droits que le colonel en matière de punitions.

S'il est officier subalterne, il a les mêmes pouvoirs que le commandant d'unité. S'il est sous-officier ou brigadier, les mêmes droits que le sous-lieutenant.

Tout militaire qui remplit momentanément une fonction possède, en matière de punitions, et quel que soit son grade, les mêmes droits que le titulaire de cette fonction. Les simples cavaliers remplissant les fonctions du brigadier ont les droits du brigadier.

Lorsqu'un chef estime que les pouvoirs disciplinaires dont il dispose ne lui permettent pas une sanction suffisante, il prend les mesures nécessitées par l'intérêt de la discipline et du bon ordre et en adresse aussitôt le compte rendu à l'autorité dont il relève.

Dès qu'une punition est prononcée, le chef qui l'a infligée la notifie ou la fait notifier sans retard à l'intéressé.

Les punitions ne sont jamais notifiées en présence des inférieurs des militaires punis; elles peuvent être insérées aux ordres dans le cas prévu à l'article 356.

Art. 398. — **Exercice du droit de punir.**

Tout supérieur a le droit de punir, en toute circonstance de temps et de lieu, les militaires appartenant, même provisoirement, au même corps ou service que lui; il possède également ce droit, dans les bâtiments et établissements de la guerre et dans l'intérieur des détachements, à l'égard de tout militaire, même appartenant à un corps ou service différent du sien.

Les fautes commises dans toute autre circonstance de lieu, et constatées par un supérieur d'un autre corps ou service que le militaire fautif, donnent lieu à une demande de punition dans les conditions fixées par l'article 47 du décret du 1er octobre 1909 sur le service de place.

Par exception à la première des règles ci-dessus indiquées, l'exercice du droit de punir est réglé ainsi qu'il suit en ce qui concerne les officiers du commandement et des services appartenant à un même service.

Les officiers du commandement ne peuvent sanctionner eux-mêmes une faute commise dans le service par des officiers des services d'un rang supérieur à leur grade. Réciproquement, ces derniers ne peuvent punir un manquement à la discipline générale de la part d'officiers du commandement de grade inférieur à leur rang. Dans l'un comme dans l'autre cas, il en est référé au chef commun dont ils relèvent.

Art. 399. — **Détermination des punitions.**

Les punitions doivent être non seulement proportionnées aux fautes, mais encore aux antécédents de chaque homme, à sa conduite habituelle, à son caractère et au temps de service qu'il a accompli.

Elles doivent être infligées avec justice et impartialité et jamais sous l'influence d'un sentiment de haine ou de passion. Le supérieur doit s'attacher à prévenir les fautes; lorsqu'il est dans l'obligation de punir, il tient compte de toutes les circonstances atténuantes.

La première punition ne doit être infligée qu'avec circonspection, car c'est à elle que le cavalier attache le plus d'importance.

La répression doit être plus sévère quand les fautes sont réitérées et surtout collectives, quand elles se produisent dans le service, particulièrement devant des subordonnés, ou lorsqu'il s'y joint quelque circonstance pouvant provoquer le désordre.

En aucun cas, les fautes individuellles ne doivent entraîner de répression collective.

ART. 400. — **Droit de modifier ou de faire cesser les punitions. Sursis.**

Le commandant d'escadron, le chef d'escadrons, le chef de corps, les officiers généraux sous les ordres desquels le corps est placé peuvent modifier ou faire cesser les punitions infligées par leurs subordonnés. Ils peuvent aussi accorder le bénéfice de sursis lorsque la faute est commise par négligence légère, inconscience ou défaut d'instruction et que le militaire fautif se recommande par sa bonne conduite habituelle.

Lorsque le sursis est accordé, la punition est suspendue pendant un délai dont la durée est fixée par l'autorité qui accorde le sursis. Lorsque, pendant ce délai, le militaire qui a bénéficié de cette mesure ne commet aucune faute entraînant une répression de même nature ou plus grave, la première punition est annulée. Dans le cas contraire, la punition qui a donné lieu au sursis devient définitive, s'ajoute à la dernière et toutes deux sont inscrites et subies effectivement.

Pour permettre les vérifications, les punitions donnant lieu à sursis sont inscrites sur une feuille du livret matricule exclusivement réservée à cette inscription.

ART. 401. — **Inscription des punitions.**

Les punitions figurent toutes à la situation-rapport de l'unité. Elles sont portées à la connaissance du commandant de l'unité, soit par les comptes rendus de ses subordonnés, soit par les notifications transmises par le service de semaine s'il s'agit de punitions infligées par des gradés étrangers à l'unité. Elles ne deviennent définitives qu'après sanction des autorités appelées à se prononcer sur elles en dernier ressort (art. 419).

Leur exécution et leur décompte se font dans les conditions prévues à l'article 411.

Toute punition de prison égale ou supérieure à huit jours doit faire l'objet d'un rapport écrit; elle ne peut être prononcée sans que le chef qui l'inflige ait recueilli de vive voix ou par écrit les explications du militaire puni.

ART. 402. — **Sanctions particulières.**

En plus des sanctions disciplinaires qu'ils peuvent encourir, les militaires de tout grade peuvent, par mesure de discipline, être changés de corps ou de résidence.

Tout cavalier qui a obtenu d'être placé, à titre de soutien de famille ou comme titulaire du brevet d'aptitude, dans sa résidence même ou dans un régiment voisin de celle-ci, peut être changé de corps ou de garnison en cas de mauvaise conduite persistante.

Les militaires qui s'absentent sans permission ou qui ne sont pas rentrés à la date fixée par leur titre de permission ou de congé encourent des punitions disciplinaires, ou, si l'absence a dépassé certains délais, des sanctions pénales.

Tout militaire qui s'absente sans autorisation est traduit devant un conseil de guerre, si son absence a duré six jours pleins suivant celui de l'absence constatée.

Ce délai est porté à quinze jours à l'expiration d'une permission ou d'un congé.

Si, toutefois, le militaire a moins de trois mois de service, il n'est porté déserteur qu'après un mois d'absence, décompté à partir du lendemain du jour où son absence illégale a été constatée ou de celui où il aurait dû rentrer de permission ou de congé.

Tous ces délais sont réduits à trois jours pour les militaires qui franchissent sans autorisation les limites du territoire français ou qui, hors de France, abandonnent le corps auquel ils appartiennent.

Art. 403. — **Punitions des cavaliers, brigadiers et sous-officiers.**

Les punitions à infliger aux cavaliers sont :

La consigne au quartier;
La salle de police;
La prison;
La cellule;
Le renvoi de la 1re à la 2e classe;
Le retrait de la commission, la mise à la retraite d'office pour les commissionnés;
L'envoi aux sections spéciales.
Les punitions à infliger aux brigadiers sont :
La consigne au quartier;
L'avertissement du capitaine;
La prison;
La cassation;
Le retrait de la commission, la révocation, la mise à la retraite d'office pour les commissionnés.
Les punitions à infliger aux sous-officiers sont :
L'avertissement du capitaine;

Les arrêts simples;
Les arrêts de rigueur;
La réprimande du colonel;
La rétrogradation;
La cassation;
Le retrait de la commission, la révocation, la mise à la retraite d'office pour les commissionnés.

En dehors de l'échelle des punitions, la privation de sortie après l'appel du soir peut être infligée, en plus de la répression disciplinaire, à tous les hommes de troupe qui ont droit à cette sortie.

ART. 404. — Exécution des punitions de consigne et de salle de police.

Les cavaliers et brigadiers punis de consigne au quartier continuent à faire leur service. En dehors du service, ils ne peuvent sortir du quartier et doivent répondre aux appels des punis; les cavaliers sont employés aux corvées dans leurs moments de liberté.

Les cavaliers punis de salle de police font également leur service; dans les intervalles suffisamment longs entre les séances d'instruction, ils sont enfermés aux locaux disciplinaires, dans les conditions déterminées par le colonel; ils prennent leurs repas dans ces locaux et y restent enfermés depuis le repas du soir jusqu'au réveil.

Ils sont employés aux corvées dans les mêmes conditions que les consignés.

Ils ne peuvent recevoir aucune visite au quartier.

ART. 405. — Exécution des punitions de prison et de cellule.

Les cavaliers et brigadiers punis de prison sont enfermés isolément. S'il n'y a pas de local disciplinaire vacant, le chef de corps ou de détachement peut, soit différer l'exécution de la punition, soit la faire subir en plusieurs reprises; toutefois, cette faculté ne peut avoir pour effet de retarder de plus de quinze jours la fin de la puniion, ni de maintenir au corps un homme qui eût été libéré s'il avait subi sa punition immédiatement.

A défaut de locaux ou de possibilité de différer l'exécution des punitions de prison, ces punitions sont subies en commun.

En principe, et en dehors de cas exceptionnels dont le colonel reste seul juge, les militaires punis de prison ne font pas de service et n'assistent pas à l'instruction avec leur escadron. Lorsqu'ils subissent leur punition individuellement, l'instruction leur est donnée d'après les ordres du colonel et par les soins du service de semaine pendant deux heures par jour. Lorsqu'ils subissent leur punition en commun, ils prennent part, pendant trois heures le matin et trois heures le soir, à des corvées fatigantes ou à des exercices spéciaux réglés comme il est dit ci-dessus.

Les soldats subissant une punition de cellule restent constamment enfermés isolément.

La punition de cellule est prononcée pour un nombre de jours déterminés en remplacement d'un pareil nombre de jours de prison. Si ce nombre est supérieur à quatre, le soldat effectue sa punition totale de cellule par périodes successives de quatre jours de cellule et de deux jours de prison.

Les militaires qui, pendant la durée de leur service, ont subi des punitions de prison ou de cellule d'une durée supérieure à huit jours sont maintenus au corps après la libération de leur classe ou l'expiration de leur engagement pendant un nombre de jours égal au nombre de journées de prison ou de cellule qu'ils ont subies, déduction faite des punitions n'excédant pas huit jours. Néanmoins, ceux des militaires dont la conduite aura été satisfaisante depuis leurs punitions pourront bénéficier d'une réduction partielle ou même totale, après comparution devan' un conseil de discipline régimentaire.

Cette disposition n'est applicable ni aux militaires en po- sion d'un grade au moment de la libération de leur classe l'expiration de leur engagement, ni aux cavaliers de 1re si les punitions ont été encourues par ceux-ci antérie leur nomination. Elle s'applique à tous les milite réserve et de l'armée territoriale punis au cours d' d'instruction.

Tout militaire qui, au moment de sa libération de son temps de service supplémentaire ou à l'is d'instruction, a à subir tout ou partie d'une r rigueur, de prison ou de cellule, est retenu qu'il ait achevé sa punition.

ssés ou de classe, .rement à .ires de la .une période , de l'expiration .sue d'une période .unition d'arrêts de au corps jusqu'à ce

ART. 406. — **Alimentation. Hygiène et couchage des punis.**

Les prescriptions générales relativ sanitaire et à l'hygiène s'appliquen+ tenue des locaux disciplinaires.

L'entrée des cantines et coopér

/es à la propreté, à l'état aux hommes punis et à la atives est interdite aux hommes punis de consigne ou de salle de police; ceux punis de prison ne prennent pas part aux distributions de vin ou d'eau-de-vie; ceux punis de cellule reçoivent, pour nourriture, le pain et deux soupes, dont l'une sans viande.

Les hommes enfermés aux locaux disciplinaires ne peuvent avoir ni tabac ni allumettes; ils sont fouillés avant d'entrer aux locaux. Le service de semaine leur fait retirer, quand il le juge nécessaire, tout objet dont ils pourraient faire un emploi dangereux, tant pour eux-mêmes que pour autrui.

Le couchage des cavaliers punis de salle de police se compose de fournitures de salle de discipline; les hommes punis de prison ou de cellule ne reçoivent, comme couchage, qu'une couverture.

Toutefois, dans des circonstances exceptionnelles (rigueur du froid, détention prolongée nécessitée par les formalités d'une instruction ou enquête, etc.), le colonel peut apporter au régime de la prison et de la cellule les tempéraments qu'il juge utiles.

Les mesures nécessaires sont prises pour que les militaires enfermés dans les locaux disciplinaires puissent être secourus sans retard en cas de maladie ou d'accident.

ART. 407. — Forme des avertissements.

Les avertissements sont donnés aux gradés dans une forme laissée à l'appréciation des officiers qui infligent cette punition, soit en particulier, soit en présence de deux militaires plus élevés en grade ou plus anciens de grade que le gradé puni.

ART. 408. — Forme de la réprimande du colonel.

La réprimande du colonel est infligée en présence de deux sous-officiers au moins, désignés comme il est dit à l'article précédent.

Bien qu'elle constitue une sanction morale grave, il n'est pas interdit de l'infliger plusieurs fois si les fautes sont espacées et de nature différente.

ART. 409. — Exécution des punitions d'arrêts des sous-officiers.

Le sous-officier aux arrêts simples fait son service; il peut circuler librement à l'intérieur du quartier, mais il lui est interdit d'en sortir, excepté pour le service.

Les sous-officiers logeant en ville punis d'arrêts simples ne doivent sortir de leur domicile que pour le service; le colonel peut, s'il le juge nécessaire, leur faire subir cette punition au quartier. Un contrôle vigilant doit être exercé sur les punitions subies en ville.

Tout sous-officier qui rompt ses arrêts simples est mis aux arrêts de rigueur.

Le sous-officier puni d'arrêts de rigueur cesse son service et est enfermé dans un local spécial fixé, pour chaque garnison, par le commandant d'armes. En cas de détention prolongée nécessitée par les formalités d'une instruction ou d'une enquête, le commandant d'armes, sur la proposition du chef de corps, apporte tous les tempéraments utiles à la règle ci-dessus.

Les gradés rengagés ou commissionnés, en instance de comparution devant un conseil d'enquête, peuvent, d'ailleurs, être laissés libres ou être mis au régime des arrêts simples ou de la consigne au quartier, suivant la décision du chef de corps.

TABLEAU DES PUNITIONS QUI SE DÉCOMPTENT PAR JOUR.

ART. 410. — Sous-officiers, brigadiers et cavaliers.

Le maximum de punitions se décomptant par jour qui peuvent être infligées par les différentes autorités hiérarchiques aux sous-officiers, brigadiers et cavaliers est indiqué dans le tableau ci-dessous :

DÉSIGNATION DES AUTORITÉS pouvant infliger des punitions.	MAXIMUM DE DURÉE DES PUNITIONS pouvant être infligées aux		OBSERVATIONS.
	Brigadiers-fourriers, sous-officiers.	Brigadiers et cavaliers (1).	
Brigadier et brigadier fourrier.	»	2 jours de consigne.	(1) Les brigadiers peuvent encourir les mêmes punitions que les cavaliers à l'exclusion de la salle de police et de la cellule.
Sous-officier........	2 jours arrêts simples.	4 jours de consigne. 2 jours de salle de police (2).	
Sous-lieutenants.... Lieutenants......... Capitaine (hors son escadron).......	4 jours arrêts simples.	8 jours de consigne. 4 jours de salle de police.	(2) Peuvent être prononcées seulement : a) Par les adjudants-chefs ; b) Par les adjudants de semaine dans leur service spécial ; c) Par les adjudants dans leur escadron.
Capitaine (dans l'escadron)......... Chef d'escadrons dans son unité ... Lieutenant-colonel dans son régiment (3)...............	15 jours arrêts simples. 8 jours arrêts de rigueur.	30 jours de consigne. 15 jours de salle de police. 8 jours de prison.	(3) En dehors de leur unité. les officiers supérieurs n'ont droit de prononcer que des punitions de durée moitié moindre (8 jours) pour les arrêts simples et la salle de police.
Officier supérieur (chef de corps).... Officier général (hors de son commandement)............	30 jours arrêts simples. 15 jours arrêts de rigueur.	30 jours de consigne. 30 jours de salle de police. 15 jours de prison dont 8 de cellule pour les soldats seulement.	
D ment : Le général commandant la brigade peut infliger au total...	20 jours arrêts de rigueur.	20 jours de prison dont 10 de cellule pour les soldats seulement.	
Le général commandant la division peut infliger au total...............	25 jours arrêts de rigueur.	25 jours de prison dont 12 de cellule pour les soldats seulement.	
Le général commandant le corps d'armée peut infliger au total..........	30 jours arrêts de rigueur.	30 jours de prison dont 15 de cellule pour les soldats seulement 60 jours de prison dans les conditions indiquées à l'article 427.	

De plus, les brigadiers, cavaliers et sous-officiers autorisés à sortir du quartier après l'appel du soir peuvent être privés de cette faculté par le capitaine dans son escadron et par les officiers supérieurs, pour une durée n'excédant pas trente jours.

ART. 411. — **Décompte des punitions des hommes de troupe.**

Les punitions commencent aussitôt après qu'elles ont été infligées, sauf celles de prison ou de cellule dont l'exécution a été différée; elles se décomptent du réveil au réveil, en commençant, pour ce décompte, au réveil qui a précédé le commencement de la punition. A l'expiration des punitions, le service de semaine fait mettre en liberté, sans autre avis, les militaires enfermés dans les locaux disciplinaires.

ART. 412. — **Militaires non reconnus malades.**

L'exécution de toute punition encourue par un militaire pour avoir manqué à son service sous prétexte de maladie et n'avoir pas été reconnu malade est ajournée pendant huit jours. Pendant ce temps, le militaire est consigné ou garde les arrêts simples.

Le colonel peut prescrire, toutefois, l'accomplissement immédiat de la punition, s'il juge cette mesure nécessaire à l'intérêt de la discipline.

ART. 413. — **Hommes en congé ou en permission.**

Tout militaire en permission ou en congé qui encourt une punition de prison ou d'arrêts de rigueur est immédiatement renvoyé à son corps par le général commandant la subdivision de région.

Un militaire en congé de convalescence signalé comme ayant une inconduite caractérisée ou s'étant rendu coupable de faits délictueux est envoyé, après avis des médecins, soit à son corps, soit à un hôpital.

ART. 414. — **Renvoi à la 2e classe des cavaliers de 1re classe.**

Les cavaliers de 1re classe peuvent être remis cavaliers de 2e classe par le chef de corps, après avis des autorités hiérarchiques.

ART. 415. — **Envoi aux sections spéciales.**

Peuvent être envoyés aux sections spéciales, par décision du Ministre de la guerre, rendue sur proposition du général commandant le corps d'armée, après avis d'un conseil de discipline :

1° Les militaires qui, par des fautes réitérées contre les règlements militaires ou par leur mauvaise conduite, portent atteinte à la discipline et constituent un danger pour la valeur morale des corps de troupe dont ils font partie, sous la réserve qu'ils auront au minimum trois mois de service depuis leur incorporation;

2° Dans les mêmes conditions, les militaires qui, postérieurement à leur incorporation, se mutilent volontairement ou tentent de se mutiler, dans le but de se rendre impropres au service, ou qui, sans tenir compte des remontrances et des punitions, simulent de parti pris des infirmités dans le but de se soustraire au service.

Sont envoyés aux sections spéciales, directement et dès l'expiration de leur peine, les militaires condamnés comme complices du délit prévu à l'alinéa précédent.

Par exception aux règles ci-dessus posées, l'envoi aux sections spéciales des militaires des corps spéciaux d'Afrique est prononcé conformément aux indications ci-après :

DÉSIGNATION DES CORPS DE TROUPE.	AUTORITÉS QUI PRONONCENT L'ENVOI AUX SECTIONS SPÉCIALES.	OBSERVATIONS.
Bataillons d'infanterie légère d'Afrique......	Général commandant le 19e corps d'armée Général commandant la division d'occcupation de Tunisie. Général commandant les troupes d'occupation du Maroc occidental. Général commandant les troupes d'occupation du Maroc oriental.	Pour les militaires des bataillons d'Afrique placés sous leurs ordres.
Corps de troupe indigène d'Afrique..........	Généraux commandant les divisions en Algérie. Général commandant la division d'occupation de Tunisie. Général commandant les troupes d'occupation du Maroc occidental. Général commandant les troupes d'occupation du Maroc oriental.	Pour les militaires des corps de troupe indigènes d'Afrique placés sous leurs ordres.
Régiments étrangers..........	Général commandant la division d'Oran. Général commandant les troupes d'occupation du Maroc occidental. Général commandant les troupes d'occupation du Maroc oriental.	Pour les militaires des régiments étrangers placés sous leurs ordres.

L'envoi aux sections spéciales organisées dans certains corps de troupe stationnés aux colonies est prononcé, dans les mêmes conditions, par les commandants supérieurs des troupes, quand ils sont officiers généraux.

Lorsqu'un capitaine estime qu'un cavalier sous ses ordres (service armé ou service auxiliaire) doit être envoyé aux sections spéciales, il adresse, à ce sujet, à son chef hiérarchique, un rapport écrit dans lequel il relate :

1° Les fautes du cavalier;

2° Les peines disciplinaires qui ont été infligées et les récidives qui donnent à sa conduite habituelle un caractère dangereux pour l'ordre et la discipline du corps;

3° Le cas échéant, la liste des condamnations subies pour délits militaires et délits civils, y compris celles antérieures à l'incorporation.

Pour le militaire qui s'est mutilé volontairement ou qui simule une infirmité, des certificats de visite et de contre-visite sont toujours joints au rapport.

Le commandant du demi-régiment ou du détachement adresse ce rapport, **avec son avis**, au colonel.

Le colonel transmet le rapport, revêtu de son avis, au général sous les ordres directs duquel le corps est placé. Cet officier général décide si le cavalier doit être traduit ou non devant un conseil de discipline; il règle, dans le premier cas, la composition du conseil.

Les formalités sont ensuite poursuivies en conformité de l'instruction ministérielle spéciale à cet objet.

ART. 416. — **Rétrogradation. Cassation. Révocation, etc.**

Les sous-officiers peuvent être rétrogradés à l'un des emplois de sous-officiers inférieur au leur ou au grade de brigadier s'ils sont maréchaux des logis.

La cassation remet le sous-officier ou le brigadier cavalier de 2ᵉ classe.

La rétrogradation et la cassation des gradés (à l'exception des rengagés ou commissionnés et de ceux qui sont décorés de la Légion d'honneur ou de la médaille militaire) sont prononcées par les généraux, sur la plainte du commandant d'unité, revêtue des avis hiérarchiques; le relevé des punitions et l'état signalétique des services sont joints à la plainte.

Les généraux qui ont qualité pour prononcer la rétrogradation ou la cassation entendent, autant que possible, le gradé objet de la plainte et recueillent tous les renseignements susceptibles de les éclairer.

Les généraux de brigade prononcent la rétrogradation des sous-officiers et la cassation des brigadiers fourriers et des brigadiers.

Les généraux de division prononcent la cassation des maréchaux des logis et maréchaux des logis chefs.

Le général commandant le corps d'armée prononce la cassation des adjudants.

Les sous-officiers rétrogradés ou cassés changent de corps.

La rétrogradation, la cassation des adjudants-chefs, celles des gradés rengagés (ou des gradés non rengagés décorés de la Légion d'honneur ou de la médaille militaire), la révocation ou la mise à la retraite d'office des commissionnés, le retrait de la commission sont prononcés sur l'avis d'un conseil d'enquête (constitué conformément au décret sur la composition de ces conseils) :

Par le Ministre, en ce qui concerne les adjudants-chefs, les chefs armuriers (rétrogradation ou cassation), les hommes de troupe décorés de la Légion d'honneur ou de la médaille militaire;

Par le général commandant le corps d'armée dans les autres cas.

ART. 417. — **Remise volontaire des grades.**

Les autorités désignées à l'article précédent statuent également sur les demandes des gradés tendant soit à revenir à un grade ou emploi inférieur, soit à faire la remise complète de leur grade. Dans aucun cas, l'application de cette mesure ne comporte la convocation d'un conseil d'enquête.

La plainte du capitaine est remplacée par une demande écrite de l'intéressé, revêtue des avis des chefs hiérarchiques.

L'inscription de la mutation volontaire est faite sur les livrets.

Les offres de démission des commissionnés sont soumises à l'acceptation du chef de corps.

ART. 418. — **Rétrogradation ou cassation des gradés de complément.**

La rétrogradation ou la cassation des gradés de complément présents sous les drapeaux, par mesure de discipline ou pour insuffisance d'aptitude, sont soumises, ainsi que leurs rétrogradations volontaires, aux règles indiquées aux articles 416 et 417.

ART. 419. — **Enregistrement des punitions.**

L'envoi aux sections spéciales, la cassation, la rétrogradation, la remise à la 2ᵉ classe, prononcés en raison d'une faute déterminée, annulent toute punition qui a pu être infligée pour cette même faute, mais le libellé de la faute ou des fautes commises est inscrit aux pièces matricules à la suite de la sanction qu'elles ont entraînée (exception faite pour le livret individuel).

Les punitions des cavaliers et brigadiers supérieures à trois jours de consigne au quartier et toutes celles des sous-officiers (à l'exception de la privation de sortie après l'appel) sont portées sur le livret matricule quand elles ont été sanctionnées par le colonel ou les officiers généraux (abstraction faites de celles pour lesquelles l'intéressé a définitivement bénéficié du sursis).

Les dossiers de rétrogradation, cassation, envoi dans les sections spéciales, sont déposés aux archives du corps.

Le service de semaine tient à jour, pour chaque quartier, un registre des punis, modèle n° 13, acheté sur le compte de la masse d'habillement.

Dans les escadrons, toutes les punitions sont inscrites dès qu'elles sont infligées, sur deux carnets d'enregistrement de modèle facultatif : l'un confidentiel et tenu par l'adjudant, pour les sous-officiers, l'autre tenu par le maréchal des logis chef.

Les modifications que le colonel ou les officiers généraux apportent aux punitions sont toujours reportées par l'adjudant de semaine sur la situation-rapport sur laquelle a été inscrite la punition.

ART. 420. — **Punitions des officiers.**

Les punitions à infliger aux officiers, en dehors des déplacements d'office prévus à l'article 428 sont :

Les avertissements du capitaine, du commandant et du colonel;

Les arrêts simples;

Les arrêts de rigueur;

Les arrêts de forteresse.

Ces punitions sont inscrites au feuillet personnel de l'officier puni.

ART. 421. — **Forme de ces punitions.**

L'avertissement du capitaine est donné à l'intéressé en particulier et sans formalité définie.

Les avertissements du commandant ou du colonel sont donnés en présence d'un ou plusieurs officiers plus élevés en grade ou plus anciens que l'officier qui encourt cette sanction.

L'officier aux arrêts simples fait son service; en dehors de celui-ci, il est tenu de garder la chambre sans recevoir personne, sauf pour affaire de service. Il est toutefois autorisé à se rendre à la pension pour y prendre ses repas.

L'officier aux arrêts de rigueur et aux arrêts de forteresse n'exerce, pendant la durée de sa punition, aucune fonction de son grade; l'officier aux arrêts de rigueur est tenu de garder la chambre sans recevoir personne et d'y prendre ses repas; s'il rompt ces arrêts, il est puni d'arrêts de forteresse.

Les arrêts de forteresse sont subis dans un bâtiment militaire désigné par le commandant de corps d'armée.

ART. 422. — **Notification des arrêts.**

Les arrêts peuvent être ordonnés par écrit ou de vive voix.

Dans tous les cas, un pli cacheté et adressé par la voie hiérarchique fait connaître, sous la forme d'ordre à l'officier puni, le motif de la punition; l'officier donne reçu de cet avis par la même voie.

La punition commence dès qu'elle est infligée ou à la date fixée et se décompte comme il est dit à l'article 411.

La décision qui inflige les arrêts de forteresse spécifie que l'officier se rendra librement ou non dans le lieu où il doit subir sa punition; dans le second cas, elle indique comment il y sera conduit.

ART. 423. — **Réprimande des généraux et blâme du Ministre infligés aux officiers.**

La réprimande des généraux et le blâme du ministre peuvent, soit faire suite à une punition, soit être prononcés sans qu'une punition préalable ait été infligée. Ils sont notifiés à l'intéressé dans la forme qu'indique l'autorité qui les inflige et sont, dans tous les cas, formulés par écrit.

ART. 424. — **Durée des punitions à infliger aux officiers.**

Dans les corps de troupe, les durées des punitions à infliger aux officiers sont fixées comme il suit :

DÉSIGNATION DES OFFICIERS pouvant prononcer les arrêts.	NATURE ET DURÉE DES ARRÊTS pouvant être infligés.
Lieutenants ou (éventuellement) sous-lieutenants.....................	2 jours d'arrêts simples.
Capitaine ou officier supérieur hors de son unité..................	4 jours d'arrêts simples.
Capitaine ou officier supérieur dans son unité.....................	8 jours d'arrêts simples.
Officier supérieur chef de corps.....	30 jours d'arrêts simples.
Officier général hors de son commandement...................	15 jours d'arrêts de rigueur.
Général de brigade dans l'étendue de son commandement.............	30 jours d'arrêts simples ou de rigueur. 8 jours d'arrêts de forteresse.
Général de division dans l'étendue de son commandement..........	30 jours d'arrêts simples ou de rigueur. 15 jours d'arrêts de forteresse.
Général commandant de corps d'armée dans l'étendue de son commandement..................	30 jours d'arrêt simples, de rigueur ou de forteresse.

Art. 425. — **Compte rendu des punitions infligées aux officiers.**

Les comptes-rendus modèle n° 18 de punition infligée à un officier sont établis dès la réception de l'avis de punition et adressés immédiatement aux officiers généraux par la voie hiérarchique. Chacun d'eux les revêt de son avis et les transmet à son supérieur.

Le général commandant le corps d'armée transmet au Ministre (Direction d'arme) les comptes-rendus des punitions d'au moins vingt jours d'arrêts de rigueur ou de la réprimande des officiers généraux (1).

Art. 426. — **Non-activité par suspension ou retrait d'emploi. Réforme.**

Outre les sanctions énoncées dans les articles qui précèdent, les officiers peuvent encourir par mesure de discipline :

La mise en non-activité par suspension d'emploi;

La mise en non-activité par retrait d'emploi;

La réforme.

Les conditions d'application de ces diverses sanctions font l'objet d'une réglementation spéciale.

Art. 427. — **Punitions exceptionnelles.**

Dans des cas très exceptionnels et dont il est rendu compte

---

(1) N'est fourni aux échelons supérieurs, et pour tous les grades, que lorsque l'autorité qui punit a infligé son maximum. (Isntruction du 18 janvier 1916, vol. 74.)

au Ministre (Direction d'arme), les généraux commandant un corps d'armée, les généraux commandant les divisions en Afrique, les commandants supérieurs des troupes aux colonies s'ils sont officiers généraux, les généraux commandant une expédition, peuvent infliger, par délégation du Ministre, des punitions de prison ou d'arrêts simples, de rigueur ou de forteresse dont la durée peut atteindre soixante jours, mais, en raison des nécessités de l'instruction, il y a intérêt à ne pas dépasser la durée de trente jours.

Les cavaliers qui, après avoir encouru une punition de trente jours de prison, persistent dans leur inconduite ou leur indiscipline peuvent être envoyés aux sections spéciales. Ils peuvent même être envoyés dans ces sections sans avoir été punis de trente jours de prison, s'il s'agit de fautes graves et notamment de fautes collectives contre la discipline générale.

CHAPITRE XLVII.

ART. 428. — Communications préalables à certaines sanctions disciplinaires.

Le colonel applique comme il est dit ci-après, et fait appliquer par ses subordonnés, les dispositions de l'article 65 de la loi du 22 avril 1905 relatives à la communication préalable, personnelle et confidentielle, des feuillets du personnel, des notes et autres documents composant leur dossier aux officiers, sous-officiers, brigadiers et cavaliers susceptibles d'encourir, par mesure de discipline, les sanctions ci-après :

Dans l'armée active : mise en disponibilité, mise à la retraite d'office, réforme, non-activité par retrait ou suspension d'emploi, déplacement d'office des officiers, sous-officiers rengagés ou commissionnés, cassation, révocation ou mise à la retraite des commissionnés, rétrogradation, renvoi de la 1re à la 2e classe, envoi aux sections spéciales, résiliation d'un engagement résiliable.

Dans la réserve et l'armée territoriale : révocation, suspension des fonctions, cassation, rétrogradation. L'intéressé doit émarger toutes les pièces du dossier qui lui ont été communiquées. Il lui est interdit d'en divulguer la teneur et de faire état de la communication qu'il a reçue pour réclamer contre les appréciations de ses supérieurs. Il a, par contre, la faculté de demander la rectification des erreurs purement matérielles qu'il relève.

L'autorité qui fait la communication veille toujours à ce que les pièces communiquées ne concernent que le militaire intéressé.

Lorsque les originaux ne permettent pas l'application de cette règle, il est établi des extraits satisfaisant à la condition exigée.

CHAPITRE XLVIII

Réclamations.

Art. 429. — **Prescriptions générales.**

Le droit de réclamation est admis pour permettre aux militaires d'exercer, le cas échéant, un recours contre les mesures ou punitions imméritées ou irrégulières. Les réclamations individuelles sont seules autorisées. Tout militaire qui croit avoir des motifs fondés de réclamation doit d'abord demander à être entendu par le supérieur qui a pris la mesure ou prononcé la punition. Le supérieur doit écouter la réclamation avec calme et bienveillance, en considérant que, d'une part, cette réclamation peut être fondée, auquel cas il est de son devoir d'y faire droit, et que, d'autre part, lorsqu'elle n'est pas fondée, elle peut résulter de ce que le militaire en cause n'a pas compris la nécessité de la mesure prise ou de la punition infligée.

L'inférieur dont la réclamation n'a pas été admise peut l'adresser, par la voie hiérarchique, à l'une quelconque des autorités supérieures à celles qui ont déjà examiné sa réclamation, mais il doit être prévenu qu'il s'expose ainsi à une sanction disciplinaire. Dans ce cas, le droit de punir est exclusivement réservé à l'autorité à laquelle l'inférieur a demandé que sa réclamation soit transmise.

Les réclamations peuvent être présentées verbalement jusqu'au colonel; l'intéressé doit demander, par la voie hiérarchique, a être entendu.

Lorsque les réclamations sont adressées à une autorité supérieure au colonel, elles sont présentées par écrit et transmises par la voie hiérarchique.

Aucune réclamation ne peut être retenue par les autorités intermédiaires; celles-ci ont le devoir, si elles n'y donnent pas elles-mêmes satisfaction, de transmettre la réclamation à l'échelon supérieur et de l'accompagner d'un avis motivé indiquant les raisons pour lesquelles elles n'ont pas cru devoir y faire droit.

ART. 430. — **Souscriptions interdites.**

Il est interdit de créer des organisations ou de constituer des caisses, notamment sous le couvert d'un supplément de prix d'abonnement d'un journal ou par voie de réunion de souscriptions individuelles, soit pour préparer et faciliter la présentation de recours au Conseil d'Etat, soit pour soutenir par divers moyens des revendications particulières ou collectives; celles-ci doivent, comme les réclamations, conserver nettement un caractère individuel.

TITRE XI.

CHAPITRE XLIX.

ART. 431. — **Abrogation des règlements antérieurs.**

Sont abrogés les décrets et règlements antérieurs sur le service intérieur des corps de troupe et toutes autres dispositions contraires au présent règlement.

ART. 432.

Le Ministre de la guerre est chargé de l'exécution du présent décret.

Sampigny, le 25 août 1913.

Le Président de la République,

Signé : R. POINCARE.

Par le Président de la République :

Le Ministre de la guerre,

Eug. ETIENNE.

ANNEXE **A**.

Routes à l'intérieur.

ART. 1er. — **Généralités.**

Les routes à l'intérieur sont exécutées en se conformant, en principe, aux règles posées pour les marches par le décret sur le service des armées en campagne et par l'instruction pratique sur le service de la cavalerie en campagne; les mesures administratives à prendre sont prévues par le décret du 20 décembre 1899 et l'instruction réglant l'application de ce décret; les articles ci-dessous résument les principales dispositions spéciales aux routes en temps de paix.

ART. 2. — **Préparation à l'exécution de la route.**

La préparation à l'exécution de la route comporte :

a) L'entraînement de la troupe;

b) La prévision des mesures relatives :

1º A l'exécution du mouvement : formation des diverses colonnes, répartition des médecins et vétérinaires, affectation des moyens de transport, etc.;

2º A la fourniture à chaque colonne de tous les approvisionnements qui lui seront utiles : munitions (s'il y a lieu), vivres de réserve ou à acheter sur place, solde, effets de rechange, matériel pour les réparations, tabac, timbres de franchise, imprimés, etc...;

3º Au passage des différents services, à la remise des locaux et du matériel laissé sur place;

c) La notification des divers avis réglementaires aux sous-intendants militaires et aux maires des communes désignées comme gîtes;

d) La désignation des officiers énumérés à l'article ci-après.

ART. 3. — **Préparation de l'alimentation et de l'installation.**

Le commandant d'une troupe qui se déplace désigne, pour assurer l'installation et l'alimentation de cette troupe dans les différents gîtes :

1° Un officier devançant la colonne (de un à deux jours) chargé de prendre les dispositions préliminaires que comportent l'installation de la troupe et son alimentation;

2° Un officier de campement qui, précédant la colonne de une ou plusieurs heures, arrête toutes les mesures relatives à l'installation de la troupe dans la localité;

3° Un officier d'approvisionnement, qui marche avec l'officier de campement et arrête toutes les mesures relatives à l'alimentation.

Ces officiers reçoivent du commandant de la troupe toutes les instructions nécessaires à leur mission.

La désignation de trois officiers pour les fonctions ci-dessus n'est faite que dans les colonnes d'un effectif important ayant à franchir plusieurs étapes.

Pour les petites unités (demi-régiment, escadron, etc...), ces diverses fonctions peuvent être remplies par le même officier et, s'il y a lieu, confiées à des sous-officiers.

Si le détachement est commandé par un sous-officier, il n'y a généralement pas lieu de le faire précéder par un gradé.

En cas d'urgence, même pour des unités d'un effectif important (régiment par exemple), l'envoi d'un officier devançant la colonne n'est pas obligatoire.

ART. 4. — **Mode d'installation.**

Le mode habituel d'installation chez l'habitant est « le logement ». Toutefois, sur l'ordre du chef de la colonne, le cantonnement peut être substitué, en totalité ou en partie, au logement, si les ressources font défaut ou si les intérêts militaires exigent le groupement des unités.

La répartition du logement et du cantonnement, au point de vue de l'égalisation des charges entre les habitants de la commune, incombe à la municipalité. Les billets de logement sont établis par ses soins. Le maire est tenu d'indiquer les habitations où se trouvent des personnes atteintes de maladies contagieuses, ainsi que celles où des cas de ces maladies se seraient récemment produits; ces habitations sont rigoureusement exclues du logement et du cantonnement. Pareille obligation lui incombe en ce qui concerne les écuries où se trouvent des animaux atteints ou suspects de maladies contagieuses.

Le droit au logement comporte :

1° La place au feu et à la lumière;

2° Autant que possible, pour chaque sous-officier et pour deux brigadiers ou cavaliers, un lit garni d'une paillasse, d'un matelas (ou lit de plume), d'une couverture, d'un traversin et d'une paire de draps propres; un lit est de même attribué à chaque cantinière;

3° Les ustensiles nécessaires pour préparer et manger le repas.

Le cantonnement ne comporte pas les prestations visées aux paragraphes 2° et 3° ci-dessus.

Les officiers ont droit à des chambres (à un ou deux lits) reconnues propres à cet usage.

En outre, les corps ou détachements logés ou cantonnés ont droit aux locaux nécessaires pour les services généraux (poste de police, bureaux des états-majors, dépôts de bagages, abris pour les voitures, etc...).

Le peloton hors rang loge toujours avec l'état-major.

ART. 5. — Officier devançant la colonne.

Après s'être présenté au commandant d'armes dans les villes de garnison désignées comme gîte, l'officier devançant la colonne se rend à la mairie et s'entend avec le représentant de la municipalité sur les dispositions à prendre pour assurer l'installation et l'alimentation de la troupe.

Lorsqu'il lui est impossible d'assurer le logement ou le cantonnement de la totalité de l'effectif, il en rend compte immédiatement au commandant de la colonne, en lui indiquant les causes d'impossibilité (fêtes, épidémies, sinistres, etc...).

Le chef d'une colonne ne devra jamais craindre d'engager sa responsabilité en ordonnant un changement de gîte dont il aura prévu toutes les conséquences; il se rappellera qu'il est, avant tout, responsable de la bonne exécution du mouvement et de la santé de la troupe sous ses ordres.

L'officier devançant la colonne, après avoir pris, auprès de la municipalité, les renseignements nécessaires, se met en relations avec les divers commerçants ou entrepreneurs susceptibles de fournir à la troupe les denrées, moyens de transport, etc., dont elle a besoin. Il leur fait connaître d'une manière approximative les quantités nécessaires, les dates et lieux de livraison; il se renseigne sur les prix et conditions de fourniture; il prévient ces commerçants qu'il n'a pas qualité pour traiter avec eux et que la fourniture des denrées, etc., fera l'objet de marchés qui seront passés par l'officier d'approvisionnement (ou par l'officier de campement).

Art. 6. — **Campement.**

Le campement a la composition déterminée dans l'instruction sur le service en campagne; il se conforme à cette instruction en ce qui n'est ni contraire au présent règlement ni spécial au temps de guerre.

L'officier de campement se présente au commandant d'armes dans les villes de garnison et prend ses instructions; il va ensuite à la mairie et fait prévenir le maire de son arrivée.

Avant de partir de la localité, l'officier devançant la colonne a laissé à la mairie une lettre rendant compte des mesures prises tant au point de vue du logement qu'à celui de l'alimentation.

Le commandant du campement prend connaissance de ces indications et arrête, avec la municipalité, les détails de l'installation de la troupe.

Le maire lui fait connaître quelle est la meilleure eau de boisson de la commune et lui signale, le cas échéant, les eaux mauvaises ou suspectes.

L'officier de campement doit, s'il existe dans la colonne des animaux atteints ou suspects de maladies contagieuses, en prévenir le maire dès son arrivée dans la commune. Celui-ci désigne les locaux isolés où seront logés ces animaux et les hommes qui les soignent; il désigne également, d'après les indications de l'officier, les locaux à affecter aux services généraux de la troupe (poste de police, bureaux, dépôts de bagages, etc...).

Il y assure le couchage, le chauffage et l'éclairage.

L'officier de campement avise le maire de l'heure de l'arrivée de la troupe, afin que les habitants en soient prévenus et qu'il y ait, dans chaque maison, une personne chargée de recevoir la troupe.

A défaut d'officier d'approvisionnement, l'officier de campement arrête les dispositions relatives à l'alimentation.

Art. 7. — **Garde de police.**

La garde de police se conforme à l'instruction sur le service en campagne en tout ce qu'elle a d'applicable; les punitions sont exécutées conformément à cette instruction.

Art. 8. — **Exécution de la marche.**

La mise en route de la colonne, la marche, la dislocation sont effectuées conformément aux prescriptions de l'instruction sur le service de la cavalerie en campagne sous les réserves suivantes:

Des sonneries peuvent être effectuées dans les cantonnements, notamment au réveil et pour la retraite;

Sauf en cas de manœuvre, les trompettes se font entendre dans la traversée des lieux habités;

Les honneurs sont rendus conformément au règlement sur le service de place.

Dans toute la mesure du possible, les routes à l'intérieur sont utilisées pour l'instruction de la troupe ou des cadres.

ART. 9. — **Arrivée au gîte.**

L'arrivée au gîte, les diverses opérations, les mesures de police sont réglées d'après les prescriptions de l'instruction sur le service en campagne.

Les commandants de cantonnement prennent des mesures spéciales en vue d'éviter que les hommes ne boivent une eau impure ou simplement suspecte. Ils donneront des instructions formelles pour qu'on ne pénètre pas dans les habitations où sont traitées des personnes atteintes de maladies contagieuses, ni dans celles où se sont produits récemment des cas de ces maladies. Un représentant de la municipalité reste à la mairie deux heures après l'arrivée de la troupe, afin d'y recevoir les réclamations des habitants et des militaires; celles-ci lui sont présentées par le chef de la colonne ou l'officier de campement. Il y fait droit immédiatement si elles sont fondées.

Les fourriers remettent au poste de police :

1° Les billets de logement des hommes qui ne sont pas arrivés, s'ils sont camarades de lit;

2° L'adresse des hommes arrivés dont les camarades de lit sont en retard.

Le service de jour fonctionne comme en campagne.

ART. 10. — **Rapports avec la gendarmerie.**

D'une manière générale, les chefs de brigade de gendarmerie doivent se mettre à la disposition des commandants de colonne et des officiers (ou sous-officiers) envoyés pour préparer ou pour arrêter les mesures relatives à l'installation et à l'alimentation de la troupe.

En outre, la gendarmerie a, dans ses attributions, la police des localités occupées.

ART. 11. — **Patrouilles.**

Le capitaine de jour commande des patrouilles pour faire rentrer à leur logement les sous-officiers, les brigadiers et cavaliers qui se trouvent encore dans les rues après les heures fixées, et conduire au poste les cavaliers en état d'ivresse ou qui font du bruit dans les cantonnements; ces cavaliers sont renvoyés dans leur logement le lendemain au réveil.

Le capitaine de jour passe au poste avant le départ, se fait rendre compte des événements de la nuit, et fait connaître aux commandants d'escadron le nom des hommes qui ont passé la nuit au poste, avec le motif de leur arrestation.

ART. 12. — Malades et éclopés.

Tous les jours, à l'heure fixée, les malades et les éclopés sont visités et pansés au poste de police ou dans un local voisin.

Le médecin désigne :

1° Ceux qui sont autorisés à monter dans les voitures;
2° Ceux qui entrent à l'hôpital.

Ces autorisations sont toujours données par écrit. Les brigadiers de jour se trouvent à cette visite pour prendre connaissance des décisions du médecin et en informer le capitaine. Ils font connaître le logement des hommes qui ne peuvent venir au poste; un des médecins va les visiter. Le médecin-major rend compte de la visite au chef de la colonne. S'il n'y a pas de médecin militaire dans une colonne, la visite est faite par un médecin civil requis.

Les hommes qui sont autorisés à marcher avec les équipages et ceux qui sont autorisés à monter sur les voitures se rendent au poste après avoir répondu à l'appel de leur escadron; le chef du convoi en fait l'appel et les répartit.

Aucun homme n'est admis dans les hôpitaux militaires ou civils sans un billet du médecin.

ART. 13. — Militaires non transportables.

Lorsqu'un militaire, malade ou blessé, ne peut être immédiatement évacué soit sur sa garnison, soit sur un hôpital militaire, soit sur les salles militaires d'un hôpital mixte, le maire le fait admettre dans l'hospice de la commune. S'il n'en existe pas, le maire désigne un local convenable où le militaire est provisoirement traité jusqu'au moment où son transport devient possible.

Les hommes malades des détachements non pourvus de médecins et les isolés sont soignés par un médecin civil, désigné par le maire de la commune.

ART. 14. — **Chevaux malades.**

Tous les jours, à l'heure fixée, les chevaux désignés par le capitaine commandant sont visités et pansés devant le corps de garde de police ou à un endroit voisin.

Le vétérinaire désigne :

1° Ceux qui doivent être montés·dans la colonne;

2° Ceux indisponibles qui doivent aller au convoi, soit montés, soit tenus en main, sellés ou non sellés;

3° Ceux qui doivent être évacués ou laissés en traitement.

Ces prescriptions sont toujours données par écrit.

Les officiers de jour se trouvent à cette visite pour prendre connaissance des décisions du vétérinaire et en informer le capitaine. Ils rendent compte des chevaux qui ne peuvent être conduits à la visite; le vétérinaire va les visiter. Le vétérinaire chef de service rend compte de la visite au chef de la colonne. S'il n'y a pas de vétérinaire militaire dans une colonne, la visite peut être faite par un vétérinaire civil requis.

Les chevaux qui doivent marcher avec la colonne des équipages sont conduits par le maréchal des logis de jour à l'endroit où doit se rassembler le convoi; le chef du convoi en fait l'appel.

Lorsqu'un cheval est dans l'impossibilité de continuer la route, le chef de la colonne décide, s'il y a lieu, de le diriger par voie ferrée sur sa garnison ou de le laisser sur place.

Dans ce dernier cas, le cheval et l'homme désigné pour le soigner sont placés en subsistance dans un corps de troupe désigné par le commandant d'armes. S'il n'y a pas de garnison dans la localité, ils sont confiés à la gendarmerie. S'il n'y a, dans la localité, ni corps de troupe ni gendarmerie, ils sont confiés au maire, qui prévient immédiatement la brigade de gendarmerie dans le ressort de laquelle se trouve la commune.

ART. 15. — **Alimentation.**

La fourniture des denrées est assurée conformément à l'instruction spéciale aux officiers d'approvisionnement.

Dans le cas où l'une des personnes ayant passé un marché avec le représentant du chef de la colonne fait défaut ou ne remplit pas les conditions du marché, notamment en ce qui concerne la qualité des denrées, le litige est déféré à une commission composée ainsi qu'il suit :

Le chef de la colonne;

Les deux militaires qui marchent hiérarchiquement et immédiatement après lui;

Le maire ou, s'il est absent ou empêché, l'adjoint ou le conseiller municipal qui le supplée;

Deux notables idoines désignés et convoqués par le maire ou son suppléant.

La voix du chef de la colonne est prépondérante.

Lorsque les denrées sont livrées par un établissement en gestion directe, le litige, en ce qui concerne la qualité des denrées, est porté devant une commission composée de :

Un officier supérieur;

Deux capitaines;

Un médecin ou vétérinaire (suivant la nature des denrées);

Un sous-intendant militaire (ou son suppléant);

Deux notables idoines choisis, l'un par le commandant d'armes, l'autre par le comptable, sur une liste dressée par l'autorité municipale.

La commission est convoquée et présidée par le commandant d'armes ou le major de la garnison.

Les officiers sont pris parmi les plus anciens de leur grade ou de leur classe, soit dans les corps de la garnison, soit dans les corps de passage.

Les commissions constituées comme il est dit ci-dessus prononcent sur le refus ou l'acceptation des denrées. Le procès-verbal est établi en double expédition par les soins du chef de la colonne.

S'il s'agit de constater la non-exécution des clauses du marché, la commission signe un procès-verbal de constat qui servira éventuellement à poursuivre le fournisseur pour le dommage pécuniaire qui en serait résulté.

Une copie du procès-verbal est, dans tous les cas, adressée par le chef de la colonne au fonctionnaire de l'intendance du territoire.

Si un fournisseur fait défaut ou si, la commission ayant refusé tout ou partie des denrées, il n'est pas possible de s'en procurer d'autres en temps utile, le commandant de la colonne fait consommer des vivres de réserve.

ART. 16. — **Certificat de bien vivre.**

Un officier ou, exceptionnellement, un sous-officier reste à la mairie pendant trois heures après le départ de la troupe, pour recevoir les plaintes des habitants et, s'il y a lieu, constater contradictoirement, avec un représentant de la municipalité, les dommages et dégâts causés par cette troupe. (Si le départ a lieu avant 6 heures, c'est à partir de 6 heures que les trois heures sont décomptées.)

Autant que possible, les indemnités à payer par les corps sont évaluées à l'amiable, séance tenante, et, si leur montant n'excède pas une somme fixée par le chef de corps, réglées immédiatement par l'officier. Si l'accord ne peut s'établir ou si le montant des indemnités à payer dépasse la somme dont dispose l'officier, ce dernier établit avec le représentant de la municipalité un procès-verbal de constat en deux expéditions, dont l'une est remise au chef de la colonne et l'autre au réclamant. Cette pièce, signée par l'officier et le représentant de la municipalité, servira de base au règlement ultérieur du litige.

En tout cas, le certificat relatif à la conduite tenue par les militaires à l'égard de leurs hôtes, prévu par le décret du 7 octobre 1909 sur le service de place (art. 68), sera retiré par l'officier ou le sous-officier. Toute réclamation non présentée dans le délai de trois jours après le départ de la colonne est irrecevable.

Si la colonne est commandée par un sous-officier, il n'est pas laissé de gradé après le départ de la colonne; les réclamations doivent, par suite, être présentées avant le départ du détachement, dont le chef agit d'après les règles posées ci-dessus.

ANNEXE **B**.

Hygiène des hommes.

ART. 1ᵉʳ. — **Considérations générales.**

L'hygiène conserve et améliore la santé du cavalier. Sa pratique donne des habitudes salutaires de propreté qui contribuent à développer le sentiment de la dignité personnelle.

Hygiène personnelle.

ART. 2. — **Propreté corporelle.**

Chaque jour, au lever, les hommes doivent se laver, avec du savon, la figure, les mains, les ongles et les dents, se nettoyer la tête, se rincer la bouche. Le savon est fourni par les unités; la serviette employée doit être propre. Il est défendu de se servir de la serviette d'un camarade.

L'exécution des soins de propreté ne saurait être limitée au lever; elle est également indispensable au retour des marches ou exercices, à l'issue des corvées, surtout lorsque les hommes ont été couverts de sueur ou exposés à la poussière; de plus, il est nécessaire de se laver les mains avant les repas. Les lavabos sont laissés à la disposition des hommes à plusieurs reprises dans la journée.

Le cavalier prend un bain par aspersion tous les quinze jours au minimum et procède fréquemment au lavage des pieds, des jambes, des régions génitales et anales. Il doit se couper les ongles transversalement sans les arrondir sur les côtés, afin d'éviter l'ongle incarné. Les hommes qui transpirent abondamment des pieds sont signalés au médecin.

Il importe que le soldat veille à la propreté de sa chemise, de son caleçon, de ses chaussettes. Son linge est changé au moins une fois par semaine et placé dans des sacs ou des caisses en attendant sa livraison au blanchisseur.

Le cavalier est tenu d'assurer lui-même le lavage de sa serviette de toilette, de son mouchoir, de sa ceinture de flanelle et de sa cravate; de l'eau chaude est, autant que possible, mise à sa disposition. Toutefois, ce lavage peut être confié à l'industrie civile dans les limites prévues par des instructions ministérielles spéciales.

Il est interdit de se servir du quart, de la fourchette ou de la cuiller d'un camarade et de boire directement aux cruches déposées dans les chambres.

ART. 3. — **Habillement.**

Les effets d'habillement doivent être larges pour ne pas gêner la circulation du sang, pour ne pas comprimer certaines parties du corps ou y déterminer des frottements constants, pour ne pas intercepter la transpiration ou le passage de l'air.

La coiffure ne doit pas être trop étroite, la cravate ne doit pas être serrée, les chaussures doivent être adaptées à la conformation du pied; elles ne doivent présenter à l'intérieur ni aspérités, ni coutures mal effacées, ni vis ou chevilles faisant saillie. Elles doivent avoir 2 centimètres environ de plus que le pied lui-même. Leur largeur doit être suffisante à la partie antérieure pour que les doigts ne chevauchent pas l'un sur l'autre et que le gros orteil ne soit pas serré. L'empeigne doit avoir assez d'ampleur pour permettre au pied de s'étendre en posant à terre et de se cambrer en se relevant.

Le cavalier ne doit pas seulement nettoyer la face extérieure des vêtements, mais prendre le même soin de la face intérieure et des doublures (particulièrement au col et aux manches). Les coiffes de cuir qui garnissent l'intérieur des coiffures ont également besoin d'être dégraissées avec une brosse, du savon et une petite quantité d'eau.

La ceinture de flanelle doit être portée lorsque l'ordre en est donné.

Hygiène générale.

ART. 4. — **De l'habitation du soldat.**

La tenue, l'entretien, l'hygiène du casernement intéressant au plus haut point la santé des hommes, la répartition des locaux doit être établie avec soin, car l'encombrement favorise à un très haut degré la diffusion des maladies contagieuses.

Après le lever et lorsque les hommes sont habillés, les chambres sont largement aérées. Toutes les fenêtres du même côté sont ouvertes; on découvre les lits et l'on ploie au pied du lit les différentes parties de la fourniture. Le balayage des planchers ne doit jamais être opéré à sec. On peut employer avec avantage le balai ordinaire et la sciure de bois mouillée ou imprégnée d'une solution antiseptique. Les armoires et les planches à bagages, le râtelier d'armes, les tables, les bancs sont essuyés, les ordures sont descendues et déposées à l'endroit désigné.

Toutes les semaines, les vitres sont nettoyées; lorsque le temps le permet, la literie est portée dans la cour et exposée au soleil pendant plusieurs heures; les couvertures et les matelas sont battus au grand air, autant que possible en dehors du quartier.

Pendant la saison froide, les locaux d'habitation sont modérément chauffés. Les poêles et les tuyaux de poêle qui laissent échapper de la fumée dans les chambres sont dangereux. Le fonctionnement des appareils de ventilation continue doit se faire régulièrement pendant la nuit et l'on ne doit pas en obstruer les orifices et s'exposer ainsi aux dangers du confinement.

Le blanchiment périodique des murailles intérieures des chambres est généralement insuffisant; il vaut mieux les blanchir au fur et à mesure des besoins.

La literie et le casernement doivent être complètement débarrassés des parasites par des nettoyages fréquents et en employant les ingrédients appropriés. Au début de la saison chaude particulièrement, il est nécessaire de procéder à une destruction des insectes. Il est défendu de cracher à terre dans les chambres et les escaliers. Un crachoir est placé dans chaque local. On emploie de préférence des crachoirs incinérables, garnis de tourbe ou de toute autre substance combustible. Un décrottoir est placé à l'entrée de chaque bâtiment et au bas des escaliers.

Les objets servant au nettoyage des chaussures, les objets de cuir composant le harnachement doivent être déposés à l'extérieur des chambres, soit dans une salle réservée à l'astiquage, soit dans des armoires disposées sur les paliers.

Les prescriptions indiquées pour la tenue des chambres doivent être observées pour la tenue des autres parties du casernement des hommes, en particulier en ce qui concerne l'aération des ateliers du corps, etc.

Art. 5. — Cuisines. Réfectoires. Magasins.

Les cuisines sont tenues dans un état de propreté rigoureuse; le sol dallé ou carrelé est soigneusement cimenté pour permettre l'écoulement des eaux ménagères. Il est avantageux de recouvrir les murs, à une hauteur suffisante, de carreaux céramiques lavables. Les cuisines sont largement aérées; on place au-dessus des fourneaux des appareils de ventilation; les tables sont recouvertes de zinc; le nettoyage de la vaisselle a lieu, autant que possible, dans un local attenant à la cuisine, et l'on emploie de l'eau très chaude additionnée de carbonate de soude après avoir, au préalable, plongé la vaisselle dans un baquet d'eau froide pour la débarrasser du relief des repas; on ne l'essuie pas, on la laisse sécher sur un égouttoir.

En principe, les hommes ne pénètrent pas dans la cuisine au moment des repas; les distributions sont faites, si possible, par des guichets.

Les magasins aux vivres sont l'objet d'une surveillance constante au point de vue de leur propreté et de leur ventilation. La viande doit être suspendue et les orifices d'aération pourvus de toiles métalliques pour empêcher l'accès des mouches.

ART. 6. — Salle de réunion.

La salle de réunion, qui, en cas d'insuffisance de locaux, peut servir de réfectoire, permet aux hommes de se réunir dans un local propre, aéré, bien éclairé, et chauffé pendant la saison froide.

ART. 7. — Corps de garde. Salle de discipline. Cours. Lieux d'aisances.

Le corps de garde doit être largement aéré. Il importe que le mobilier de couchage soit démontable et susceptible d'être relevé contre les murs pendant le jour, afin de permettre un nettoyage complet du local.

Pendant la saison froide, le feu est entretenu sans exagération. Le chef de poste veille à ce que les hommes qui vont prendre leur faction ne se groupent pas autour du foyer, afin qu'ils ne soient pas surpris en sortant par un brusque refroidissement.

Les salles de discipline sont surveillées au point de vue de la propreté, de la ventilation, de la disposition du baquet de propreté, qui doit être désinfecté journellement.

Le sol des cours doit être entretenu avec soin. On doit procéder à des empierrements lorsque l'eau séjourne après les pluies.

Les latrines exigent une surveillance permanente; on s'assure, en particulier, qu'il ne se produit ni fissures ni infiltrations et que leur désinfection journalière se fait régulièrement par le lait de chaux. Lorsqu'on utilise des tinettes mobiles, elles sont garnies, conformément aux prescriptions du cahier des charges.

Aux latrines, les hommes doivent prendre les plus grandes précautions pour ne pas salir le sol et les murs; ils évitent ainsi que leurs camarades ne se salissent ensuite et ne portent dans les chambres, à leurs chaussures et sur leurs vêtements, des souillures dangereuses.

On ne doit jeter dans les conduits d'évacuation aucun objet qui puisse les obstruer et empêcher leur bon fonctionnement.

Les latrines de nuit sont surveillées plus spécialement au point de vue de la propreté des locaux, de la désinfection des tinettes. Dès le réveil, les récipients doivent être enlevés, éloignés des bâtiments d'habitation, désinfectés au lait de chaux et replacés seulement après l'appel du soir; ils doivent être isolés du sol et leur emplacement sera imperméabilisé dans une large périphérie.

Le graissage des urinoirs par l'huile lourde de houille est recommandé. Si leur nettoyage se fait par une chasse d'eau, ils sont alors lessivés pour éviter tout dépôt de croûtes cristallines. Une aire de 1 mètre, devant l'urinoir, est imperméabilisée par le goudronnage, et on la nettoie journellement avec soin.

Art. 8. — De l'alimentation du cavalier. Boissons.

Les hommes font deux repas principaux par jour; ils doivent avoir pris le café avant le travail du matin.

L'alimentation, pour maintenir l'homme en bon état de santé et de vigueur, doit être saine, rationnelle et agréable au goût.

Les commandants d'unités veillent à ce qu'elle remplisse ces conditions et tiennent compte, dans la mesure raisonnable, du mode d'alimentation habituel du soldat avant son incorporation. En outre, ils se font renseigner régulièrement sur l'importance des reliefs de chaque repas. Cette constatation sera pour eux une indication précieuse en ce qui concerne les denrées et les quantités à employer.

La valeur hygiénique de l'eau de boisson a une importance exceptionnelle, l'eau étant la cause reconnue de toutes les épidémies massives de fièvre typhoïde, de choléra, de dysenterie, etc.

S'il existe des eaux de provenance et de qualité différentes (eaux de source et eaux de rivière, de puits ou de citerne), les écriteaux nécessaires portant en gros caractères « Eau bonne à boire » ou « Eau dangereuse » ou « Défense de boire de cette eau » seront apposés sur les prises d'eau des infirmeries, cantines, cuisines, robinets isolés, auges, puits, pompes.

Pendant la saison froide, les commandants d'unités font distribuer aux hommes, au retour des exercices, une boisson chaude et, pendant la période des chaleurs, une boisson rafraîchissante et tonique.

Des cruches contenant de l'eau potable, surélevées au-dessus du sol et surmontées d'un couvercle fermant hermétiquement, doivent être placées dans les chambres. Elles sont fréquemment nettoyées.

Art. 9. — **Hygiène du soldat en marche, en manœuvre, en campagne. Recommandations générales pour les marches et manœuvres.**

Avant de faire une marche, les hommes s'assurent que leurs effets ne les gênent pas. Ils veillent surtout à la chaussure, qui doit avoir été portée, brisée et être souple.

Les pieds doivent être l'objet de soins constants; dès qu'une partie quelconque est pressée douloureusement, il faut, à la première halte, remédier à la gêne produite en quittant les chaussures, s'il est possible, et graisser fortement la partie lésée et la partie qui frotte.

Il ne faut pas se laver les pieds à grande eau. Chaque jour, à l'arrivée, on doit les nettoyer avec un linge légèrement humide et les essuyer. En temps ordinaire, on distribue à cet effet aux hommes des effets de linge ou de treillis hors d'usage. Les hommes qui ont des ampoules se présentent à l'infirmier de service, qui a reçu à ce sujet des instructions du médecin.

Pendant les marches, en été, il faut boire, mais en petite quantité. L'absorption rapide de grandes quantités d'eau est souvent suivie d'accidents graves. A la grand'halte ou à l'arrivée, il est prudent de manger un peu avant de boire.

Le cavalier, avant et pendant la marche, doit s'abstenir de boissons alcooliques, s'il veut conserver sa vigueur physique et résister à la fatigue.

Autant que possible, on ne part pas à jeun; on réserve toujours quelque aliment pour la grand'halte; il ne faut manger de fruits, même très mûrs, qu'avec modération.

On évite, au repos, les endroits humides ou trop frais et, si l'on est en transpiration, on se prémunit contre le vent; on se donne du mouvement si l'on sent que l'on se refroidit et on se garde de s'étendre sur l'herbe.

Lorsque le soleil est trop ardent, il faut se garantir la tête avec un mouchoir en l'interposant entre la tête et la coiffure, de telle manière que la partie postérieure fasse l'office de couvre-nuque.

À la suite d'une longue marche, d'un exercice fatigant, après la pluie et particulièrement pendant les grandes chaleurs, on ne doit pas se dévêtir en arrivant, à moins que l'on ne veuille changer de linge; dans ce cas, on le fait sans perdre de temps et en se garantissant des courants d'air.

Il importe d'éviter soigneusement qu'après un travail qui les a mis en transpiration, les hommes soient exposés à un refroidissement, par suite d'une immobilité de longue durée et de la nécessité de conserver sur le corps des effets mouillés, du stationnement dans une cour, un corridor, exposés au vent.

Le soir, on doit se déshabiller pour se coucher si l'on dispose d'un lit; les membres reposent mieux et le corps reprend sa souplesse. Si l'on n'a pas de lit, il faut ôter sa chaussure, se déshabiller en partie ou tout au moins desserrer toutes les parties des vêtements et se couvrir le mieux possible en évitant les courants d'air. On se couche tôt pour reposer le nombre d'heures nécessaires.

Dans les bivouacs, on doit se coucher, autant que possible, sur de la paille, du foin ou des copeaux; il ne faut pas se dévêtir; il est bon de se couvrir la tête avec le bonnet de police en le rabattant sur les yeux.

Art. 10. — **Recommandations spéciales pour les manœuvres d'hiver.**

Le port des tricot, caleçon de laine, chemise, gilet et ceinture de flanelle est recommandé. Chaque homme a une paire de gants de laine. Les vêtements sont bien boutonnés et fermés aux poignets et au cou pour emprisonner l'air déjà échauffé en contact avec le corps. Les chaussures sont soigneusement graissées pour être rendues imperméables; dans aucun cas on ne doit les faire sécher près du feu.

Les hommes ne se mettent en marche le matin qu'après avoir pris une partie du café; ils emportent l'autre partie dans les bidons. La ration alimentaire est augmentée.

Les haltes se font dans des endroits abrités. Pour dormir, les hommes se couvrent le nez et les oreilles avec le bonnet de police et placent les pieds dans la couverture, les extrémités du corps étant particulièrement exposées à la congélation.

On se protège de cet accident par les mouvements et les frictions, si quelque partie du corps commence à devenir douloureuse sous l'action du froid.

Art. 11. — **Troupes campées ou bivouaquées.**

L'intérieur des tentes doit être tenu dans le plus grand état de propreté. Le sol ne doit pas être creusé, mais décapé seulement; on extrait les herbes et les racines, on creuse une rigole au pied de la tente pour l'écoulement des eaux et on ménage un rebord sur lequel on puisse étendre les effets quand il fait beau.

Si de la paille est distribuée, on la répartit sur le sol intérieur, principalement sur la partie où les hommes doivent placer la tête; si l'on n'a pas de paille, on ramasse de l'herbe sèche, de la mousse, du foin, des feuilles sèches pour éviter le contact du sol.

Il ne faut jamais se coucher sur des plantes aromatiques ou odorantes, ni sur les joncs ou plantes vertes qui croissent dans les endroits marécageux.

Dès que le soleil paraît, les tentes sont ouvertes et relevées du côté du soleil, la paille est remuée et exposée au grand air, les effets sont sortis, étendus et battus ainsi que les couvertures.

La tente et les alentours sont balayés avec soin; les ordures sont portées au loin, brûlées ou enterrées; il est défendu d'uriner auprès des tentes et de sortir la nuit de la tente sans être chaussé et suffisamment vêtu.

La vie au bivouac exige des précautions très grandes; il faut se garantir le mieux possible du froid et de l'humidité, et, la nuit, se tenir les pieds près du feu. On organise, si possible, avec des branchages, des abris contre le vent.

Art. 12. — **Recommandations spéciales pour les manœuvres pendant la chaleur.**

En France, pendant les journées de grande chaleur, il est prudent de ne pas faire marcher une troupe d'infanterie de 10 heures à 15 heures.

Certaines circonstances peuvent imposer des modifications à cette règle. Les chefs de colonne, de corps ou de détachement, prennent alors les dispositions nécessaires pour éviter les accidents. Pendant les marches, lorsque la chaleur est forte, on fait ouvrir les rangs et marcher le plus possible sur les accotements des routes pour diminuer la poussière. On ralentit l'allure tout en veillant à éviter les allongements.

Lorsque l'ordre en est donné, les hommes desserrent les cravates, dégrafent le col.

Avant de partir, les hommes doivent remplir leurs petits bidons avec de l'eau additionnée de café, si c'est possible.

Quand le commandant de la colonne juge utile de faire renouveler la provision d'eau en cours de route, il envoie en avant un gradé pour faire préparer de l'eau en quantité suffisante dans les localités où la troupe doit passer. Les habitants sont invités à disposer sur les bords de la route des récipients en bon état de propreté (baquets, tonneaux ouverts, seau, arrosoirs, etc.), dans lesquels les hommes pourront remplir leurs bidons. Pendant la route, on empêchera soigneusement les hommes de boire directement aux ruisseaux et aux fontaines.

La consommation de boissons alcooliques avant le départ ou en cours de marche prédispose aux accidents les plus graves d'insolation ou de coup de chaleur.

Le commandant de la colonne prend aussi des dispositions pour faire boire les chevaux pendant les marches.

Art. 13. — **Troupes cantonnées.**

Lorsqu'une troupe doit occuper un cantonnement, l'officier commandant le campement s'informe auprès de la municipalité, ou, à son défaut, auprès des habitants que leur situation met le mieux en mesure de le renseigner, si des épidémies ou des épizooties sévissent ou ont sévi récemment dans la commune.

Si le cantonnement laisse à désirer au point de vue sanitaire, un médecin de la troupe devant l'occuper procède à une enquête, de concert avec l'officier commandant le logement ou le campement. Celui-ci se fait indiquer d'une manière précise les maisons ou locaux contaminés et vérifie ou fait vérifier, au besoin, l'exactitude des renseignements recueillis. Il n'hésite pas à écarter complètement de la répartition du cantonnement des locaux reconnus suspects et à les signaler pour que défense soit faite d'y laisser pénétrer, suivant le cas, les hommes ou les animaux appartenant à l'armée.

Il est interdit d'installer l'infirmerie et de passer la visite dans les salles d'école, sans l'assentiment formel des municipalités.

Le commandant du cantonnement fait indiquer très exactement à la troupe les meilleures fontaines, sources, pompes ou puits de la commune, ainsi que ceux qui sont suspects; ces derniers sont consignés rigoureusement et un écriteau portant la mention : « Défense de boire de cette eau » est immédiatement placé près d'eux en évidence; on les fait, au besoin, garder par une sentinelle.

Il faut toujours se méfier des puits et pompes placés dans le voisinage des fosses d'aisances, des mares de fermes et des amas de fumier; leur eau contient souvent l'agent infectieux de la fièvre typhoïde ou de la dysenterie.

Quand un cantonnement doit être occupé successivement par plusieurs troupes de passage, le commandant de chacune d'elles doit laisser à la mairie, à l'adresse du suivant, tous les renseignements utiles sur les mesures de salubrité qu'il convient particulièrement d'observer dans ce cantonnement.

Art. 14. — Etablissement de feuillées.

Toute troupe qui cantonne, campe ou bivouaque, doit établir des feuillées suivant les prescriptions réglementaires.

Les feuillées doivent être éloignées des points d'eau, sources, puits, canalisations; elles doivent être désinfectées avec de la chaux journellement ainsi qu'au départ de la troupe.

Art. 15. — Eau d'alimentation en campagne.

Il importe qu'en campagne une zone de protection de 10 à 20 mètres, sous forme d'enclos, soit établie autour des sources ou des puits. Quand il s'agit d'un cours d'eau, on aura soin de prendre l'eau de boisson en amont des grandes agglomérations.

Art. 16. — Prophylaxie de l'alcoolisme, des maladies vénériennes et contagieuses.

Des conférences sont faites aux sous-officiers et aux hommes de troupe par les médecins et les officiers des escadrons sur les dangers de l'alcoolisme, des maladies vénériennes, des maladies contagieuses, et sur leur prophylaxie.

Les médecins signalent le bénéfice des vaccinations jennériennes et antityphoïdiques.

En ce qui concerne la syphilis, on insiste en particulier sur l'obligation qui est faite de se présenter au médecin dès le début de l'affection, non seulement pour recevoir des soins, mais pour éviter la contagion de l'entourage.

Art. 17. — Mesures à prendre en cas d'épidémie.

En temps d'épidémie, l'alimentation doit être plus soignée; on distribue des suppléments de viande, de vin, de thé.

Les règles relatives à la propreté des hommes et à la propreté des locaux sont l'objet d'une attention spéciale.

Les exercices et la fatigue sont réduits dans la mesure jugée nécessaire. On relève le moral des hommes. Les mesures spéciales de prophylaxie sont proposées par le service de santé suivant la nature et la gravité de l'épidémie.

ANNEXE C.

Indiquant les quantités de paille de couchage à distribuer aux troupes dans les diverses positions.

PARTIES PRENANTES.	QUANTITÉS DISTRIBUÉES.	PÉRIODE DE DURÉE DE LA PAILLE.	OBSERVATIONS.
Hommes couchés dans des lits de troupe non pourvus de sommiers.............	10 kil. pour la paillasse....	6 mois au plus.	(1) La constitution du lit auxiliaire est la même pour la troupe et pour les officiers à qui il en est délivré exceptionnellement.
Hommes faisant usage de lits auxiliaires dans les chambres de troupe, baraquements, camps (1)....	10 kil. pour la paillasse, 2 kil. pour le traversin....	Toute la durée de l'appel pour les réservistes et les territoriaux, 1 mois pour les troupes casernées, baraquées ou campées (2).	(2) Cette durée peut être portée à 4 mois lorsque le lit auxiliaire comporte pour support un châlit. (3) La paille est mise en commun sur le sol, sous la tente ou sur le lit de camp dans la baraque.
Hommes de garde ou subissant une punition dans les locaux disciplinaires.	14 kil. pour la paillasse, 2 kil. pour le traversin ...	4 mois.	S'il y a lieu, les officiers touchent également de la paille de couchage. La composition de la ration perçue pour eux est double de celle de la troupe.
Hommes cantonnés chez l'habitant, séjournant sur un même point pendant plus de trois nuits.......	1 ration de 5 kil. de paille longue......	15 jours.	(4) Les commandants de corps d'armée ou les directeurs de manœuvre peuvent ordonner des distributions quotidiennes de paille de couchage comportant une ration ou une 1/2 ration par homme, mais seulement à titre exceptionnel lorsqu'ils en reconnaissent la nécessité, eu
Hommes cantonnant chez l'habitant, séjournant sur un même point pendant 3 nuits ou moins de 3 nuits (4)............	1 ration ou 1/2 ration à titre tout à fait exceptionnel...	»	égard à la situation du cantonnement, à la saison et à l'état des troupes. La fourniture de cette paille est à la charge de la masse de couchage et l'ordre est mis à l'appui de la dépense.
Hommes campés ou baraqués ne faisant pas usage de lits auxiliaires (3)........	1 ration de 5 kil. de paille longue........	15 jours.	(5) Du 1er octobre au 1er avril.
Hommes bivouaqués..	1/2 ration soit 2 kil. 500 de paille longue	Renouvelable chaque jour.	
Troupes en marche en Algérie ou en Tunisie :			

PARTIES PRENANTES.	QUANTITÉS DISTRIBUÉES.	PÉRIODE DE DURÉE DE LA PAILLE.	OBSERVATIONS.
a) Devant coucher sous la tente dans le même lieu :			
Plus de 8 nuits.......	1 ration.......		
De 3 à 8 nuits.........	1/2 ration.....		
1 ou 2 nuits dans la saison froide (5)....	1/2 ration.....	Renouvelable en principe tous les 15 jours ou à chaque changement de détachement.	
b) Couchant dans les dépots d'isolés :			
Plus de 8 nuits.......	1 ration.......		
8 nuits ou moins.....	1/2 ration.....		

Nota. — Les taux indiqués dans l'annexe qui précède sont calculés pour de la paille longue de froment ou de seigle. A défaut de cette paille, on lui substitue des substances similaires qu'on trouve sur le pays, en modifiant au besoin le taux de la ration. Ainsi à 1 kil. de paille courte (paille d'avoine) ou de paille brisée dépiquée sous les pieds des chevaux, 1 kil. de paille de maïs, des quantités variables d'alfa ou de diss (en Afrique).

ANNEXE **D**.
Soins à donner aux chevaux.

CHAPITRE PREMIER.
Soins journaliers.

ART. 1er. — **Avant le travail.**

Avant de seller, brosser rapidement le cheval avec la brosse en chiendent pour enlever la poussière et le crottin, nettoyer les sabots, curer les pieds et vérifier l'état de la ferrure et passer la brosse humide sur les crins.

ART. 2. — **A la rentrée.**

Il faut éviter, autant que possible, de ramener les chevaux en sueur au quartier.

En rentrant du travail, attacher le cheval hors des écuries toutes les fois que la température le permet, le débrider et le desseller, puis, afin de sécher rapidement le poil, prendre un bouchon de paille dans chaque main et frictionner vivement l'encolure, la poitrine, le ventre et les flancs, passer ensuite deux ou trois fois, dans le sens du poil, l'éponge légèrement imbibée d'eau très propre, sur la partie du corps correspondant à la selle, de façon à enlever la sueur et les sécrétions de la peau, changer l'eau à chaque fois et essuyer avec l'éponge, après en avoir complètement exprimé l'eau.

Procéder alors au massage de l'emplacement de la selle, tapoter légèrement le dos avec les mains bien à plat, en changeant de place à chaque tapotement, puis masser avec la paume de la main, en la glissant toujours d'avant en arrière dans le sens du poil.

Plus la peau est fine, plus la sensibilité du cheval est grande, plus il faut tapoter et masser légèrement.

Le massage a pour but de rétablir la circulation et doit, pour être efficace, durer cinq à dix minutes. On achève ainsi de sécher le dos.

Brosser ensuite, avec la brosse en chiendent, les cuisses et les membres en allant de haut en bas; passer l'éponge mouillée sur les yeux, les naseaux, le fourreau et l'anus; laver les paturons et les sécher soigneusement avec l'éponge ou avec l'époussette formant tampon (il faut éviter, dans cette opération, d'imprimer à l'époussette un mouvement de va-et-vient qui pourrait irriter la peau et occasionner des crevasses); curer les pieds. Si la queue est crottée, frotter les crins les uns contre les autres, tremper le fouet dans l'eau et l'égoutter. Enfin rentrer le cheval à l'écurie et le couvrir, si c'est nécessaire en raison de la température.

Si le cheval transpire à nouveau quand il est à l'écurie, le cavalier le bouchonne une deuxième fois jusqu'à ce qu'il soit sec.

ART. 3. — **Pansage.**

Le pansage a pour but de faciliter les sécrétions de la peau en la débarrassant des corps étrangers qui la souillent.

Le pansage a lieu au moins une fois par jour, autant que possible après le travail et hors des écuries, toutes les fois que la température le permet.

Il doit être exécuté avec la plus grande activité. Les différentes opérations du pansage sont indiquées ci-après :

Tout d'abord, curer les pieds.

Si le cheval a le poil un peu fort et la peau épaisse, se servir de l'étrille; la passer légèrement à rebrousse poil sur toutes les parties charnues, à gauche et à droite, en commençant par la croupe. Toutes les parties osseuses, comme la face interne et les extrémités des membres, la tête, l'épine dorsale, le garrot, la pointe des hanches sont très sensibles et ne doivent jamais être touchées par l'étrille.

Si le cheval a le poil fin ou s'il est tondu, l'étrille est inutile : l'emploi de la brosse en chiendent suffit pour faire tomber la boue et la crasse.

Lorsque le cheval a été étrillé ou bouchonné, le pansage est continué au moyen de la brosse à cheval. Prendre l'étrille de la main gauche, les dents en dessus, et la brosse à cheval de la main droite; brosser la tête, puis l'encolure et tout le côté gauche; exécuter la même opération du côté droit en commençant par la tête, en ayant soin, après chaque coup de brosse, donné d'abord à rebrousse poil, puis dans le sens du poil, de passer la brosse sur l'étrille, pour enlever la crasse. Quand l'étrille en est chargée, la frapper légèrement sur le sol, en arrière du cheval.

Panser les membres de même, en commençant toujours par la partie supérieure.

Passer l'époussette sur toutes les parties du corps, pour lisser et lustrer le poil.

Brosser le toupet et la crinière, que l'on ramène par mèches successivement sur le côté droit, puis sur le côté gauche; nettoyer la queue en la séparant par mèches et en brosser le tronçon pour éviter les démangeaisons qu'y produirait la crasse.

Passer la brosse en chiendent, légèrement trempée dans l'eau, sur tous les crins, puis l'éponge mouillée sur les yeux, les naseaux, le fourreau et l'anus, laver les paturons et les sécher soigneusement à l'époussette.

Le lavage à grande eau est très exceptionnellement pratiqué, et seulement à la belle saison, lorsque la température le permet; le cheval est toujours parfaitement séché, après le lavage et avant d'être rentré à l'écurie.

Les membres du cheval doivent être l'objet d'une attention constante. Si, en passant la main sur les canons et les boulets, le cavalier sent de la chaleur, ou s'il existe un peu d'engorgement ou de douleur, il en rend compte immédiatement. Tout commencement de tare doit être signalé au vétérinaire.

Il est nécessaire de laver fréquemment les membres du cheval au moyen d'une éponge trempée dans l'eau propre, surtout quand ils sont couverts de poussière ou de boue. Après le lavage, les membres sont bouchonnés et séchés.

Les paturons doivent être parfaitement séchés; on n'y laisse séjourner ni boue, ni sable, ni poussière et le cavalier signale la plus légère excoriation qu'il y remarque.

Une douche légère et de courte durée (dix minutes environ par cheval) est salutaire, en général, aux membres fatigués des chevaux. On ne doit pas, cependant, abuser de ce moyen, surtout pendant l'hiver, pour éviter l'apparition des crevasses des paturons qui en sont très fréquemment la conséquence.

Les pieds du cheval sont nettoyés et curés avant et après le travail, ainsi qu'à chaque pansage. Le cavalier s'assure que les fers ne sont ni cassés, ni ébranlés, ni usés, qu'il ne manque pas de clous, qu'il n'y a pas de corps étrangers dans le pied, que les rivets ne dépassent pas la paroi.

Tout cheval dont les sabots sont en mauvais état, les fourchettes échauffées, etc. est signalé immédiatement.

CHAPITRE II.

Soins périodiques.

ART. 4. — Entretien des crins de la crinière et de la queue.

Les crins de la queue et de la crinière sont nécessaires au cheval pour se défendre contre les mouches.

La crinière peut être coupée ras sur la partie de la nuque qui correspond au passage de la têtière; elle ne doit jamais être taillée ras sur tout le bord supérieur de l'encolure.

Les crinières épaisses peuvent être émondées.

La queue, sauf dans les régiments montés en chevaux barbes, est coupée de manière que, tendue verticalement, elle arrive à quatre travers de doigts au dessus de la pointe du jarret.

On ne coupe les crins des paturons qu'aux chevaux communs et quand l'ordre en est donné.

Il est interdit de couper ou de brûler les crins qui recouvrent la couronne du pied et les longs poils qui se trouvent autour des yeux, des naseaux, des lèvres, et dans l'intérieur des oreilles. Les premiers, en effet, servent à protéger la couronne contre les atteintes et les diverses blessures; les seconds, tout en étant des organes de tact, servent également à protéger les cavités qu'ils entourent contre la pénétration d'insectes ou de corps étrangers.

On peut, à l'aide d'un brûloir spécial, brûler les longs poils qui se trouvent dans l'auge, à la partie inférieure de l'encolure, du poitrail, sous le ventre, à la face interne des avant-bras, des jambes et des cuisses, et aux extrémités des membres de certains chevaux, de façon à leur donner un aspect moins commun.

On peut également employer à cet effet un long bottillon de paille non serrée qu'on allume et dont on passe rapidement la flamme sur les régions indiquées. Le bottillon doit être tenu à une distance suffisante de la peau pour ne pas occasionner de brûlures.

Au moyen de la brosse en chiendent, on fait, au fur et à mesure, tomber les poils brûlés. Cette opération assez délicate est toujours confiée à un gradé.

ART. 5. — Ferrure.

En dehors des cas accidentels (cheval déferré, fer cassé, etc.), le renouvellement de la ferrure doit être attentivement surveillé; en principe, les chevaux de l'armée sont ferrés tous les trente jours; dans aucun cas, on ne doit dépasser quarante jours de ferrure sous peine de voir se produire des déformations du sabot, modifiant les aplombs et provoquant de la fatigue du membre correspondant.

On reconnaît qu'un cheval a besoin d'être ferré aux signes suivants : la corne, ayant poussé constamment et le fer n'ayant pas changé de dimensions, celui-ci paraît plus étroit et plus court que le pied; il semble avoir glissé en avant; la corne déborde le fer et forme des éclats; les rivets manquent de solidité. Si on lève le pied, on voit le fer éloigné de la sole, les éponges du fer ne recouvrent plus les talons et s'incrustent dans la sole.

ART. 6. — Tonte.

La tonte est une mesure exceptionnelle autorisée par le chef de corps. Pour la pratiquer, il est indiqué d'attendre que les chevaux aient complètement pris leur poil d'hiver.

On ne tond ni l'emplacement de la selle, ni les membres.

Après la tonte, les chevaux sont couverts et placés dans une partie de l'écurie à l'abri des courants d'air.

ART. 7. — Bains.

Les bains que l'on peut faire prendre aux chevaux, à la belle saison, ne doivent être ni trop prolongés ni trop fréquents pour ne pas compromettre la solidité de la ferrure; les clous sont, en effet, souvent ébranlés par les alternatives de sécheresse et d'humidité de la corne.

ART. 8. — Chute du poil.

Dès l'apparition des premières chaleurs, les chevaux perdent leur poil d'hiver; cette mue s'accompagne quelquefois, surtout chez les jeunes chevaux, d'une sorte de nonchalance générale de l'animal qui devient mou au travail, se fatigue vite et est exposé à se couronner. Pendant cette période, qui peut durer une quinzaine de jours, il est prudent de surveiller et de ménager, dans la mesure du possible, les chevaux qui paraissent les plus éprouvés.

CHAPITRE III.
Alimentation des chevaux.

LA RATION.

ART. 9. — **Nature et taux.**

Les denrées qui composent la ration habituelle du cheval sont : l'avoine, le foin, la paille et, exceptionnellement, l'orge.

Si ces denrées font défaut ou si la santé des chevaux l'exige, des substitutions peuvent être faites. Les conditions dans lesquelles doivent être opérées ces substitutions sont déterminées par les règlements ministériels.

Les denrées de substitution le plus habituellement employées sont : la luzerne, le sainfoin, la farine d'orge, le son, le vert, les carottes.

Le remplacement des grains par du fourrage n'est admis en temps de paix que dans le cas d'absolue nécessité.

La ration journalière du cheval est réglée par les tarifs ministériels; toutefois, il appartient aux chefs de corps de déterminer les circonstances dans lesquelles pourront être faites les économies d'avoine sans dépasser les proportions indiquées à l'article : « Moyens de prévenir le surmenage des chevaux. »

ART. 10. — **Caractères distinctifs des denrées fourragères.**

La qualité des aliments absorbés par le cheval a une influence directe sur sa santé et l'ingestion de denrées avariées ou simplement défectueuses peut favoriser l'éclosion des maladies typhoïdes; la connaissance des caractères distinctifs des principales denrées fourragères présente donc un intérêt particulier.

Foin. — Le foin de bonne qualité, le seul que l'on doive accepter pour la nourriture des chevaux, a une couleur verte, franche, et un peu foncée, une odeur légèrement aromatique; ses tiges sont fines et souples; s'il est cassant et se brise à la moindre manutention, c'est qu'il est trop mûr et trop ancien de conservation; il doit être parfaitement sec, exempt de poussière et d'herbes non nutritives, comme les joncs et les roseaux.

Plus un foin est fin, court et aromatique, meilleure est sa composition.

Un vieux foin est moins nutritif qu'un foin nouveau ou de conservation récente.

Plus un foin est plat, long, grossier, pailleux et sans arome, moins bonne est sa composition.

On doit rejeter les foins grossiers dont les tiges sont ligneuses, coriaces, ceux qui ont une couleur terne ou noirâtre (rouillés); les foins secs, cassants, décolorés (trop mûrs), les foins pâles, décolorés, sans arome (lavés), les foins moisis, vasés.

Paille. — La paille de froment est seule admise pour la nourriture des chevaux.

La paille de bonne qualité est de couleur jaune doré, plus ou moins foncé; elle n'a pas d'odeur et presque pas de saveur; les tiges qui la forment, plus ou moins grosses, doivent être pleines, garnies de leurs feuilles, moelleuses, sèches, non cassantes et non poussièreuses.

A la paille peuvent se trouver mélangées des plantes étrangères qui, lorsqu'elles sont bonnes elles-mêmes, lui donnent une valeur nutritive plus grande et font dire que la paille est fourragère; si les plantes étrangères sont au contraire de mauvaise qualité, la paille doit être rejetée.

On doit rejeter également les pailles qui ont été mouillées et qui ont un aspect grisâtre (pailles grises), les pailles rouillées ou charbonnées atteintes par une maladie spéciale (rouille, charbon) et qui peuvent être mauvaises pour la santé des chevaux; les pailles trop vieilles qui sont vermoulues, cassantes, poussiéreuses; les pailles odorantes, malpropres, moisies.

On peut accepter comme paille de litière les pailles d'avoine, d'orge ou de seigle; mais on doit refuser, même pour cet usage, les pailles qui présentent des altérations susceptibles de nuire à la santé des chevaux.

Avoine. — L'avoine est l'aliment de résistance dans la ration du cheval.

L'avoine de bonne qualité est bien sèche et coule facilement entre les doigts; son écorce est mince, brillante et lustrée, sans rides; son amande est serrée, blanche; elle laisse, quand on l'écrase dans la bouche, une saveur agréable et farineuse; versée d'une certaine hauteur sur un corps dur, elle rend un bruit sec; son odeur est presque insensible.

L'avoine doit renfermer le moins possible de graines étrangères, être propre et non poussièreuse.

On doit rejeter les avoines pailleuses ou trop poussiéreuses, humides, mal odorantes, moisies, germées, rouillées et charbonnées.

Orge. — L'orge de bonne qualité est bien sèche, coulante à la main, d'une belle couleur franche, exempte de mauvaise odeur ou d'altération quelconque.

Les conditions à remplir pour les avoines sont applicables à l'orge.

Son. — Le son doit être frais, sans odeur et d'une saveur douce; c'est un aliment dénué de valeur alimentaire; on le rend meilleur en le mélangeant à de la farine d'orge, à des gruaux ou à des remoulures.

Farine d'orge. — La farine d'orge doit provenir d'une orge de bonne qualité; elle doit être récemment moulue, avoir une coloration blanche, légèrement jaunâtre, et être exempte de toute altération.

ART. 11. — **Repas des chevaux.**

En principe, les chevaux font par jour deux repas principaux et sensiblement équivalents : le premier, le matin, avant ou après le travail, selon la saison ou les circonstances; le deuxième, le soir. L'avoine est donnée à ces deux repas et toujours après l'abreuvage. Les repas principaux doivent être donnés deux heures au moins avant le travail.

Afin que les chevaux ne sortent pas à jeun, lorsque le travail a lieu le matin, on distribue en temps voulu, avant le départ, un quart de la ration de foin. Il en est de même lorsque le premier repas des chevaux a lieu à une heure tardive de la matinée.

Les chevaux délicats, ceux qui mangent peu et boivent lentement, sont groupés à part et sont l'objet de soins particuliers pour leur régime alimentaire (repas moins copieux et plus fréquents, seau rempli d'eau mis en permanence à leur disposition, etc.). On les signale à l'attention du service vétérinaire.

Les rations des chevaux absents de l'écurie au moment des repas sont mises de côté et leur sont données après leur rentrée. Le commandement a le devoir d'y veiller.

ART. 12. — **Abreuvage.**

Les chevaux boivent au moins deux fois par jour, en toute saison.

On ne doit jamais laisser les chevaux boire d'un seul trait, mais toujours leur couper l'eau.

En été, les auges sont remplies une heure au moins avant l'abreuvage.

ALIMENTATION PARTICULIÈRE.

ART. 13. — Mashs.

Les mashs sont donnés aux chevaux fatigués, en mauvais état d'entretien, à appétit capricieux, échauffés par l'avoine ou atteints d'inflammation chronique de l'intestin.

Les mashs sont préparés par les soins du service vétérinaire et varient dans leur composition, selon la nature des cas qui en réclament l'emploi.

En principe, et avec quelques variantes suivant le poids du cheval et le taux de sa ration normale, il entre dans la composition d'un mash :

Paille hachée.	200	grammes.
Foin haché.	200	—
Avoine.	500	—
Son.	160	—
Farine d'orge.	80	—
Sel marin.	10	—
Graine de lin (1).	30	—

Les mashs se préparent généralement de la façon suivante : le foin et la paille hachés, l'avoine, le sel marin, et, s'il y a lieu, la graine de lin, étant disposés par couches dans un seau, on les arrose avec environ 2 litres d'eau bouillante. Le son et la farine d'orge sont alors déposés à la surface du mélange pour en éviter l'évaporation. Une couverture recouvrant le récipient est maintenue jusqu'à refroidissement de la préparation. Celle-ci est enfin soigneusement brassée avant distribution.

La difficulté de se procurer l'eau chaude peut obliger à préparer le mash à froid. Il faut, dans ce cas, faire dissoudre d'abord le sel marin dans l'eau, puis brasser immédiatement toutes les substances composantes et les laisser macérer pendant six heures environ. Le mash préparé à froid ne comporte pas de graine de lin.

---

(1) Réservée comme médicament pour quelques chevaux atteints d'inflammation intestinale chronique.

Un mash doit toujours être distribué dans les vingt-quatre heures qui suivent sa préparation.

ART. 14. — **Vert.**

Le vert est un régime alimentaire auquel on soumet temporairement, au printemps, certains chevaux, dans le but de rétablir leur état général ou leur santé.

Le régime du vert est exclusivement réservé aux jeunes chevaux et mulets de 6 ans et au-dessous, ainsi qu'aux chevaux et mulets malades ou convalescents.

Sa durée maxima, qui peut ne pas être atteinte, est, en principe, fixée à trente jours.

Les jeunes chevaux et mulets auxquels ce régime est reconnu devoir être favorable sont, après avis du vétérinaire chef de service, désignés par le chef de corps ou de détachement; ils ne reçoivent à l'écurie que le quart de la ration de vert.

Les chevaux et mulets malades ou convalescents prennent le vert à l'écurie ou à la prairie, lorsque la localité occupée par le corps le permet; ces deux modes du régime peuvent d'ailleurs être employés simultanément pour des catégories distinctes de malades ou de convalescents.

Les chevaux sont désignés par le vétérinaire chef de service qui fixe, pour chacun d'eux, la durée du régime, et, s'il y a lieu, la proportion de vert à distribuer à l'écurie.

Le vert en liberté est, de préférence, réservé aux chevaux convalescents de maladies graves, à ceux atteints d'affections chroniques des membres ou des pieds; ces animaux sont parqués pendant le jour et consomment le vert en liberté. Pendant la nuit, ils sont logés dans des écuries ou sous des hangars. Ils reçoivent dans ces locaux leur ration d'avoine en deux parties égales, le matin et le soir; la paille qui leur est allouée sert à confectionner les litières.

Les fourrages verts peuvent être le sainfoin, la luzerne, le trèfle, ou tous autres produits de prairies naturelles ou artificielles, selon les ressources du pays.

Toute livraison ayant subi un commencement de dessiccation ou ne remplissant pas les conditions de qualité requises est refusée.

L'herbe doit être coupée seulement quelques heures avant la distribution; dès l'arrivée au quartier, le matin, elle est mélangée à du foin sec et conservée à l'abri du soleil dans un endroit propre et bien aéré; le vert, ainsi mélangé, est distribué dans la journée et ne doit jamais, à cause des dangers de fermentation, être conservé pendant plus de vingt-qautre heures.

En raison des déjections abondantes qu'il occasionne chez les chevaux, les écuries sont bien aérées et tenues avec une rigoureuse propreté.

CHAPITRE IV.

ART. 15. — **Du travail.**

Lorsque le travail est modéré et en rapport avec les forces du cheval, il concourt à l'entretenir en santé et à accroître sa vigueur. Quand, au contraire, il est trop considérable et dépasse la limite de résistance de l'organisme, il devient la source de nombreuses maladies et accidents.

Le travail a donc une importance de premier ordre, puisque, suivant la manière dont on le dirige, il est salutaire ou pernicieux.

Un repos prolongé, en laissant les muscles dans l'inaction, diminue leur puissance de contraction, nuit à l'exercice normal des autres fonctions; l'animal engraisse et devient mou au travail.

Un travail régulier, au contraire, active toute les fonctions, entretient les forces et prépare le cheval à supporter les fatigues de l'existence militaire.

Un cheval est en condition lorsque ses organes ont atteint leur développement rationnel et que, grâce à un travail progressif, des soins judicieux et une gymnastique appropriée, il a acquis l'endurance, la rusticité et l'adresse indispensable au cheval de guerre.

On reconnaît qu'un cheval est en condition lorsqu'il a les mouvements aisés, les muscles fermes, qu'il est peu chargé de graisse et qu'il a le poil brillant.

L'excès du travail aboutit au surmenage et a pour conséquence l'épuisement des organes, l'altération de leurs fonctions et l'usure prématurée des membres; le cheval s'amaigrit et s'use rapidement.

Le cheval est forcé, lorsque la somme de travail qui lui a été accidentellement demandée a dépassé la force de résistance de l'organisme. Cet état, qui est toujours très grave, se traduit par un essoufflement exagéré, des battements tumultueux du cœur, parfois perceptibles à distance, et souvent aussi par des saignements de nez. Le cheval peut survivre à cet accident, mais il est rare qu'il s'en remette complètement.

Comme conséquence, on peut poser les règles suivantes :

Un travail journalier est nécessaire à la santé des chevaux; le repos et le séjour trop prolongé dans les écuries sont préjudiciables à leur santé et à leur vigueur;

Il est nécessaire, par un travail graduellement augmenté, de remetre « en condition » tout cheval dont le travail a été interrompu pendant un certain temps.

L'excès de travail ruine promptement les chevaux et les expose à de très graves maladies.

Le travail ordinaire dans les régiments est assez actif pour maintenir les chevaux en santé. La progression du travail, croissante pendant les mois d'été, est, sauf exception, suffisante pour amener les chevaux en condition à l'époque des manœuvres d'automne.

Lorsque le travail ne peut être journalier, il doit être remplacé par des promenades au pas et au trot assez longues pour en tenir lieu.

Sous peine de ruiner prématurément les chevaux, il faut, chaque année, les remettre en état à l'issue des manœuvres; en conséquence, à cette époque, on les laisse au repos, dans la mesure où les nécessités du service le permettent.

CHAPITRE V.

ART. 16. — **Hygiène spéciale des jeunes chevaux.**

Les jeunes chevaux arrivant des dépôts de remonte, transportés dans un milieu et dans un climat auxquels ils ne sont pas habitués, passent par une phase critique qu'on appelle acclimatement et qui les prédispose à contracter des maladies assez nombreuses.

Il convient donc d'observer à leur égard avec la plus scrupuleuse attention toutes les prescriptions hygiéniques applicables aux chevaux d'âge.

A leur arrivée au corps, les jeunes chevaux sont groupés sous la surveillance du vétérinaire, soit à l'infirmerie vétérinaire, soit dans des écuries spéciales choisies parmi les meilleures du casernement. Ils sont répartis dans les unités lorsque tout danger de maladie contagieuse a disparu.

Le pansage joue un rôle des plus importants pour le maintien de la santé du jeune cheval; il est, en conséquence, essentiel d'en obtenir, par tous les moyens possibles, la parfaite exécution. Il est nécessaire de régler avec soin les heures des repas des jeunes chevaux, de surveiller leur appétit et d'examiner fréquemment leur dentition, de veiller à ce qu'ils reçoivent l'intégralité de leur ration, de prescrire les substitutions convenables d'après la saison, de déterminer la composition des mashs et d'en régler la distribution; enfin, de veiller à ce que les chevaux aient une bonne litière qui seule peut leur assurer le repos indispensable à leur santé. Le commandement donne des ordres en conséquence.

La mue (mars-avril) et le régime du vert (mai-juin), auquel il y a lieu de soumettre largement les jeunes chevaux, sont, pour eux, des causes de dépression. La diminution du travail devient à ce moment une règle absolue, ainsi que la suralimentation destinée à combattre cette dépression physique dont les effets se font souvent ressentir pendant un temps assez long.

Lorsque la température est basse, les jeunes chevaux sont couverts.

En résumé, pendant toute la période du dressage, les jeunes chevaux sont l'objet, de la part du commandement, d'une surveillance constante au point de vue de l'alimentation, du logement, du travail, du développement des tares et des maladies.

CHAPITRE VI.

ART. 17. — Soins à donner aux chevaux en route, en manœuvre et en campagne.

Il n'est pas toujours possible de se conformer, pendant les routes, les manœuvres et en campagne, aux prescriptions concernant l'hygiène des chevaux en vigueur dans les garnisons; on doit cependant s'efforcer de les observer autant que les circonstances le permettent, car l'état des chevaux et, par conséquent, le service qu'on peut exiger d'eux, dépendent en partie des soins qui leur sont donnés.

Les règles concernant la tenue des locaux, l'alimentation, l'abreuvage, les soins à donner avant et après le travail, le pansage, etc., seront appliquées dans la mesure du possible.

En campagne, tout commandant de troupe, tout cavalier ou conducteur isolé devra mettre à profit, dès qu'elles se présenteront, les circonstances qui lui paraîtront favorables pour alimenter et abreuver les chevaux.

L'examen journalier et minutieux des différentes parties du corps du cheval, la surveillance des membres et de la ferrure prennent une importance particulière puisque, plus encore qu'en garnison, il y a intérêt à soigner, dès le début, les maladies ou blessures qui viendraient à se produire.

Il convient de faire une remarque particulière relative aux soins à donner au dos.

Lorsque, à l'arrivée au cantonnement ou au bivouac, il n'est pas possible d'observer les prescriptions concernant les soins à donner au dos du cheval après l'avoir dessellé, il y a souvent intérêt à opérer de la façon suivante :

Après avoir débridé et attaché le cheval, on maintient la selle en place; mais, afin de réduire au minimum la compression sur le dos, on a soin de décharger le cheval en enlevant les parties pesantes du paquetage, et de dessangler.

En agissant ainsi on évite de provoquer le refroidissement brusque du dos. En outre, les vaisseaux sanguins comprimés par la selle reprennent peu à peu leur volume normal et la circulation se rétablit lentement.

On peut, de la sorte, prévenir souvent le développement de tumeurs susceptibles de devenir dans la suite la cause de blessures plus sérieuses.

Il demeure d'ailleurs entendu que la selle est enlevée aussitôt après l'arrivée, si le cavalier est en mesure de donner immédiatement au dos du cheval les soins prescrits. Dans aucun cas, la selle n'est maintenue plus de trois quarts d'heure en place.

CHAPITRE VII.

Soins à donner aux chevaux malades ou blessés.

CHEVAUX MALADES.

ART. 18. — **Signes à observer.**

Les gradés et hommes de troupe chargés de la surveillance des chevaux doivent connaître les signes auxquels on reconnaît qu'un cheval est malade, afin de pouvoir, en l'absence d'un vétérinaire ou lorsqu'ils sont isolés, faire donner les premiers soins indispensables.

On reconnaît qu'un cheval est malade :

Quand il ne mange pas ou qu'il mange moins qu'à l'ordinaire;

Quand il est triste, qu'il porte la tête basse ou se tient éloigné de la mangeoire à bout de longe;

Quand il tousse ou qu'il a la respiration accélérée;

Quand il s'agite, se tourmente, ou enfin qu'il y a dans sa manière d'être quelque chose d'anormal.

Dès qu'un cheval présente un ou plusieurs de ces signes de maladie, il faut : le sortir du rang, l'isoler, l'abriter le mieux possible, le tenir chaudement, en le couvrant si la température l'exige, lui supprimer l'avoine et le foin et ne lui donner à manger que de la paille et du barbotage.

ART. 19. — Toux.

Quand un cheval tousse, tout en conservant son appétit et sa gaieté, il faut le tenir chaudement en hiver, ne le sortir que couvert et par le beau temps.

ART. 20. — Inflammation de la gorge.

Si le cheval est triste, a de la peine à manger, s'il a la bouche baveuse et rejette des parcelles d'aliments par les naseaux, c'est le signe d'une inflammation de la gorge, qui peut devenir grave. On doit alors couvrir le cheval, lui envelopper la gorge avec une peau de mouton ou un morceau de couverture, afin de maintenir la chaleur dans cette région, et ne lui donner que de l'eau blanchie avec de la farine d'orge.

ART. 21. — Coliques.

Lorsque le cheval s'agite, se couche, se roule sur le sol, se relève pour se recoucher tout de suite, regarde son flanc, se plaint et se campe comme pour uriner, c'est l'indice qu'il est atteint de coliques; il faut le faire bouchonner vigoureusement, le bien couvrir et le promener au pas, lui donner quelques lavements tièdes si c'est possible, et le laisser à la diète complète. Il y a toujours danger à faire prendre de force des breuvages à un cheval atteint de coliques, en raison de la surcharge que le breuvage occasionne dans l'estomac et de la difficulté de l'opération pour les personnes inexpérimentées.

Soignées convenablement dès le début, les coliques sont le

plus souvent guérissables; aussi doit-on se hâter de prévenir le vétérinaire.

La plupart du temps, les maladies de l'appareil digestif, désignées sous le nom de coliques, sont imputables à une hygiène irrégulière de l'alimentation ou du travail et à des infractions aux prescriptions réglementaires : écarts de régime divers, repas trop réduits ou trop copieux, mal répartis ou pris trop vite par des animaux affamés ou gloutons, consommation accidentelle de denrées fourragères passées ou altérées (particulièrement luzerne ou sainfoin), abreuvage insuffisant ou excessif, ingestion d'eau froide par des animaux à jeun ou en sueur, refroidissements cutanés subits, travail trop rapproché des repas, fatigue, surmenage.

Si quelques-unes de ces causes sont liées aux nécessités du service et aux exigences de la vie militaire, il est incontestable que la plupart d'entre elles peuvent être évitées, atténuées ou combattues par la stricte application des mesures d'hygiène réglementaires.

ART. 22. — Fourbure.

Lorsque, après une grande fatigue ou un très long repos, un cheval a de la difficulté pour marcher, s'il a les pieds chauds, les membres postérieurs engagés sous le corps, les antérieurs portés en avant, il est fourbu. Les mesures à prendre sont les suivantes :

Soulager les pieds en faisant desserrer les fers et en les maintenant seulement par quelques clous, entourer les pieds au moyen de chiffons qu'on entretient humides en les arrosant fréquemment; si la température est favorable, mettre le cheval à l'eau pendant plusieurs heures jusqu'au-dessus des boulets.

CHEVAUX BLESSÉS.

ART. 23. — Blessures du harnachement.

Les blessures causées par le harnachement peuvent être de plusieurs sortes :

Si, après avoir enlevé la selle, on observe, sur les parties où elle a porté, une grosseur plus ou moins volumineuse communément appelée « gonfle », il faut immédiatement essayer de la faire disparaître par le massage; pour cela, le cavalier enduit légèrement la paume de sa main d'un corps gras, huile, graisse, ou, à défaut, de savon, et frotte longtemps, dans le sens du poil, en appuyant avec la paume de la main; si la grosseur ne disparaît pas complètement, il faut appliquer dessus une éponge constamment imbibée d'eau légèrement salée ou vinaigrée que l'on maintient avec un surfaix un peu serré; pour éviter les blessures que celui-ci pourrait amener sur la ligne saillante du dos, on interpose un bottillon de chaque côté. A défaut d'éponge, on peut se servir d'une motte de gazon fixée dans les mêmes conditions, la partie herbeuse de la motte étant mise en contact avec la peau.

Il sera prudent de ne pas monter le cheval avant la disparition complète de la grosseur.

Lorsque la blessure s'accompage d'une plaie superficielle, elle doit être soigneusement nettoyée avec de l'eau ordinaire ou, mieux, légèrement vinaigrée ou salée, afin d'éviter la formation de croûtes épaisses; il est bon, dans ce cas, de fixer à la couverture un carré de toile cirée, débordant largement la plaie et enduite très légèrement d'un corps gras, huile, graisse ou vaseline.

Les blessures produites par la sangle sont traitées de la même façon.

Les cors ou mortifications de la peau qui se forment sur le dos ou sur les côtes sont respectés aussi longtemps qu'ils permettent l'utilisation du cheval, c'est-à-dire tant qu'ils ne sont pas accompagnés d'une grosse tuméfaction toujours extrêmement sensible et indice de la formation d'un abcès; en route ou en manœuvres, on doit toucher le moins possible aux cors et se borner à un simple nettoyage journalier.

Les blessures qui se forment sur la nuque, sur le garrot, et sur le rein, doivent être attentivement surveillées et soignées, en raison des complications fréquentes et parfois graves qui peuvent survenir.

Les blessures du harnachement doivent être soignées, dès le début, d'une façon rationnelle, pour éviter leur aggravation; aussi doit-on présenter, chaque fois que cela est possible, les chevaux blessés à la visite du vétérinaire, dès l'apparition des blessures.

ART. 24. — **Blessures et accidents divers.**

Les coups de pied, atteintes, chutes sur les genoux, couronnements, embarrures, prises de longe, sont des accidents fréquents; les plaies qui en résultent doivent être nettoyées journellement par des lotions d'eau vinaigrée ou salée. Lorsque la plaie donne lieu à une hémorragie (écoulement abondant du sang), on l'entoure, si possible, au moyen d'un mouchoir, d'une cravate ou d'un linge propres que l'on serre assez fort. Si la plaie ne peut pas être entourée, on la recouvre de la même façon et on comprime le pansement avec la main jusqu'à ce que le sang ne s'écoule plus.

Quand un cheval boite, on examine tout d'abord le pied et on s'assure qu'il n'y a pas de cailloux, graviers, etc., enfoncés entre le fer et la corne, ni de clou ayant pénétré dans la sole ou dans la fourchette. Le corps étranger est retiré immédiatement s'il y a lieu, et, lorsque le pied est sensible, on fait prendre des bains de pied au cheval.

Si le pied n'est pas sensible, il faut examiner le membre, le palper dans toute son étendue pour déterminer la région douloureuse; il convient surtout d'explorer avec soin les articulations et la région tendineuse du canon, en en comparant la sensibilité et le volume avec la sensibilité et le volume des mêmes parties du membre opposé; s'il y a de l'engorgement ou de la chaleur, on fait prendre des bains au membre malade, dans un seau de bois ou mieux dans un cours d'eau.

Dans le pli du paturon existent parfois des crevasses; elles sont le résultat soit du manque de soins, soit d'une prise de longe, soit du séjour dans un terrain boueux. Il faut couper les poils autour de la plaie, la nettoyer et appliquer, en petite quantité, de la glycérine ou de la vaseline boriquée. Si le cheval peut être laissé au repos, on place dans le pli du paturon un tampon de coton imbibé d'eau blanche très légère, d'alcool ou d'eau-de-vie ordinaire maintenu en place par un pansement à demeure.

Jusqu'à guérison complète, on évite de faire passer les chevaux dans l'eau et dans la boue.

CHAPITRE VIII.

ART. 25. — **Moyens de prévenir le surmenage des chevaux.**

L'extension des épizooties qui sévissent dans l'armée est attribuée à un état de surmenage chronique des chevaux, qui favorise l'éclosion et la propagation des maladies contagieuses. Il y a lieu de déterminer les causes susceptibles de provoquer ce surmenage et les moyens capables de l'empêcher de se produire.

ART. 26. — **Travail imposé aux chevaux.**

La principale cause du surmenage réside dans le travail intensif et continu imposé aux chevaux, par suite des nécessités de la préparation constante à la guerre et de l'arrivée des recrues qui coïncide, à peu de jours près, avec le retour des manœuvres.

On doit donc surveiller au jour le jour l'état de santé de chaque cheval et ralentir, au besoin même arrêter, dans son travail celui qui donne des signes de dépérissement ou de fatigue, afin de pouvoir lui assurer le repos, les soins et l'alimentation nécessaires pour le remettre en condition.

ALIMENTATION.

ART. 27. — **Economie d'avoine.**

A un travail intensif et continu, doit correspondre une alimentation suffisante pour compenser l'action déprimante des fatigues imposées aux chevaux.

Il faut admettre comme principe que la ration journalière est le minimum de nourriture indispensable à un cheval soumis à un travail régulier, pour lui permettre de supporter ce travail sans déchéance.

La réalisation d'économies d'avoine considérables, prélevées pendant le travail d'hiver sur la ration journalière et destinées à augmenter cette ration pendant le travail d'été, est une pratique à rejeter.

En effet, l'avoine est une nourriture substantielle indispensable aux chevaux pendant la mauvaise saison, pour leur permettre de se défendre contre le froid. Si, pendant cette période, les chevaux, qui, d'ailleurs, ne cessent pas de se dépenser dans le travail journalier, sont insuffisamment alimentés en avoine, ils dépérissent et ne peuvent être ultérieurement remis en état qu'au prix de soins et de ménagements nuisibles à la marche normale de l'instruction.

C'est une erreur de croire qu'on peut, sans inconvénient, mettre en consommation, dans la période précédant immédiatement les déplacements de longue durée, l'avoine économisée pendant l'hiver. En augmentant brusquement la ration, dans des proportions excessives, sous prétexte de mettre les chevaux en état de supporter les fatigues des grandes manœuvres, on risque de provoquer des indigestions. Ce procédé ne peut, d'ailleurs, communiquer aux chevaux qu'une vigueur factice absolument différente de la résistance soutenue, qui est une qualité propre aux chevaux nourris régulièrement pendant toute l'année; qualité indispensable au cheval de guerre qui doit être capable d'entrer en campagne du jour au lendemain, en parfaite condition et en possession de réserves de forces susceptibles de durer.

En conséquence, les chevaux qui travaillent doivent recevoir intégralement leur ration journalière.

Toutefois, comme il est admis, en principe, que la nourriture des chevaux doit être proportionnée au travail qui leur est demandé, le système des économies d'avoine ne saurait être condamné d'une manière absolue; il est seulement maintenu dans les limites suivantes :

Les économies d'avoine ne peuvent être réalisées qu'en cas de suppression ou de ralentissement considérable du travail et pour une période de courte durée;

Elles ne dépassent pas un dizième du taux de la ration journalière;

Lorsqu'elles sont mises en consommation, l'augmentation de la ration d'avoine ne doit pas être supérieure à un cinquième de la ration journalière.

ART. 28. — **Répartition de la ration journalière, repas du matin.**

Lorsque le travail a lieu dès le matin, et afin de ne pas laisser sortir les chevaux à jeun, on leur donne au réveil un quart de la ration de foin. Cette pratique est excellente en garnison et pendant les routes où, connaissant l'heure du travail ou du départ, on peut laisser aux chevaux le temps de manger ce premier repas.

Il n'en est pas de même en manœuvres ou en campagne, car l'heure du départ matinal peut alors être imprévue, si bien que le foin prélevé sur le repas du soir pour le repas du matin est, faute de temps, souvent gaspillé et quelquefois même totalement perdu. Pour éviter ce gaspillage, la ration de foin doit être complètement consommée au repas du soir.

Cependant, afin de ne pas laisser partir les chevaux à jeun, et étant donné qu'ils sont capables de consommer l'avoine environ trois fois plus vite que le foin, une petite partie de la ration d'avoine (500 grammes environ) peut être réservée pour leur être donnée le matin avant le départ.

Art. 29. — **Abreuvage.**

Pendant la période des grandes chaleurs, une nouvelle cause de surmenage vient s'ajouter aux fatigues du travail : la soif.

On y remédie par des abreuvages aussi fréquents que possible. En garnison, les chevaux sont abreuvés non seulement avant les deux repas principaux, mais aussi chaque fois qu'ils sortent de l'écurie, pour le pansage ou le travail, et en rentrant du travail.

En route, en manœuvres ou en campagne, ils sont abreuvés chaque fois qu'on en a l'occasion, et cette occasion devra être surtout recherchée, lorsque la chaleur et la poussière sont particulièrement pénibles à supporter.

Art. 30. — **Substitution éventuelle du foin à l'avoine.**

L'expérience a démontré que, pendant les périodes de grandes fatigues, les chevaux souffrent de l'insuffisance de foin, d'où la nécessité de ne rien perdre de cette denrée aux manœuvres. Après celles-ci, dès la rentrée en garnison et pendant un mois environ, on peut augmenter légèrement la ration de foin en diminuant proportionnellement celle d'avoine, sans toutefois réduire en rien le taux de l'ensemble de la ration journalière. Cette mesure a pour but de permettre aux chevaux de récupérer l'état qui leur fait défaut et de les empêcher de manger leur litière, ce qui est pour eux une nouvelle cause de fatigue et un danger de maladie.

La substitution du foin à l'avoine est autorisée dans les limites suivantes : abandon de 500 grammes d'avoine au maximum à remplacer par la qualité équivalente de foin, soit 1.000 grammes environ.

Art. 31. — **Qualités des denrées fourragères.**

Le manque de qualité des denrées a pour effet de diminuer la valeur nutritive de la ration journalière dans une proportion notable. On doit donc prendre tous les moyens nécessaires pour ne percevoir que des denrées de bonne qualité.

Les officiers qui reconnaissent les denrées avant les distributions, en garnison, et les officiers d'approvisionnement pendant les déplacements, n'ont pas toujours des connaissances suffisamment étendues pour déterminer si l'avoine et le fourrage qui leur sont proposés sont d'une qualité acceptable ou non. Il convient d'avoir recours à la compétence professionnelle des vétérinaires; en garnison, les denrées au magasin distributeur sont, en principe, examinées par un vétérinaire en même temps que par le capitaine commandant et l'officier chargé de les percevoir; pendant les déplacements, un vétérinaire est, au besoin, adjoint dans le même but à l'officier d'approvisionnement.

Afin d'empêcher la livraison aux parties prenantes de denrées de qualité inférieure et leur soustraction à l'examen des services compétents, il est interdit d'accepter, dans les magasins distributeurs, des denrées sur voiture n'ayant pas été entreposées.

La qualité des denrées entreposées dans les magasins doit être l'objet d'une surveillance attentive, plus efficace que celle qu'il est possible d'exercer avec le système des visites mensuelles reconnu insuffisant.

Les généraux commandant les corps d'armée font donc procéder fréquemment à des visites inopinées de ces magasins par les vétérinaires principaux, conformément aux dispositions contenues dans l'instruction du 27 décembre 1911, article 9, paragraphe 3, et article 16 (É. M., vol. 84); sur les rapports de ces vétérinaires et en s'inspirant des règles fixées par l'instruction sur le service des subsistances et par les cahiers des charges, ils prennent les dispositions que comporterait l'existence, dans un magasin, de denrées signalées comme étant de qualité critiquable.

ART. 32. — Quantité dés denrées.

S'il est indispensable de n'accepter que des denrées de bonne qualité, il est non moins nécessaire de percevoir intégralement les quantités de fourrage allouées.

En conséquence, les officiers de distribution doivent vérifier les instruments de pesage et surveiller personnellement les pesées avec la plus grande attention, afin d'éviter toute fraude.

ART. 33. — Pansage et entretien des écuries.

Le pansage et l'entretien des écuries ont une influence directe sur la santé des chevaux. Il y a donc lieu d'observer strictement, à cet égard, les prescriptions de la présente instruction et de ne pas diminuer la durée des séances qui sont consacrées aux soins à donner aux chevaux et à la propreté des écuries, quelle que soit d'ailleurs la durée des séances d'instruction auxquelles les cavaliers prennent part.

CHAPITRE IX.

Ajustage et entretien du harnachement.

Des blessures, quelquefois graves et susceptibles d'entraîner une longue indisponibilité, peuvent être causées aux chevaux par les pièces du harnachement.

Les gradés et cavaliers doivent donc connaître exactement les différentes opérations à effectuer pour ajuster chacune des parties du harnachement et les entretenir en bon état.

ART. 34. — Bride et licol de parade.

Ajustage. — On ajuste une bride en réglant la longueur des deux montants au moyen des boucles dont ils sont munis. Cette longueur doit être telle que les canons du mors soient à un ou deux travers de doigt au-dessus des coins (juments) ou des crochets (chevaux).

Le mors lui-même ne doit être ni trop étroit, pour que ses branches supérieures ne viennent pas comprimer et écorcher les joues, ni trop large, afin de ne pas ballotter dans la bouche du cheval.

La gourmette, mise sur son plat et accrochée, doit être suffisamment longue pour que l'on puisse passer deux doigts entre elle et la barbe. Lorsque la gourmette n'est pas mise sur son plat ou lorsqu'elle est trop serrée, elle a une action douloureuse et peut blesser le cheval.

Pour ajuster le licol de parade, il faut d'abord allonger plus ou moins les montants au moyen de la boucle du montant de gauche, afin que la muserolle ne frotte pas sur les saillies osseuses des joues, puis régler la longueur de la sous-gorge de manière que le cheval, tout en conservant la liberté de la respiration, ne puisse ni se débrider ni se délicotter.

ART. 35. — Entretien.

Chaque fois qu'une bride a servi, on nettoie les cuirs et les aciers.

Les cuirs sont, suivant le cas, simplement nettoyés avec une éponge humide ou bien savonnés et lavés. Dans aucun cas on ne les laisse séjourner dans l'eau.

On conserve aux cuirs leur souplesse en les graissant légèrement avec un mélange d'huile de pied de bœuf et de suif de mouton par parties égales. On fait pénétrer la graisse dans le cuir en frottant avec un linge sec.

Les aciers (mors de bride et filet) sont lavés et tenus au clair. On ne les graisse que s'ils doivent rester un certain temps sans servir.

ART. 36. — Bridon d'abreuvoir et licol d'écurie.

Ajustage. — L'ajustage du bridon se fait au moyen de la bou cle du dessus de tête; il faut donner aux montants du bridon une longueur telle que le mors de filet soit à hauteur des commissures des lèvres sans les plisser.

Pour ajuster le licol d'écurie, on boucle plus ou moins serré le dessus de tête, suivant les dimensions de la tête du cheval, de manière à empêcher celui-ci de se délicotter. Il faut veiller toutefois à ne pas gêner sa respiration.

ART. 37. — **Entretien.**

Le cuir hongroyé du bridon et du licol d'écurie est lavé et graissé comme il est dit pour le cuir de bride.

Le bridon et le licol ne doivent jamais traîner à terre ou dans la poussière.

ART. 38. — **Couverture.**

La couverture est destinée à amortir la pression et à adoucir les frottements de la selle sur le dos du cheval. Elle est entretenue avec soin, afin de rester souple et moelleuse.

Après avoir dessellé, on fait sécher, en évitant de l'exposer au soleil, la face qui était au contact du cheval et qui est toujours plus ou moins humide. La couverture est ensuite battue, puis brossée avec une brosse en crin (l'usage de la brosse en chiendent détériore la couverture et est interdit).

Tous les ans, la couverture doit être foulonnée.

Avant de seller, on secoue la couverture et on la plie soigneusement en quatre. La présence de corps étrangers (boue séchée, petits cailloux) ou de faux plis dans la couverture est une cause de blessures qu'un peu d'attention permet d'éviter.

SELLE.

De toutes les parties du harnachement, la selle est la plus délicate à ajuster. Comme les erreurs d'ajustage entraînent inévitablement des blessures pour le cheval, cette opération doit être faite avec le plus grand soin.

ART. 39. — **Ajustage de la selle.**

1° Passer d'abord au gabarit l'arçon dépourvu de sa matelassure, pour s'assurer de la symétrie parfaite des deux bandes et de leur régularité;

2° Placer l'arçon sur le dos du cheval et vérifier :

a) Si les bandes reposent bien à plat sur la partie la plus forte de la ligne du dos, avec un léger relèvement des extrémités. Il y a lieu, dans cette opération, de tenir compte de l'épaisseur de la matelassure et de celle de la couverture, qui viendront s'interposer entre le dos du cheval et les bandes d'arçon;

b) Si le siège a une position sensiblement horizontale.

Si ces deux conditions ne sont pas parfaitement remplies, on remédie aux différents défauts constatés par l'apposition, sous les bandes, de lames de feutre ou de cuir, ce qui permet, soit de remplir les vides, soit de redresser certaines parties ou de les incurver davantage.

Le léger relèvement des bandes est indispensable pour qu'aux extrémités l'appui aille en diminuant progressivement d'intensité. Ce relèvement, toutefois, ne doit pas être trop prononcé, car, en diminuant la surface d'appui, il provoquerait le roulement de la selle.

Le siège doit être horizontal pour que le cavalier soit d'aplomb et que le poids soit uniformément réparti sur toute la surface de contact avec le dos.

L'arçon une fois ajusté, le crin est également réparti dans les panneaux; il faut avoir soin d'en mettre une moins grande quantité aux extrémités, afin de faciliter le léger relèvement prescrit plus haut.

On évite de partir pour un déplacement de quelque durée avec des selles fraîchement rembourrées.

Art. 40. — **Entretien de l'arçon et de la matelassure.**

1° Passer au moins une fois par an, au retour des manœuvres, tous les arçons au gabarit, afin de s'assurer qu'ils ont conservé leur forme primitive;

2° Refaire complètement les opérations de l'ajustage toutes les fois qu'une selle change d'affectation;

3° Faire toujours rembourrer les deux panneaux ensemble et par le même ouvrier;

4° S'assurer fréquemment que le rembourrage des panneaux n'est pas remonté vers l'évidement et ne présente ni pelotes ni lacunes;

5° Voir si les arcades ne présentent pas de fêlures ou n'ont pas cédé;

6° Enfin, toutes les fois que le cheval a été blessé, rechercher soigneusement la cause et y apporter remède.

On évite les déformations de la matelassure en prenant les précautions suivantes :

a) Ne pas utiliser une selle pour monter un cheval autre que celui pour lequel elle a été ajustée.

En effet, même à conformation identique, la matelassure ne prend pas la même forme sur deux chevaux différents, à cause de la non similitude de leurs allures;

b) Ne pas empiler les selles les unes sur les autres soit dans les selleries ou magasins, soit au bivouac, mais les placer debout sur le pommeau.

ART. 41. — **Entretien journalier.**

Les cuirs de la selle sont entretenus comme ceux de la bride, exception faite pour le siège, que l'on graisse rarement; par contre, les faux quartiers et l'envers des quartiers doivent être fréquemment graissés et entretenus souples.

La toile des panneaux est soigneusement brossée; il est interdit de la laver.

HARNAIS D'ATTELAGE.

ART. 42. — **Ajustage des harnais.**

La bricole est placée de façon à se trouver sensiblement horizontale, son bord inférieur un peu au-dessus de la pointe des épaules, afin de ne pas gêner les mouvements du cheval. Si la bricole est trop haute, elle peut comprimer les voies respiratoires.

La sous-ventrière est bouclée de manière que l'on puisse passer le doigt entre elle et la sangle.

Le colleron est ajusté de telle sorte que, le cheval étant attelé, le timon soit horizontal.

L'avaloire est placée normalement à la partie du cheval située immédiatement au-dessous de la pointe de la fesse. Si l'avaloire est trop descendue, le cheval a moins de force pour arrêter ou faire reculer la voiture; si elle est trop remontée, elle passe facilement au-dessus de la pointe de la fesse, n'a aucune efficacité dans les arrêts ou dans les reculs, fait ruer le cheval et peut occasionner des blessures.

La plate-longe est bouclée à l'avaloire de manière à laisser au cheval une aisance suffisante dans ses mouvements.

ART. 43. — **Entretien des harnais.**

Les harnais doivent être suspendus et placés dans un endroit couvert.

Aussitôt après avoir dégarni le cheval, passer l'éponge humide sur toutes les parties du harnachement imprégnées de sueur et souillées par la boue et la poussière. Lorsque ces soins ne seront pas suffisants, laver avec l'éponge, essuyer ensuite et frotter avec une pièce de laine ou de drap, principalement le corps de bricole, pour lui conserver toute sa souplesse. Exposer les couvertures et les panneaux de selle à l'air lorsqu'ils sont mouillés ou imprégnés de sueur; les battre ensuite avec des baguettes pour leur conserver leur souplesse.

Les harnais en cuir fauve sont graissés, aussi souvent que l'exige leur état, avec un mélange d'huile de pied de bœuf et de suif de mouton par parties égales. Quatre graissages complets par an sont généralement suffisants.

Les harnais en cuir noir sont cirés; ils sont néanmoins graissés au moins quatre fois par an.

MODÈLES DU RÈGLEMENT

FORMAT :
Papier écolier, 31×20.

MODÈLE N° 1 *recto.*
Art. 25 du règlement du 25 août 1913.

ᵉ RÉGIMENT DE
SITUATION-RAPPORT du   au

État-major et Peloton hors rang.
191 .

DÉSIGNATION DES GRADES.

		PRÉSENTS.											ABSENTS.										
			NON DISPONIBLES.										En congé										
	Sous les armes.	A l'infirmerie.	Malades à la chambre.	Employés permanents du corps.	hors du corps.	Recrues.	Aux arrêts.	En prison.	En cellule.	Total.	Total des présents.	En permission.	de convalescence.	à tout autre titre.	À l'hôpital.	En jugement ou en détention.	Absence illégale ou manquant à l'appel.	Détachés.	Autres positions d'absence.	Total des absents.	Effectif total des présents et des absents.	Subsistants d'autres unités du corps.	Subsistants d'autres corps.	Réservistes.	Territoriaux.
---	---	---	---	---	---	---	---	---	---	---	---	---	---	---	---	---	---	---	---	---	---	---	---	---	---

OFFICIERS
ÉTAT-MAJOR

Colonel
Lieutenant-colonel
Chefs d'escadrons
Major
Capitaine adjoint au colonel
Capitaine du cadre complémentaire
Trésorier (   )
Officier chargé du matériel
Adjoint au trésorier (   )
Porte-étendard (   )
Médecins......... { major de 2ᵉ classe / aide-major
Vétérinaires... { major de 2ᵉ classe / aide-major

TOTAUX des officiers

TROUPE
PETIT ÉTAT-MAJOR

Adjudant-chef
Adjudants sous-officiers
Maréchal des logis trompette-major

Brigadier trompette
Chef armurier
Maître d'escrime

PELOTON HORS RANG

SERVICE ARMÉ

Mar. d. log. {
1ᵉʳ secrétaire du trésorier
garde-magasin d'habillement
chargé de l'infirmerie d. chevaux
maître-sellier

Brigadier fourrier

Brigadiers {
2ᵉ secrétaire du trésorier
1ᵉʳ secrét. de l'adjoint au trésorier
prévôts d'armes
chargé de l'infirmerie d. hommes
1ᵉʳˢ ouv. arm., selliers, tail., bottiers
secrétaire du colonel

Cavaliers {
3ᵉ secrétaire du trésorier
2ᵉ secr. de l'adjoint au trésorier
secrétaire du major
secr. de l'officier d'habillement
attaché à l'infirmerie d. chevaux
conduct. des équip. régimentaires
ouv. arm., selliers, tail., bottiers

SERVICE AUXILIAIRE

TOTAL

Réservistes
Territoriaux

TOTAL de la troupe

CHEVAUX.	PRÉSENTS.						ABSENTS.							
		NON DISPONIBLES.		Remonte.					DÉTACHÉS					OBSERVATIONS.
	Disponibles.	Indisponibles.	A l'infirmerie.	de moins de 5 ans.	de 5 ans et au-dessus.	Total des présents.	En subsistance dans d'autres portions du corps.	à titre exceptionnel.	à titre permanent.		Total des absents.	Effectif total.	Subsistants du corps.	
Appartenant aux officiers														
À l'État... { d'officier / de selle / de trait léger / de trait														
Mulets														
TOTAL														
Subsistants d'autres corps														
Poulains nés au corps														

PUNITIONS.

Modèle N° 1 *verso*.

NOMS ET MOTIFS.	ANNOTATION DU COMMANDANT (ou modification de la punition s'il y a lieu).	DÉCISION DU CHEF DE CORPS.

OBJET.	AVIS DU COMMANDANT.	DÉCISION DU CHEF DE CORPS.

OBJETS DIVERS.

(Mentionner dans cette partie les noms et grades et les motifs d'absence ou d'indisponibilité des officiers absents ou indisponible

A   , le   19

Le Capitaine (1)

(1) Nom très lisible

FORMAT :
Papier écolier, 31 × 20.

(A) Utiliser ces colonnes suivant les besoins (décomposition par grade des subsistants, des réservistes, etc.).

MODÈLE N° 1 *recto*.

Art. 25 du règlement du 25 août 1913.

e RÉGIMENT d

e ESCADRON

SITUATION-RAPPORT du

DÉSIGNATION DES GRADES.	Sous les armes.	PRÉSENTS.									TOTAL des présents.	ABSENTS.									TOTAL des absents.	EFFECTIF TOTAL DES PRÉSENTS ET DES ABSENTS.	(A)	(A)	(A)
		NON DISPONIBLES								TOTAL.		En permission.	EN CONGÉ		À l'hôpital.	En jugement ou en détention.	Absence illégale ou manquant à l'appel.	Détachés.	En subsistance dans d'autres portions du corps.	Autres positions d'absence.					
		À l'infirmerie.	Malades à la chambre.	employés permanents du corps.	employés permanents hors du corps.	Recrues.	En prison.	En cellule.					de convalescence.	à tout autre titre.											
OFFICIERS. Capitaine commandant...																									
Lieutenant en premier...																									
Lieutenant en second...																									
Sous-lieutenants...																									
TOTAL des officiers...																									
VICE ARMÉ. Aspirant...																									
Adjudant d'escadron...																									
Maréchal des logis chef...																									
Maréchal des logis...																									
Maréchal des logis fourrier																									
Brigadier fourrier...																									
Brigadier...																									
Maître-maréchal ferrant...																									
Trompettes...																									
TROUPE. Cavaliers de 1re classe, dont aides-maréchaux...																									
de 2e classe, dont aides-maréchaux, sellier, tailleur, bottier.																									
Service auxiliaire...																									
TOTAL...																									
Subsistants du corps...																									
Subsistants d'autres corps...																									
Réservistes...																									
Territoriaux...																									
Total de la troupe...																									

CHEVAUX.	PRÉSENTS.						ABSENTS.				TOTAL des absents.	EFFECTIF TOTAL.	SUBSISTANTS DU CORPS.			OBSERVATIONS.
	Disponibles.	Indisponibles.	NON DISPONIBLES.			TOTAL des présents.	En subsistance dans d'autres portions du corps	DÉTACHÉS.								
			À l'infirmerie.	Remonte. de moins de 5 ans.	de 5 ans et au-dessus.			à titre exceptionnel.	à titre permanent.							
Appartenant aux officiers...																
à l'État d'officier...																
de selle...																
de trait léger...																
de trait...																
Mulets...																
TOTAUX...																
Subsistants d'autres corps...																
Poulains nés au corps...																

PUNITIONS.

MODÈLE N° 1 verso.

NOMS ET MOTIFS.	ANNOTATION DU COMMANDANT (ou modification de la punition s'il y a lieu).	DÉCISION DU CHEF DE CORPS.

DEMANDES.

OBJET.	AVIS DU COMMANDANT.	DÉCISION DU CHEF DE CORPS.

OBJETS DIVERS.

Mentionner, dans cette partie, les noms et grades et les motifs d'absence ou d'indisponibilité des officiers absents ou indisponibles.)

A   , le   19 .

Le Capitaine (1)

(1) Nom très lisible.

CORPS D'ARMÉE.

DIVISION.

BRIGADE.

Régiment.

RAPPORT JOURNALIER
du   au   19   .

MODÈLE N° 2.

Art. 25 du règlement
du 25 août 1913.

Format : 31 × 20.

° Situation numérique (1).

DÉSIGNATION PAR GARNISON des fractions du corps.	OFFICIERS					TROUPE.					CHEVAUX.					
	PRÉSENTS.					PRÉSENTS.					D'OFFICIERS			DE TROUPE.		
	Sous les armes.	Indisponibles.	Total.	ABSENTS.	EFFECTIF total.	Sous les armes.	Indisponibles.	Total.	ABSENTS.	EFFECTIF total.	Présents.	Absents.	Total.	Présents.	Absents.	Total.

2° Indisponibles (1).

DÉSIGNATION PAR GARNISON des fractions du corps.	OFFICIERS (2).				TROUPE (2).								
	Malades à la chambre.		Employés.	TOTAL.	A l'infirmerie.	Malades à la chambre.	Recrues.	Employés.	Arrêts de rigueur (s.-off.)	En prison.	En cellule.		TOTAL.

3° Absents (1).

DÉSIGNATION PAR GARNISON des fractions du corps.	OFFICIERS (2).								TROUPE (2).										
	En permission.	En congé de conval.	En congé à tout autre titre.	Aux hôpitaux.	En jugement, en détention ou à la prison militaire	En absence illég.	Non arrivés.	En miss. ou dét.	TOTAL.	En permission.	En congé de conval.	En congé à tout autre titre.	Aux hôpit. du lieu	Aux hôpit. ext.	En jugement, en détention ou à la prison militaire	Déserteurs.	Manq. à l'appel.	En subsistance à d'autres corps.	En miss. ou dét.	TOTAL.

(1) La situation numérique, les tableaux des indisponibles et des absents ne sont remplis que les 1er, 11 et 21 du mois ou à l'arrivée et au départ de plus de 50 militaires de l'active, de la réserve, ou de l'armée territoriale.

(2) Ajouter les colonnes nécessaires suivant les besoins.

4º Fourni à la place ou à d'autres services exterieurs.

DÉSIGNATION DES SERVICES.	OFFICIERS.	SOUS-OFFICIERS.	CAPORAUX.	TAMBOURS ET CLAIRONS.	SOLDATS.	TOTAL du personnel	CHEVAUX.	VOITURES diverses.	OBSER-VATIONS.
Totaux......									

5º Etat nominatif des officiers devenus indisponibles, entrant en position d'absence, cessant d'être indisponibles, rentrant de position d'absence (au corps ou dans les divers détachements)

6° **Punitions supérieures à huit jours de prison pour les soldats et caporaux et punitions d'arrêts de rigueur pour les sous-officiers.**

7° **Récépissé des pièces.**

Réponse au rapport du   19   *et pièces y énoncées.*

8° **Envoi des pièces.**

NUMÉRO d'ordre.	DÉSIGNATION.	NOMBRE de pièces.

**9º Mouvements exécutés par le corps
ou par ses détachements.**

10º Demandes.

11º Evénements et objets divers.

12º Instruction.

A   , le   19

Le Colonel (1),

(1) Nom très lisible.

Corps ou service. }

MODÈLE Nº 3.

Art. 54 du règlement du 25 août 1913.

SERVICE DE SANTÉ

Format : 31×20.

RAPPORT du   au   191 .

MOUVEMENT DES MALADES.		GENRES DE MALADIES.			NOMS des entrants et des sortants.
		Fiévreux.	Blessés.	Autres affections.	
1º Aux hôpitaux.	Restants de la veille......				
	Entrés...............				
	Totaux.....				
	Sortis................				
	Décédés..............				
	Totaux.....				
	Restants après la visite.				
	Total....				
2º A l'infirmerie.	Restants de la veille.....				
	Entrés...............				
	Totaux.....				
	Sortis............				
	Restants après la visite..				
	Total.......				
3º Malades à la chambre.					NON RECONNUS malades.
	Totaux.......				
	Total.......				

OFFICIERS MALADES A LA CHAMBRE

COMPTE RENDU DE LA VISITE A L'HOPITAL

DEMANDES, OBSERVATIONS ET RENSEIGNEMENTS

Médecin de service du   au   191 .

M

A   , le   191 .

Le Médecin-major (1)   *chef de service*

(1) Grade et nom très lisibles.

GOUVERNEMENT
MILITAIRE
ou
CORPS D'ARMÉE.
—

° DIVISION.
—

° BRIGADE.

° CORPS OU SERVICE.

OBJET.
—

Au sujet de (1)

MODÈLE N° 4.
—

Art. 383 du règlement
du 25 août 1913.

Habituellement, format
papier écolier 31 × 20.

Feuille simple lorsqu'elle
suffit pour le texte et
qu'aucune pièce n'est
encartée dans l'envoi

A   , le   19   .

(1) Indication succincte
de l'objet de la lettre.
(2) Indiquer le grade et
le nom.
(3) Indiquer l'unité com-
mandée.
(4) Indiquer le grade et
l'emploi. Si la lettre est
adressée au Ministre, ajouter l'indication de la direction et du bureau dont
relève l'affaire traitée.
(5) Cette formule est placée soit au début, soit dans
le corps de la lettre.

Le (2)   commandant
le (3)
au (4)
à

J'ai l'honneur (5)

(Signature, sans indiquer le grade.)

GOUVERNEMENT
MILITAIRE
ou
CORPS D'ARMÉE.

—

* DIVISION.

* BRIGADE.

* CORPS OU SERVICE.

MODÈLE N° 5.

—

Art. 383 du règlement
du 25 août 1913.

Habituellement, format
papier écolier 31 $\times$ 20.

Feuille simple lorsqu'elle
suffit pour le texte et
qu'aucune pièce n'est
encartée dans l'envoi.

OBJET.
—
Au sujet de (1)

A   , le   19 .

RAPPORT

du (2)

—

sur 3

(1) Indication succincte
de l'objet du rapport.
(2) Indiquer le grade, le
nom et l'unité commandée.
(3) Indication succincte
du fait pour lequel le rapport est rédigé.
(4) Indiquer la date et
exposer sommairement les
faits.

Le (4)

NOTA. — Les avis des
chefs hiérarchiques sont
consignés, s'il y a lieu, à la
suite du rapport. Le nom
du chef qui consigne un
avis est mentionné en tête
de cet avis.

(Signature, sans indiquer le grade.)

GOUVERNEMENT
MILITAIRE
ou
CORPS D'ARMÉE.

⁶ DIVISION

⁶ⁿ BRIGADE.

CORPS OU SERVICE.

(1) Indiquer le grade et le nom.
(2) Indiquer l'unité commandée.
(3) Indiquer le grade et l'emploi.

MODÈLE N° 6.

Art. 383 du règlement du 25 août 1913.

FORMAT :
Autant que possible, le même que celui des documents contenus dans le bordereau.

Le (1)   commandant

le (2)   au (3)

BORDEREAU D'ENVOI (1).

NUMÉROS des pièces.	DÉSIGNATION DES PIÈCES.	NOMBRE de pièces.	OBSERVATIONS.
ToTAL du nombre de pièces.			

A   , le   19

(Signature, sans indiquer le grade.)

Reçu à   , le   19 .

Le (grade et nom très lisibles.)
Signature.)

(1) S'emploie pour toutes les transmissions de pièces et documents au sujet desquels l'expéditeur n'a pas d'avis à émettre; il doit former chemise.

MODÈLE N° 7.

Art. 255 du règlement
du 25 août 1913.

FORMAT : 31×20.

SERVICE DE SANTÉ.

Désignation { du corps...
{ de l'unité..

CAHIER DE VISITE.

DATES.	NUMÉROS matricules.	NOMS (A).	GRADES	RENSEIGNEMENTS donnés par le capitaine (B).	PRESCRIPTIONS et renseignements du médecin.

(A) Noms des hommes malades, des hommes rentrés la veille des hôpitaux ou d'une position d'absence quelconque, des hommes nouvellement incorporés, des hommes quittant le corps momentanément ou définitivement.

(B) Le capitaine indique dans cette colonne les renseignements de nature à éclairer le médecin, tels que : rentrants de permission, sortants de l'hôpital, de prison, punis, etc.

MODÈLE Nº 8.

—

Art. 263 du règlement
du 25 août 1913.

FORMAT : 31 $\times$ 20.

SERVICE VÉTÉRINAIRE.

Désignation $\begin{cases} \text{du corps...} \\ \text{de l'unité..} \end{cases}$

CAHIER DE VISITE

NUMÉROS matricules.	NOMS.	RENSEIGNEMENTS donnés PAR L'UNITÉ.	INDISPONIBLES.	EN TRAITEMENT.	DISPONIBLES.	À L'INFIRMERIE.	DIAGNOSTIC et observations du vétérinaire.	

Visite du   19 .

Le Vétérinaire,

Visite du   19 .

NUMÉROS matricules.		RENSEIGNEMENTS donnés PAR L'UNITÉ.	INDISPONIBLES.	EN TRAITEMENT.	DISPONIBLES.	À L'INFIRMERIE.	DIAGNOSTIC et observations du vétérinaire.	

MODÈLE N° 9.

Art. 304 du règlement
du 25 août 1913.

FORMAT : 26×18.

Désignation } (1)
du corps. }

COMMISSION DE VAGUEMESTRE

Le (grade, nom et prénoms)   (numéro
matricule   ), remplira les fonctions de vaguemestre à
partir du   , en se conformant au règlement sur le service intérieur des corps de troupe et aux lois
et instructions sur le service des postes et télégraphes.

Fait en double expédition.

A   , le   19 .

Le C lonel (1)

---

(1) Dans le cas d'un détachement, en faire la mention après celle du
corps et remplacer la signature du colonel par celle du chef de détachement.

MODÈLE Nº 10.

—

Art. 310 du règlement
du 25 août 1913.

FORMAT : 26×18.

Désignation }
du corps.. }

REGISTRE DU VAGUEMESTRE.

TENUE ET VERIFICATION DU REGISTRE.

Le registre du vaguemestre se divise en deux parties.

PREMIÈRE PARTIE.

Le *tableau de gauche* sert à l'inscription des mandats et bons de poste que les militaires remettent au vaguemestre pour que celui-ci en fasse la perception à la poste. Le vaguemestre y fait ou y fait faire, dans l'ordre des colonnes, les inscriptions et signatures mentionnées dans les en-têtes. Les militaires signent *lisiblement* dans la 4ᵉ colonne au moment où ils font la remise du mandat ou bon de poste au vaguemestre.

Le *tableau de droite* sert à constater :

1° La remise que le bureau de poste fait au vaguemestre des chargements, lettres ou objets recommandés et des sommes payées au titre des mandats ou bons de poste adressés aux militaires.

Cette remise est constatée par l'apposition de la signature du receveur dans la 3ᵉ colonne;

2° Les acquits des militaires destinataires pour les chargements, lettres ou objets recommandés reçus ou pour les sommes payées ; ces acquits sont constatés par la signature *lisible* des destinataires dans la 5ᵉ colonne ;

3° Les reçus des receveurs pour les objets non distribués que leur remettent les vaguemestres.

DEUXIÈME PARTIE.

La deuxième partie sert à l'inscription des remises par les militaires aux vaguemestres des lettres à charger ou à recommander, ou des sommes que ces militaires font expédier par mandat ou bon de poste par l'intermédiaire du vaguemestre. Les militaires expéditeurs signent deux fois au registre : lorsqu'ils font la remise au vaguemestre des lettres à charger ou à recommander ou des sommes à expédier, et lorsqu'ils reçoivent de lui les bulletins, mandats ou bons de poste délivrés par le receveur.

Tout le registre est utilisé pour la première partie, sauf les trois dernières pages qui sont réservées à la deuxième.

VÉRIFICATION DU MAJOR.

Le major signe le registre à la date de chacune des vérifications auxquelles il procède.

PREMIÈRE

SOMMES, LETTRES ET OBJETS CHARGÉS OU RECOMMANDÉS

MANDATS ET BONS DE POSTE
REMIS PAR LES MILITAIRES AU VAGUEMESTRE POUR ÊTRE TOUCHÉS DANS LES BUREAUX DE POSTE.

Numéros des mandats ou bons de poste.	Dates.	N° d'ordre des remises.	Signatures des militaires auxquels les mandats ou bons de poste sont adressés.	Numéros matricules.	Bureaux d'origine.	Dates des remises faites au vaguemestre.

SECONDE

CHARGEMENTS A FAIRE

REMISE PAR LES ENVOYEURS DES LETTRES OU OBJETS A CHAR
OU DES SOMMES A DÉPOSER POUR LA DÉLIVRANCE DES MANDATS

Numéros d'enregistrement.	Dates de la remise au vaguemestre.	Envoyeurs.	Objets ou sommes remis au vaguemestre.	Destinataires.

PARTIE.

A RETIRER DES BUREAUX DES POSTES ET TÉLÉGRAPHES.

REMISE DES CHARGEMENTS ET PAYEMENT DES MANDATS OU BONS DE POSTE par les bureaux des postes et télégraphes.			ACQUITS DES MILITAIRES destinataires.		REÇUS DES RECEVEURS pour les objets non distribués.
Dates des opérations.	Objets.	Désignation des bureaux et signatures des receveurs.	Dates.	Signatures.	

PARTIE.

PAR LE VAGUEMESTRE.

GER OU A RECOMMANDER OU BONS DE POSTE.		REMISE DES BULLETINS OU DES MANDATS ou bons de poste délivrés par les receveurs.	
Dates des chargements.	Bureaux où les chargements et dépôts ont été faits.	Dates.	Signatures des envoyeurs.

VÉRIFIÉ :

Le

Le Major,

•CORPS D'ARMÉE.

• DIVISION.

• BRIGADE.

Nota. — Cette pièce, en cas de perte, ne peut être remplacée par duplicata.

(1) Nom et grade du chef de corps.

(2) Grade, nom et prénoms sur lignes grisées, et numéro matricule du militaire.

Modèle nº 11.

Art. 388 du règlement du 25 août 1913.

Format : 31×20.

Désignation du corps. {

CERTIFICAT DE BONNE CONDUITE.

Le (1)   , commandant le

certifie que le (2)   ,

né le   , à

département d

a tenu une bonne conduite pendant tout le temps qu'il est resté sous les drapeaux et qu'il a constamment servi avec honneur et fidélité.

A   le   19

Approuvé :

Le Général de brigade

Format : papier écolier.

MODÈLE Nº 12.

Art. 224 du règlement
du 25 août 1913.

e RÉGIMENT

REGISTRE

DES

RENTREES ET SORTIES APRES L'APPEL DU SOIR

POSTE DE POLICE

DU QUARTIER

NOTA. — La première page est réservée pour le tableau du mobilier du poste.

Il est laissé à la suite quelques pages blanches pour l'inscription des consignes particulières.

Modèle N° 12.

NOMS.	GRADES.	ESCADRONS.	HEURE		HEURE		OBSERVATIONS.
			de la rentrée.	à laquelle il fallait rentrer.	de la sortie des rondes ou des patrouilles.	de la rentrée des rondes ou des patrouilles.	

NOTA. — Le maréchal des logis de garde et le capitaine de semaine signent le cahier chaque jour.

Format :
Papier écolier ouvert.

Modèle Nº 13.
—
Art. 224 du règlement
du 25 août 1913.

e REGIMENT

QUARTIER DE

REGISTRE DES PUNIS [1]

(1) Il est établi un registre par caserne contenant des locaux disciplinaires utilisés à ce titre.

MODÈLE N° 13.

Date des situations-rapports sur lesquelles les punitions ont été mentionnées.	ESCADRONS.	NOM et PRÉNOMS.	GRADE.	NATURE ET DURÉE des punitions (1).							JOUR		OBSERVATIONS et RENSEIGNEMENTS (1).
				Interdiction de sortir après l'appel du soir.	Consigne au quartier.	Salle de police.	Prison.	Cellule.	Arrêts simples.	Arrêts de rigueur.	où la punition commence.	où la punition finit.	

(1) Quand une punition est augmentée ou diminuée, on barre toutes les inscriptions concernant la première punition infligée et l'on fait à la date où la modification est notifiée une nouvelle inscription de la punition.

Quand une punition est finie, toutes les inscriptions qui la concernent sont barrées.

Les punitions barrées doivent pouvoir être lues sans difficulté.

MODÈLE Nº 14.

Article 389 du règlement
du 25 août 1913.

FORMAT :

1/4 de feuille écolier.

e CORPS D'ARMÉE
ou
Gouvernement militaire
de

—

e DIVISION

—

e BRIGADE

Corps
et
compagnie }

Sous-officier, caporal ou brigadier ou soldat

(1)   de

Valable du   au   inclus

accordée au (2)

pour aller à

A   , le   191 .

Le (3)

(1) Permission, congé ou prolongation ; en indiquer la nature et inscrire en toutes lettres le nombre de jours.
(2) Porter les grade ou emploi, nom et prénoms. S'il s'agit d'un militaire rengagé ou commissionné, spécifier s'il a droit à la solde de présence ou d'absence, etc..., etc...
(3) Désigner nominativement l'autorité.

———

Numéro d'inscription au répertoire spécial :

Le-Major,

Visa du Médecin constatant que le titulaire n'est atteint d'aucune maladie contagieuse.

NOTA. — Le séjour à l'hôpital, au cours d'un congé ou d'une permission, compte dans la durée du titre d'absence. L'intéressé doit donc, à l'expiration de son congé ou de sa permission, rejoindre son corps ou service, à moins qu'il n'obtienne un nouveau titre d'absence que l'autorité militaire demeure libre d'accorder ou de refuser suivant les circonstances et les nécessités du service.

Le porteur devra, à son arrivée dans le lieu où il se rend, faire viser le présent titre et faire connaître son adresse : 1° au général commandant la place de Paris, s'il doit résider à Paris ; 2° au commandant d'armes, dans toute autre ville de garnison ; 3° au commandant de la brigade de gendarmerie dont dépend sa résidence, s'il n'y a pas de garnison au lieu où il doit jouir de son congé ou de sa permission.

Ce visa n'est pas exigé sur les titres de permission dont la durée ne dépasse pas huit jours.

En cas de mobilisation, le porteur du présent titre devra se mettre immédiatement en route, sans attendre aucune notification individuelle, et rejoindre son corps. Il sera transporté gratuitement à destination par les voies ferrées sur le vu du présent titre.

Les militaires en congé de convalescence ne sont tenus de rejoindre qu'à l'expiration de ce congé.

VISAS D'ARRIVÉE

MODÈLE N° 15.

Art. 389 du règlement
du 25 août 1913.

Format { Hauteur : 0m,340.
Largeur : 0m,210.

e CORPS D'ARMÉE
ou
GOUVERNEMENT MILITAIRE
de
—
* DIVISION.

* BRIGADE.

Corps
ou service {

OFFICIER.

(1)   DE

Valable du   au   inclus.

Accordé   au (3)
avec solde de (4)
pour se rendre à (5)

(1) Permission, congé ou prolongation : en indiquer la nature.

Inscrire en toutes lettres le nombre de jours et la date.

(2) Désigner l'autorité.

(3) Porter les nom, prénoms, grade ou emploi de l'officier.

(4) Spécifier si c'est avec solde de présence ou avec solde d'absence.

(5) Porter la localité où l'officier doit se rendre immédiatement, en indiquant, à la suite, le département.

NOTA. — Le séjour à l'hôpital au cours d'un congé ou d'une permission, compte dans la durée du titre d'absence. L'intéressé doit donc, à l'expiration de son congé ou de sa permission, rejoindre son corps ou service, à moins qu'il n'obtienne un nouveau titre d'absence que l'autorité militaire demeure libre d'accorder ou de refuser suivant les circonstances et les nécessités du service.

—

Vu et inscrit au contrôle.

Le Major,

M.

devra, dès son arrivée dans le lieu où il se rend, faire connaître son adresse et le temps présumé de son séjour ; 1° au général commandant la place de Paris, s'il doit résider à Paris ou dans le département de la Seine ; 2° au commandant d'armes, dans toute autre ville de garnison ; 3° à l'officier commandant la gendarmerie de l'arrondissement, s'il n'y a pas de garnison dans le lieu où il doit jouir de sa permission.

Si, pendant le cours de son absence, il vient à changer de résidence, il est tenu aux mêmes formalités. Il doit, en outre, en informer par écrit son chef de corps ou de service.

Il est tenu enfin de porter *lui-même* au verso du présent titre les indications relatives à son changement de résidence.

Il ne pourra se dispenser d'exhiber le présent titre sur la réquisition qui lui en sera faite par la gendarmerie, ou, s'il voyage en tenue bourgeoise, par les agents des chemins de fer, s'il ne peut montrer sa carte d'identité réglementaire.

Les officiers autorisés à voyager à l'étranger et qui séjourneront dans la résidence d'un attaché militaire devront se présenter à ce dernier après leur visite au représentant de la France.

En cas de mobilisation, le porteur du présent titre devra se mettre immédiatement en route pour rejoindre son corps ou son service, sans attendre aucune notification individuelle, à moins qu'il ne soit en congé de convalescence.

Numéro d'inscription au registre spécial :

A   , le   19 .

Le (2)

INSTRUCTIONS POUR LES VOYAGES HORS DE FRANCE.

INSTRUCTIONS POUR LES VOYAGES HORS DE FRANCE.

L'officier porteur du présent titre ne devra pas revêtir son uniforme à l'étranger à moins d'une autorisation spéciale du Ministre de la guerre ou du Représentant diplomatique de la France auprès du Gouvernement du pays où il se rend.

Les officiers qui se rendent à l'étranger dans un but d'instruction ou pour tout autre motif et qui doivent séjourner dans la résidence d'un Représentant de la France (Ambassadeur, Ministre plénipotentiaire, Chargé d'affaires, Consul ou Vice-Consul) sont tenus de se présenter, aussitôt après leur arrivée, à ce Représentant de la France, qui pourra leur donner d'utiles renseignements et qui, seul, doit leur servir d'intermédiaire pour obtenir, s'ils le désirent, l'autorisation de visiter des établissements militaires.

Lorsqu'ils séjourneront dans la résidence d'un attaché militaire, ils devront se présenter à cet officier après leur visite au Représentant de la France.

Il leur est formellement interdit de pénétrer dans une zone où s'effectueraient des manœuvres, sans en avoir obtenu la permission de l'autorité locale par l'entremise des agents diplomatiques ou consulaires français.

A leur retour en France, les officiers qui auront voyagé à l'étranger devront adresser au Ministre, par la voie hiérarchique, sous le timbre de l'Etat-Major de l'armée (2ᵉ Bureau), une note détaillant l'itinéraire qu'ils auront parcouru, ainsi que l'énumération des localités où ils auront séjourné, avec les dates de ces séjours. Ceux d'entre eux qui auraient sollicité l'autorisation de visiter un établissement ou une caserne, ou d'assister à certains exercices militaires, devront le spécifier dans leur compte rendu.

INSTRUCTIONS SPÉCIALES.

1' *Voyages en Allemagne*

Les officiers qui vont en Allemagne devront, dans les vingt-quatre heures de leur arrivée dans toutes les villes de ce pays où ils séjourneront, en rendre compte au commandant d'armes ou, à défaut, à l'*Ortspolizeibehörde*.

Ceux d'entre eux qui désireront visiter des établissements militaires ou assister à des exercices ou manœuvres devront adresser leur demande par la voie de l'attaché militaire à Berlin ou, en cas d'absence de ce dernier, par la voie de l'Ambassadeur de la République à Berlin. Toutefois, pour la Bavière, la demande sera introduite par la voie diplomatique et adressée en premier lieu au Ministre de la Guerre, à Paris.

2' *Voyages en Alsace-Lorraine.*

Les militaires en activité de service, les anciens officiers de l'armée active et les élèves des écoles organisées militairement ne peuvent se rendre en Alsace-Lorraine sans être munis d'un permis du Ministre d'Alsace-Lorraine.

Sur les territoires annexés, les officiers doivent, dans un délai de vingt-quatre heures, annoncer personnellement leur arrivée aux autorités militaires allemandes, dans le cas où ils séjournent soit dans le rayon d'une forteresse, soit dans une ville ouverte ayant une garnison ou étant le siège d'un bureau de recrutement.

Dans tout autre cas, ils doivent, dans le délai de vingt-quatre heures, notifier par écrit leur arrivée au Commandant du bureau de recrutement du district dans lequel ils séjournent. Les demandes d'autorisation de visiter des établissements militaires ou d'assister à des exercices ou manœuvres doivent être introduites par la voie diplomatique et adressées en premier lieu au Ministre de la guerre, à Paris.

Indication des changements successifs de résidence de l'officier pendant la durée de sa permission ou de son congé (1).

NOM DES LOCALITÉS	DATE de L'ARRIVÉE.	DATE du DÉPART.	OBSERVATIONS.

(1) Ces indications sont portées par le titulaire de la permission ou du congé et lui servent, au besoin, de titres pour réclamer le bénéfice du tarif militaire sur les chemins de fer.

ᵉ CORPS D'ARMÉE.

Modèle Nº 16.

Art. 274 du règlement
du 25 août 1913.

Format papier écolier.

ᵉ RÉGIMENT D

*RAPPORT fait par la Commission régimentaire sur   chev
atteint de maladie incurable dont on demande l'abatage.*

NUMÉRO matricule.	SIGNALEMENT				MOTIF d'abatage.	OBSERVATIONS
	Nom, robe et particularités.	Sexe.	Age.	Taille.		

AVIS DE LA COMMISSION.

A   , le   19 .

Les Membres de la Commission,

DÉCISION DU

A   , le   19

Le

N° du registre du
sous-intendant.

MODÈLE N° 17.

Art. 274 du règlement
du 25 août 1913.

Format : papier écolier
31 × 20.

° RÉGIMENT D

PROCÈS-VERBAL D'ABATAGE D'UN CHEVAL (1).

Nous   , sous-intendant militaire employé
à   , sur l'avis à nous donné qu'un cheval du   ° régiment d   devait être abattu, nous sommes
transporté au quartier occupé par ledit régiment accompagné
de M.   , major dudit régiment.

Nous y avons trouvé M.   , vétérinaire (2)
        , lequel nous a présenté un cheval signalé comme suit :
N° matricule :

Après avoir pris connaissance de l'avis de la commission
régimentaire instituée pour l'examen des chevaux proposés pour
l'abatage; vu l'autorisation d'abatage donnée par M. le
et constaté l'identité dudit cheval, l'avons fait abattre immédiatement en notre présence.

De tout quoi, nous   avons dressé le présent
procès-verbal que   ont signé
avec nous.

A   , le   19 .

Le Vétérinaire (2),   Le Major,

Le Sous-Intendant militaire,

DÉCISION

L'abatage du cheval qui fait l'objet du présent procès-verbal étant le
résultat d'un cas de force majeure, la perte s'élevant à la somme de
                        est laissée à la charge de l'État.

Ou :

est imputable
qui a été constitué débiteur envers l'État d'une somme de
                        francs.

A   , le   19 .

Le Sous-Intendant militaire,

---

(1) Dans le cas où il a été impossible que le sous-intendant assiste à
l'abatage, la rédaction du procès-verbal est modifiée en conséquence.
(2) Indiquer le grade.

<table>
<tr><td>

• CORPS D'ARMÉE
ou
GOUVERNEMENT MILITAIRE
d
—
• DIVISION.
—
• SUBDIVISION.

Place d

</td><td>

Corps
ou
Service.

</td><td>

MODÈLE Nº 18.
—
Art. 425 du règlement
du 25 août 1913.

Format :
Hauteur...... 0ᵐ,32
Largeur...... 0ᵐ,21

</td></tr>
</table>

COMPTE RENDU *d'une punition infligée à un officier.*

Nom et grade de l'officier puni............	
Nom et grade de l'officier qui a infligé la punition............	
Nature et motifs de la punition............	
Punitions antérieures (numériquement)....	

APPRÉCIATION DU CHEF DE CORPS OU DE SERVICE
SUR LA CONDUITE ET LA MANIÈRE DE SERVIR DE L'OFFICIER PUNI.

A   , le   19 .

Le

Avis et décision du gé-
néral de brigade, du
chef ou directeur ré-
gional du service....

Avis et décision du gé-
néral de division (s'il
y a lieu).............

Avis et décision du gé-
néral commandant le
corps d'armée (s'il y
a lieu)..............

Désignation du corps

ou service........

MODÈLE N° 19.

Art. 62 du règlement
du 25 août 1913.

FORMAT :
Papier écolier 31 × 20.

SERVICE VÉTÉRINAIRE

RAPPORT journalier sur l'état sanitaire des chevaux
du   au   19   .

MALADIES.	OFFICIERS.	PETIT ÉTAT-MAJOR.	ANIMAUX A L'INFIRMERIE. UNITÉS								TOTAUX.
Maladies contagieuses ou infectieuses...........											
Maladies de l'appareil digestif.....											
Maladies de l'appareil respiratoire.											
Maladies de l'appareil locomoteur.											
Maladies des autres appareils.											
Maladies cutanées...........											
Blessures diverses....											
Blessures de harnachement.....											
Affections externes diverses.............											
TOTAUX.......											
Indisponibles..........											

MUTATIONS.

A. — CHEVAUX DE TROUPE.		B. — CHEVAUX D'OFFICIERS.	
MALADES.	INDISPONIBLES.	NOMS DES OFFICIERS.	MOTIFS.
		Malades.	
		Indisponibles.	

NOTA. — Les sorties des chevaux malades devenus disponibles se mettent à la suite des entrées.

OBSERVATIONS ET RENSEIGNEMENTS.

DEMANDES ET PUNITIONS.

Vétérinaire de service du   au   19

M

A   , le

Le Vétérinaire..... (1), chef de service,

____

(1) Grade et nom très lisibles.

TABLES

TABLE DES MATIÈRES

CHAPITRE II.

LIEUTENANT-COLONEL.

CHAPITRE III.

LE MAJOR.

CHAPITRE IV.

LE CAPITAINE DU CADRE COMPLÉMENTAIRE.

CHAPITRE V.

CAPITAINE CHARGÉ DE LA MOBILISATION.

CHAPITRE VI.

CAPITAINE ADJOINT AU COLONEL.

CHAPITRE VII.

LE CAPITAINE TRÉSORIER ET SON ADJOINT.

CHAPITRE VIII.

LE CAPITAINE CHARGÉ DU MATÉRIEL.

CHAPITRE IX.

LES MÉDECINS.

Médecin chef de service.

CHAPITRE X.

LES VÉTÉRINAIRES.

Vétérinaire chef de service.

Vétérinaire en sous-ordre.

TITRE IV.

Le demi-régiment.

CHAPITRE XI.

LE CHEF D'ESCADRONS.

CHAPITRE XII.

L'ADJUDANT-MAJOR.

TITRE V.

L'escadron.

CHAPITRE XIII.

LE CAPITAINE COMMANDANT.

CHAPITRE XIV.

LIEUTENANTS, SOUS-LIEUTENANTS.

CHAPITRE XV.

L'ADJUDANT D'ESCADRON.

CHAPITRE XVI.

LE MARÉCHAL DES LOGIS CHEF ET LE FOURRIER.

FOURRIER.

CHAPITRE XVII.

LES MARÉCHAUX DES LOGIS.

Maréchal des logis de peloton.

CHAPITRE XVIII.

LES BRIGADIERS.

Brigadier d'escouade.

Brigadier de chambrée.

Brigadier d'ordinaire.

CHAPITRE XIX.

LES CAVALIERS.

EMPLOYÉS.

CHAPITRE XX

LES RÉSERVISTES ET LES TERRITORIAUX.

TITRE VI.

Peloton hors rang.

———

CHAPITRE XXI.

LE PELOTON HORS RANG.

CHAPITRE XXII.

LES ADJUDANTS DU CADRE COMPLÉMENTAIRE.

CHAPITRE XXIII.

L'ADJUDANT PREMIER MAITRE MARÉCHAL FERRANT CHARGÉ DE L INFIRMERIE DES CHEVAUX ET DE LA MARÉCHALERIE. CAVALIERS ATTACHÉS A L'INFIRMERIE DES CHEVAUX.

CHAPITRE XXIV.

LE MAITRE D'ESCRIME ET LES BRIGADIERS PRÉVÔTS D'ARMES.

CHAPITRE XXV.

LE TROMPETTE-MAJOR ET LE BRIGADIER TROMPETTE.

CHAPITRE XXVI.

LE MARÉCHAL DES LOGIS FOURRIER.

CHAPITRE XXVII.

LES MARÉCHAUX DES LOGIS SECRÉTAIRES, GARDE-MAGASINS. LES BRIGADIERS ET CAVALIERS SECRÉTAIRES.

CHAPITRE XXVIII.

LE MARÉCHAL DES LOGIS CHARGÉ DE L'INFIRMERIE DES HOMMES.

CHAPITRE XXIX.

LE MARÉCHAL DES LOGIS TÉLÉGRAPHISTE, LE BRIGADIER TÉLÉGRAPHISTE.

CHAPITRE XXX.

LE MARÉCHAL DES LOGIS MITRAILLEUR ET LES BRIGADIERS MITRAILLEURS.

CHAPITRE XXXI.

MAÎTRES OUVRIERS.

L'adjudant maitre armurier. Le maréchal des logis. Le brigadier et les armuriers. Les maitres ouvriers et les cavaliers ouvriers.

CHAPITRE XXXII.

LE BRIGADIER CONDUCTEUR DES ÉQUIPAGES-RÉGIMENTAIRES ET LES CAVALIERS CONDUCTEURS.

TITRE VII.

Les officiers de complément.

IIe PARTIE.

Fonctionnement des divers services.

TITRE VIII.

CHAPITRE XXXIII.

SERVICE GÉNÉRAL DU CORPS.

CHAPITRE XXXIV.

SERVICE DES ÉCOLES.

CHAPITRE XXXV.

SERVICE MÉDICAL.

CHAPITRE XXXVI.

SERVICE VÉTÉRINAIRE.

Infirmerie vétérinaire.

CHAPITRE XXXVII.

REMONTE DES OFFICIERS.

CHAPITRE XXXVIII.

SERVICE DES ÉCURIES.

Écuries.

IIIᵉ PARTIE.

Discipline générale.

TITRE IX.

Cérémonial militaire. — Manifestations extérieures de la discipline.

CHAPITRE XLII.

CÉRÉMONIAL MILITAIRE.

CHAPITRE XLIII.

REVUES ET INSPECTIONS.

CHAPITRE XLIV.

RÈGLES INDIVIDUELLES CONCERNANT LA CONDUITE, LA TENUE, LES MARQUES EXTÉRIEURES DU RESPECT.

TITRE X.

Les sanctions.

CHAPITRE XLV.

GÉNÉRALITÉS. — RÉCOMPENSES.

CHAPITRE XLVI.

PUNITIONS.

CHAPITRE XLVII.

CHAPITRE XLVIII.

RÉCLAMATIONS.

TITRE XI.

CHAPITRE XLIX.

IVᵉ PARTIE.

ANNEXE A.

ROUTES A L'INTÉRIEUR.

ANNEXE B.

HYGIÈNE DES HOMMES.

HYGIÈNE PERSONNELLE.

HYGIÈNE GÉNÉRALE.

ANNEXE C.

INDIQUANT LES QUANTITÉS DE PAILLE DE COUCHAGE A DISTRIBUER AUX TROUPES DANS LES DIVERSES POSITIONS.

ANNEXE D.

SOINS A DONNER AUX CHEVAUX.

CHAPITRE PREMIER.

SOINS JOURNALIERS.

CHAPITRE II.

SOINS PÉRIODIQUES.

CHAPITRE III.

ALIMENTATION DES CHEVAUX.

La ration.

Alimentation particulière.

CHAPITRE IV.

CHAPITRE V.

CHAPITRE VI.

CHAPITRE VII.

SOINS A DONNER AUX CHEVAUX MALADES OU BLESSÉS.

Chevaux malades.

Chevaux blessés.

CHAPITRE VIII.

Alimentation.

CHAPITRE IX.

AJUSTAGE ET ENTRETIEN DU HARNACHEMENT.

Selle.

Harnais d'attelage.

MODÈLES

TABLE CHRONOLOGIQUE.

TABLE ALPHABÉTIQUE.

A

H

I

L

S

Pages.

T